승자의 DNA

LEADERSHIP IN WAR

앤드루 로버츠 지음 | 문수혜 옮김

300년
전쟁사에서
찾은 승리의 도구

승자의 DNA

다산북스

LEADERSHIP IN WAR

나의 위대한 은인과 친구들에게

이 책에서 저자는 수백 년 전에 죽어 사라진 영웅들의 심장에 펜과 잉크로 영혼을 불어넣었다. 《Bookmarc》

제2차 세계대전에서 활약했던 영웅들에 대해 이토록 살아 있는 통찰력을 전하는 책은 이 책이 유일하다. 《Strategy&Business》

세심한 관찰과 매혹적인 계시로 가득한 책. 《The Sun》

이 책의 저자는 역사에서 진실을 찾아내는 데 탁월한 재능이 있다. 《History Today》

전쟁사 분야 최고의 책. 《Military History Matters》

미래의 군사 지도자들은 앤드루 로버츠에게 반드시 감사해야 한다. 《The House Magazine》

앤드루 로버츠의 책은 지루할 틈이 없다. 《Law&Liberty》

역사상 가장 위대했던 9인에 대해 쓸 수 있는 자격을 지닌 이는 오직 앤드루 로버츠뿐이다. 이 책을 읽는 모든 독자는 그가 설계해놓은 정교하고 장엄한 서사에 매혹될 것이다. 《The New Criterion》

무엇이 한 인간을
더 나은 존재로 만드는가

"1명의 사람이 100명을 이끌 수 있는 방법은 무엇인가?" 이 질문은 1981학년도 케임브리지대학교 입학 논술 고사 시험에 출제된 문제 중 하나였다. 나는 이 질문을 들은 이후로 줄곧 이 문제에 사로잡혔다. 여기서 숫자는 중요하지 않다. 한 사람이 100명, 더 나아가 수만 명, 수십만 명, 수백만 명을 이끌 수 있다는 사실이 놀랍지 않은가? 지난 전쟁의 역사를 돌아보면 수없이 많은 천재, 정치인, 영웅, 전략가 그리고 미치광이들이 이 '예술'을 몸소 증명해냈다. 우리 모두는 평평한 지구 위를 두 발로 딛고 있지만, 누군가는 1000만 명을 이끄는 지휘관이 되어 역사에 족적을 남기기도 하고, 누군가는 그 1000만 명 중 이름 없는 병졸이 되어 무명의 삶을 살기도 한다. 당신은 어느 쪽인가?

나는 지난 수십 년간 런던킹스칼리지 전쟁연구과에서 수많은 전역이 남긴 승리와 패배의 역사를 연구하고 가르치며 이 책을 집필했다. 300년에 이르는 역사에서 가장 위대한 이름을 떨친 9명의 군사 지휘관을 선정했고, 이들의 평범하고 보잘것없던 삶이 어떤 계기로 무쇠처럼 단단해지는지를 목격했다. 그것은 바로 전쟁이었다. 이들은 전란의 시대를 통과하며 전혀 다른 사람으로 다시 태어났으며, 이는 마치 새롭게 담금질되어 재질이 전혀 다른 물체로 변하는 현상과도 흡사했다. 나는 그들에게 다가가 물었다.

승자와 패자만 남는 전장에서, 당신은 어떻게 최후의 승자가 될 수 있었는가?
왜 누군가는 기어코 승리를 쟁취하고, 누군가는 끝내 패배하는가?

수많은 전쟁터에서 단련된 그들의 이야기에 귀를 기울인다면 위대한 승리의 비밀을 배울 수 있지 않을까? 이 비밀을 삶에 어떻게 적용시킬지는 우리의 몫이다. 특별한 힘은 개인과 사회를 더 나은 방향으로 이끌지만, 아돌프 히틀러와 이오시프 스탈린의 삶에서 볼 수 있듯이 어떤 승자는 인류를 지옥의 심연으로 이끌기도 했다.

이 책에 등장하는 모든 지도자는 저마다 확고한 신념을 지니고 있었다. 윈스턴 처칠의 신념은 자신의 혈통과 가문과 국가의 건재함을 증명하는 것이었다. 나폴레옹 보나파르트를 포함한 군사 지도자들은 청소년기와 성인기에 자신의 놀라운 지력을 스스로 점차 깨달아갔다. 마거릿 대처는 자신이 주변의 남자들은 할 수 없는 방법으로 국가와 사회를 구할 수 있으리라는 사실을 중년에 이르러 깨달았다. 히틀러의 신념은 1920년 초 바이에른의 한 선술집에서 충동적으로 내보인 증오에서 촉발했다. 그는 그날 자신의 연설이 퇴역 후 실업자가 된 독일의 수많은 군인을 선동할 수 있다는 사실을 깨달았다.

이처럼 영웅이 되는 과정은 모두 달랐지만, 한 가지 확실한 것은 누구에게나 특별한 계기가 있었다는 것이다. 그 어떤 장애물도 이들이 발견한 희망 혹은 망상을 무너뜨릴 수 없었다. 오히려 장애물들은 이들을 더욱 강하게 단련시켰다. 이들에게 실패는 더 나은 미래를 위한 교훈을 얻는 하나의 사건에 불과했으며, 종착역이 아닌 새로운 출발역이었다.

영웅들에게는 고유하고 특별한 임무가 있었다. 스탈린의 임무는 전 세계에 마르크스주의와 레닌주의를 퍼트리는 것이었고, 호레이쇼 넬슨의 임무는 프랑스 혁명의 원칙을 완전히 파괴하는 것이었고, 히틀러의 임무는 다른 모든 민족을 정복해 아리안족의 승리를 이끄는 것이었다.

당연하게도, 누군가는 목표를 이뤘고 누군가는 목표를 이루지 못했다. 처칠은 대영제국의 몰락을 막겠다는 꿈을 꿨지만 결국 실패했다. 하지만 샤를 드골은 1940년 파리 함락 이후 독일군에 짓밟힌 프랑스의 명예를 회복하는 데 성공했고, 대처는 돌이킬 수 없을 만큼 쇠락하던 영국의 위상을 드높였으며, 제2차 세계대전에서 연합군의 총사령관으로 임명된 드와이트 아이젠하워는 서유럽을 해방시켰다.

이 책은 대체로 연대순으로 구성되었다. 이 책에서 소개하는 리더들의 일부는 이전 시대의 리더들에게서 가르침을 얻었기 때문이다. 처칠(3장)은 나폴레옹(1장)과 넬슨(2장)을 존경했고, 마셜(4장)과 드골(5장)과 아이젠하워(6장)는 같은 시대에 활약한 통수권자들이었다. 스탈린(9장)을 제외하고는 거의 모든 리더가 젊은 시절 역사서와 위인전을 다독하며 저마다 가장 존경하는 조국 영웅들의 계보를 잇는 인물로 성장하려고 애썼다. 심지어 히틀러(8장)도 자신을 제2의 아르미니우스(게르만족의 영웅으로 평가받는 로마 시대 인물―옮긴이)로 여겼고, 소련 침공 작전명을 신성로마제국 황제 프리드리히 1세의 별명을 따와 '바르바로사 작전'이라고 명명했다.

이처럼 전혀 다른 시공간을 경유했던 이들 9명의 지도자들은 과거 수천 년 전부터 축적된 역사의 지혜로부터 이어져 내려온 눈에 보이지 않는 가느다란 실에 연결되어 있었다. 우리는 이를 '승자의 DNA'라고 부를 수 있지 않을까?

리처드 닉슨의 저서 『리더들Leaders』에는 전공을 세운 사람들에게 메달을 수여하는 장면이 등장한다.

이 훈장을 받은 사람들 중에서 얼마나 많은 이가 용맹스럽고 비범한 도전에 나서기 전까지 지극히 평범한 사람처럼 보였을까. 만약 이들이 도전하지 않았다면 자신의 용기를 드러낼 수 있었을까?

전쟁이라는 도전적 상황은 인간의 역량을 거짓 없이 드러낸다. 평화라는 도전도 위대할 수 있지만, 평화로운 상태에서는 그 어떤 영웅도, 괴물도 태어나지 못한다. 그러므로 평화의 시대에 영구중립 선언국 룩셈부르크 총리가 진정으로 위대한 역사적 지도자가 되기란 거의 불가능할 것이다. 전쟁만큼 한 인간의 삶을 극적으로 드러내는 수단도, 한 인간의 잠재력에 불을 지르는 성냥개비도 없기 때문이다.

미군의 노장 더글러스 맥아더는 이렇게 말했다.

사람은 다만 나이를 먹는다고 늙는 것이 아니다. 이상을 저버리기 때문에 늙는 것이다. 이 세상에 보장된 것은 아무것도 없으며 오직 기회만 있을 뿐이다.

이 책이 당신 내면에 잠자고 있을지도 모를 영웅을 흔들어 깨워 삶으로 끌어내는 도구가 되길 바란다. 당신의 삶이 전쟁이 아니라고 장담할 수 있는가? 당신의 인생에 어떤 위대한 사건이 닥칠지는 아무도 모른다. 내가 지난 수십 년간 전쟁사를 공부하며 관찰한 장군들의 삶처럼 말이다.

당신은 당신의 삶을 더욱 웅장하게 만들 각오가 되어 있는가?

그렇다면 다음 장을 넘겨도 좋다.

앤드루 로버츠

차 례

1장

왜 누군가는 승리하고 누군가는 패배하는가
검손한 황제 나폴레옹 보나파르트, 프랑스공화국 제1통령

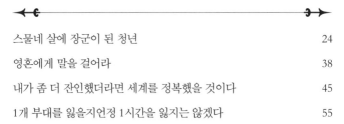

2장

나는 항상 15분 앞서 있었다
타고난 포식자 호레이쇼 넬슨, 영국 왕립해군 제독

3장

결핍은 어떻게 운명을 역전시키는가

울보 수상 윈스턴 처칠, 영국 전시총리

◆━€━━━━━━━━━━━━━━━━━━━━━━━━━━━━━━━━━━━━3━▶

4장

오직 자기 자신을 믿어라

승리의 설계자 조지 마셜, 미합중국 육군 참모총장

◆━€━━━━━━━━━━━━━━━━━━━━━━━━━━━━━━━━━━━━3━▶

8장

거짓말을 하려면 최대한 크게 해야 한다

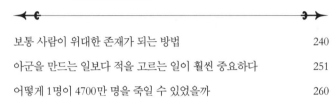

20세기의 지배자 아돌프 히틀러, 나치독일 총통

9장

공포는 사람을 겸손하게 만든다

공산권의 일인자 이오시프 스탈린, 소비에트연방 공산당 서기장

역사를 공부하십시오, 역사를 연구하십시오.

모든 비밀은 역사 속에 있습니다.

1953년 5월, 윈스턴 처칠

Napoléon Bonaparte

1769 ~ 1821

1장

왜 누군가는 승리하고
누군가는 패배하는가

겸손한 황제

나폴레옹 보나파르트
프랑스공화국 제1통령

"너무 걱정하지 말게나,

　나는 이기는 법을 알고 있다네."

1795년 프랑스에서 정부 반군을 진압하며 명성과 정치력을 얻은 나폴레옹은 수많은 전투를 치러내며 포병·기병·보병 전술이 혼합된 자신만의 독창적인 군사 전략을 창안했다. 근현대 전쟁사의 무기체계와 전투규범 자체를 새로 쓴 역사상 가장 탁월한 군인이자 전장에서는 하급 병졸들과 스스럼없이 곡주를 마시던 소탈한 지휘관이었던 나폴레옹은 카를 폰 클라우제비츠로부터 '전쟁의 신'이라고 불렸고, 나치의 히틀러, 중국의 장제스, 리비아의 카다피, 이집트의 나세르, 인도네시아의 수카르노 등 군사적 역량을 통해 집권한 수많은 독재자로부터 신으로 추앙받았다. 하지만 유럽, 아프리카, 러시아의 온갖 전장을 누빈 그의 몸은 30대 중반이라고는 믿을 수 없을 정도로 망가져 있었다. 창백한 안색, 여윈 몸, 각종 피부염, 편두통과 위장염, 죽기 전까지 따라다닌 심각한 치질 등으로 인해 고통받던 프랑스 대육군의 총사령관 나폴레옹은 어처구니없는 단 한 번의 실책으로 유럽 연합군에 패한 뒤 유배된 섬에서 자신이 남긴 업적과는 너무나 어울리지 않는 초라한 죽음을 맞이했다. 공화정 수립, 법전 편찬, 실력주의, 행정체제 개혁 등 그가 남긴 유산은 한 인간이 그토록 짧은 시간에 해냈다고 믿기 어려울 정도로 압도적이고 광범위하다. 대체 그는 어떤 삶을 살았기에 이토록 위대하고 비참한 영웅으로 역사에 기록되었을까?

스물네 살에
장군이 된 청년

1793년 6월 13일 목요일, 호리호리한 체구의 한 포병 중위가 정치적 소용돌이에 휩싸인 고향 코르시카섬을 떠나 남프랑스 툴롱항에 상륙했다. 그의 나이 스물세 살 때였다. 무일푼에 친구도 거의 없다시피 한 난민이었던 나폴레옹에게는 부양해야 하는 어머니와 6명의 형제들이 있었다. 그의 삶은 지독히 가난했고 보잘것없었다. 하지만 그로부터 6년 뒤 나폴레옹은 프랑스의 제1집정관이자 독재자가 되었고, 그로부터 5년 뒤인 1804년에는 프랑스 황제의 자리에 올랐다. 황제가 된 그는 이내 프랑스를 유럽의 최강국으로 만들었다. 그는 어떻게 이 모든 것을 이토록 짧은 시간 안에 전부 이뤄냈을까?

나폴레옹이 초인적 자질을 지녔다는 것은 의심할 여지가 없지만, 그가 지난 10여 년간 이룬 업적의 일부는 행운에 빚진 바가 컸다. 가장 큰 행운은 그의 나이였다. 프랑스 혁명이 일어났을 때 운 좋게도 나폴레옹은 열아홉 살이었다. 피바람이 몰아치던 혁명 기간 중 바로 위에 있던 선배 장교들은 외국으로 망명하거나 단두대에서 목이 잘려나갔고, 그 덕분에 나폴레옹은 스물네 살의 나이에 장군으로 진급할 수 있었다. 코르시카의 귀족 출신이라는 배경도 나폴레옹을 도왔다. 그는 혁명 전 프랑스에서 무상 교육의 혜택을 누렸고, 혁명 중에는 사형수 호송차에 끌려가는 일을 면할 수 있었다. 그러나 궁극적으로 나폴레옹이 인류 역사에서 가장 성공한 남자가 될 수 있었던 것은, 그리고 한편으로는 가장 실패한 남자가 된 것은 그가 지닌 경미한 과대망상증 때문이기도 했다.

영국의 가장 위대한 정치인이자 저명한 역사가이기도 했던 윈스턴 처칠의 말을 빌리자면 나폴레옹은 '율리우스 카이사르 이후 유럽에서 태어난 인물 중 가장 위대한 업적을 남긴 사람'이었다.[1] 카이사르의 삶은 나폴레옹이라는 인물을 설명하는 데 매우 적절한 사례다. 나폴레옹은 자신이 영웅으로 삼았던 고대 인물들의 전투 기술을 정성 들여 따라 했다. 코르시카에서 살던 어린 시절부터 잡독가였던 나폴레옹은 아버지의 대형 서재에서, 그리고 아홉 살 때부터 다닌 3곳의 군사학교에서 위대한 군인들의 전기를 닥치는 대로 읽었다. 그리고 마침내 스스로를 율리우스 카이사르나 알렉산더대왕의 직계 자손으로 여기기에 이르렀다. 이런 사람은 보통 심리적 장애를 앓는 환자로 보이기 마련이다. 그러나 나폴레옹의 과대망상은 결국 현실이 되었다. 나폴레옹은 실제로 오늘날 알렉산더 대왕과 프리드리히 대왕을 포함해 율리우스 카이사르, 한니발 바르카, 구스타프 아돌프, 말버러 공작과 함께 뉴욕 역사협회가 선정한 역사상 가장 위대한 7인의 지도자 중 한 사람으로 손꼽힌다.

나폴레옹은 자신의 군인들을 '대육군'이라고 불렀다. 그는 이들을 어디로든 이끌 수 있었다. 1798년에는 이집트 사막으로, 1806년에는 유럽 모든 국가의 수도로, 1812년에는 러시아의 얼어붙은 황무지로 대육군을 이끌었다. 한 프랑스군 하사는 1813년 라이프치히 전투를 회상하며 "굶주림에 빠져 지친 군인들 앞에 황제가 친히 모습을 드러낼 때 병사들 사이에서 터져 나온 열정을 직접 경험하지 않은 사람은 감히 상상도 못할 것이다"라고 말했다. 패색이 완연했던 전장에 모습을 드러낸 황제의 존재감은 전기 충격과도 같았다. 프랑스군 하사는 "모두가 '황제 폐하 만세!'를 외치며 화염 속으로 뛰어들었다"라고 덧붙였다.[2] 워털루에서 나폴레옹에게 회복할 수 없는 손실을 안긴 유럽 연합군 총사령관 웰링턴 공작은 나폴레옹이 직접 부대를 한 번 방문하는 것이 군사 2만 명을 충원하는 것과 버금가는 효과가 있었다고 증언했다.

나폴레옹은 자신을 따르는 사람들에게 영감과 자극을 불어넣는 두 가지 방법을 알고 있었다. 첫 번째 방법은 그들이 영예와 이념을 위해 싸우고 있다는 생각에 고취되도록 만드는 것이었고, 두 번째 방법은 일을 잘했을 때 가장 신속하고 적절하게 포상하는 것이었다. 나폴레옹은 전쟁터에서 종종 이렇게 말했다. "내 생각에 프랑스인들은 자유나 평등에 신경 쓰지 않는다. 이들의 뜨거운 반응을 이끌어낼 수 있는 것은 오직 명예뿐이다." 그리고 그는 "군인은 오직 영광만을 원한다"[3]라고 말하며 가장 용맹함을 떨친 부대에 메달, 연금, 진급, 토지, 작위 등 각종 포상을 후하게 내렸다. 하지만 그는 1795년 파리 거리에서 반란을 기도한 300명의 프랑스인을 죽일 준비가 되어 있을 정도로 무자비한 인물이기도 했다.

이러한 철저한 '실력주의'는 프랑스 혁명이 낳은 위대한 발명품 중 하나다. 그전까지는 '앙시앵 레짐(프랑스 혁명 이전 구체제를 뜻하는 말 - 옮긴이)'의 엄격한 신분제로 인해 제약을 받던 세대가 실력주의 덕분에 마음껏 능력을 발휘할 수 있게 된 것이다. 1789년 이전 여러 세기 동안 프랑스인들은 자신의 아버지나 할아버지보다 더 나은 삶을 살 수 없었다. 그러다 갑자기 실력주의가 사회를 지배하는 가장 중요한 패러다임이 되자 재능 있는 사람들이 사회 계층의 꼭대기에 도달할 수 있는 길이 열리게 된 것이다. 프랑스 제1제국 수립 후 나폴레옹이 임명한 26명의 육군 원수들 중 10명이 일개 사병 출신이었다. 이들 중에는 통 제조업자의 아들(미셸 네), 무두장이의 아들(로랑 생시르), 집행관의 아들(클로드 빅토르 페랭), 양조업자의 아들(니콜라 우디노), 소작농의 아들(에두 아르 모르티에), 방앗간 일꾼의 아들(프랑수아 르페브르), 여관 주인의 아들(조아킴 뮈라), 하인의 아들(피에르 오제로), 밀수업자의 아들(앙드레 마세나) 등이 포함되어 있었다. 자신의 아버지가 왕실 하인이라고 자랑했지만 실제로는 두더지 사냥꾼이었던 장 세루리에의 사례까지 포함하면 총 11명이 일개 사병 출신이었다고 할 수 있다.

전장에서 뛰어난 능력을 보인 원수들 중 1명을 제외한 모두가 공작 작위를 받았고, 그중 몇 명은 왕자 작위를 받았다. 뮈라는 나폴리의 왕이 되었고, 장 바티스트 베르나도트는 스웨덴의 왕이 되었다. 모든 프랑스 군인은 군낭 속에 육군 지휘봉을 넣고 다닌다는 말이 생겼을 정도였다. 이런 일은 프랑스 혁명 이전에는 상상조차 할 수 없었다. 그리고 이는 다른 유럽 국가의 왕들이 프랑스 혁명가들을 타파하고, 나폴레옹의 프랑스를 무너뜨려야 한다고 결심하게 만든 원인이기도 했다. 실력주의는 나폴레옹 군대의 가장 강력한 무기였다. 나폴레옹은 병사들의 동기를 자극하는 가장 중요한 수단이 무엇인지 잘 알고 있었다. 그는 포상의 힘을 믿었다.

나폴레옹은 현재까지도 프랑스에서 최고 권위를 인정받고 있는 서훈 제도 '레지옹 도뇌르'를 처음 제정했다. 1809년 바이에른 왕국의 란츠후트 돌격에서 큰 승리를 거둔 후 나폴레옹은 경보병대 제13소여단 대령에게 여단에서 가장 용맹하게 싸운 병사가 누구인지 물었다. 대령은 모든 장교가 영웅처럼 용감하게 싸웠는

데 그중 1명만 꼬집어 말하는 것이 부당한 일이라 생각해 대답하기를 주저했다. 그러자 나폴레옹은 장교들에게 누가 가장 용감한 병사였는지 물었다. 장교들 또한 침묵했다. 마침내 늙은 대위 1명이 고적대장이 전장에서 가장 용감한 모습을 보였다고 대답했다. 나폴레옹은 그 즉시 대열 끄트머리에 서 있던 고적대장에게 다가가 이렇게 말했다. "자네는 지금 세계에서 가장 용감한 연대에서 가장 용감한 군인으로 선정되었네." 고적대장은 시체가 즐비한 전장 한복판에서 레지옹 도뇌르 훈장을 가슴에 달았다.[4]

레겐스부르크 전투를 마친 후에는 한 참전 용사가 자신이 시리아 야자파에서 날씨가 끔찍하게 더웠을 때 황제에게 수박을 줬다며 레지옹 도뇌르 훈장을 달라고 청했다. 나폴레옹은 그런 보잘것없는 일에는 훈장을 수여할 수 없다며 참전 용사의 말을 거절했다. 그러자 분개한 참전 용사는 이렇게 말했다. "폐하! 아르콜다리 전투, 로디 전투, 카스틸리오네 전투, 피라미드 전투, 아크레 전투, 오스테를리츠 전투, 프리드란트 전투에서 입은 7개의 부상이 기억나지 않으십니까? 이탈리아, 이집트, 오스트리아, 프러시아, 폴란드에서 펼치신 11가지 군사 작전도 기억나지 않으십니까?" 이 말을 들은 황제는 웃음을 터뜨리며 그의 말을 자른 후, 자신의 목에 걸린 십자가를 쥔 채 그 자리에서 레지옹 도뇌르 훈장과 1200프랑의 연금을 수여했다.

나폴레옹은 어느 병사가 용맹한 전과를 세우면 그 자리에서 자신의 군복에 달려 있는 훈장을 뜯어내 가슴에 달아주기도 했다.

이렇게 훈장을 받은 병사가 평생에 걸쳐 얼마나 큰 자부심을 느끼며 충성심을 불태웠을지는 쉽게 상상해볼 수 있을 것이다. 나폴레옹의 최측근이었던 마르보 장군은 "황제는 군사들이 자신을 사랑하게 만드는 방법을 알고 있었다"라고 설명하며 이렇게 덧붙였다. "그러나 이는 여러 차례 승리를 거둔 걸출한 지휘관만 활용할 수 있는 방법이었다. 만약 다른 장군이 나폴레옹을 흉내 냈다면 분명 비웃음을 샀을 것이다."[5]

부하들의 전투 능력은 인정하면서도 이와 동시에 군인들을 '지구의 쓰레기'로 취급했던 웰링턴 공작을 포함한 동시대 유럽의 다른 지휘관들과는 반대로, 나폴레옹은 군사들과 함께 보내는 시간을 진심으로 즐겼다. 그는 거의 민주주의에 가까울 정도로 군사들에게 개방적인 태도를 취하며 이들로부터 거짓 없는 사랑을 받았다. 일반 사병들은 지나칠 정도로 황제를 편하게 대했고 궁금한 점이나 필요한 것에 대해 서슴없이 말했다. 그들은 나폴레옹을 '꼬마 하사'라고 부르며 친구처럼 대했다.

물론 나폴레옹이 병사들의 모든 부탁을 들어준 것은 아니었다. 그렇게 된다면 부탁을 들어줌으로써 얻을 수 있는 효과도 약해질 터였다. 마찬가지로 모든 사람이 상을 받을 수는 없었다. 나폴레옹의 궁중 시종이었던 보세는 자신이 모시던 주인의 협상 방식을 이렇게 묘사했다. "황제는 누군가를 상대할 때 경청, 질문, 결정의 과정이 마치 하나의 덩어리로 붙어 있는 것처럼 늘 매끄러웠습니다. 거절을 할 때는 상대방이 느낄 실망을 최소화하는 방식을 늘 연구하고 고민했습니다."**6** 전장에서 병사가 자신의 해진 군복을 가리키며 황제에게 새 군복을 지급해달라고 요청하자 그는 이렇게 답했다. "오, 안 되네. 자네는 결코 새 군복을 받을 수 없을 걸세. 그렇게 되면 자네가 전장에서 얻은 상처가 가려질 것 아닌가?"**7**

비슷한 시기, 프러시아와 오스트리아와 러시아의 전통주의 군대에서는 병사가 총사령관과 직접 대면하는 일은 불가능했다. 그러나 혁명 이후 프랑스와 프랑스 군대는 달랐다. 나폴레옹은 황제로 즉위한 뒤에도 병사들과 직접 교류하며 이들의 관심사를 파악했다. 나폴레옹이 전투 다음으로 가장 많은 시간을 들인 일은 병사들과 시민들의 탄원서를 읽는 일이었다. 그는 정부 예산으로 가능한 수준에서 최대한으로 이들의 요구를 들어줬다. 제1집정관으로서 무려 5시간 넘게 튀일리궁을 사찰하며 병사들에게 지급되는 각종 음식, 군복, 보급품 등의 질을 직접 확인했고, 이들이 지내는 생활관의 위생 상태를 살폈다. 심지어 (군인들의 사기와 직결된) 브랜디병의 개수와 급여 지급 상황까지 세세히 점검했다. 특히 나폴레옹이 집권 기간 내내 가장 집요하게 확인했던 부분은 바로 병사들의 군화 상태였다. 그는 유럽 전역으로 군대를 이끌고 행군했기 때문에 병사들의 군화가 해지거나 찢어지지는 않았는지 각별히 신경 썼다.

'꼬마 하사' 나폴레옹은 제17소여단 대원들에게 입버릇처럼 이렇게 말하고 다녔다. "내게 바라는 것을 숨기지 마라." 그리고 이렇게 강조했다. "전장에서 가장 큰 죄악은 패배하는 것이다. 그다음으로 큰 죄악은 상관에게 말하고 싶은 불만을 감추는 것이다. 나는 모두에게 정의를 구현하기 위해 여기에 있다. 조직의 최말단에 있는 병졸들은 내가 가장 보호해야 할 사람들이다."[8] 프랑스 대육군의 군인들은 자신들의 리더가 다른 유럽의 '큰 모자를 쓴 장군들'과 달리 병사들과 같은 편에서 무언가를 함께해나간다는 것에 엄청난 자긍심을 느꼈다. 그리고 이러한 자긍심은 군 내부에 빠르게 퍼져나갔다.

1803년 마르몽 육군 원수가 이끄는 프랑스 부대가 네덜란드 위트레흐트에 주둔했을 때 나폴레옹은 마르몽에게 "병사들에게 집요할 정도로 관심을 쏟고, 편집증 환자가 된 것처럼 그들을 세심하게 살피시오"라고 명령했다.

야영지에 처음 도착하면 먼저 대대를 정렬시킨 후 8시간 동안 병사 한 명, 한 명을 대면하게. 그들의 불만을 듣고, 그들이 들고 있는 총과 칼의 상태를 점검하고, 그들이 무엇을 두려워하고 무엇을 고민하는지 확인하게. 이 모든 것을 완벽하게 점검하려면 적어도 7~8시간은 걸리겠지만 이를 완료하면 자네는 아주 많은 것을 얻게 될 걸세. 병사들은 지휘관이 자신들을 위해 관심을 기울인다는 것을 알게 될 것이고, 전투가 없을 때에도 무장을 하고 근무를 서는 것이 매우 당연한 일이라고 인식할 걸세. 이기는 방법은 멀리 있지 않다네.[9]

나폴레옹이 활약한 19세기의 전장은 총에 맞거나 칼에 찔려 죽는 병사보다 눈에 보이지 않는 적, 즉 황달이나 무좀, 수많은 악성 세균과 곰팡이, 전염병과 임질 등으로 사망하는 병사의 수가 압도적으로 많았다. 당시 유럽의 모든 군대는 전장에 나가는 것보다 19세기 야전 병원의 악명 높은 침상에 눕는 것을 더 두려워할 정도였다.

나폴레옹은 언제나 군의관들의 요구 사항을 경청했다. 당시 프랑스군이 사용하던 야전 병원이 오늘날 시골의 중소형 병원과 비슷한 시설을 갖췄을 정도였다. 1812년 나폴레옹의 부관이었던 세귀르 백작은 자신의 상관이 병영 내 의료 시설에 대해 얼마나 신경을 썼는지 이렇게 술회했다. "부상을 당한 병사가 호송되고 있는 모습을 보면 황제는 병사에게 달려가 직접 부상 상태와 고통의 정도를 물었다. 어쩌다 다치게 되었는지 직접 파악한 뒤 병사에게 너그러운 위로의 말을 전하거나 포상금을 내리기 전에는 절대 자리를 뜨지 않았다."[10]

그가 정말 진심으로 병사의 건강 상태를 걱정했을까? 그랬을 수도 있다. 하지만 확실한 것은 나폴레옹이 '인간의 충성심이란 건강한 육체를 지니고 있을 때보다 그 반대일 때 훨씬 뜨겁게 솟구친다'는 것을 알고 있었다는 사실이다. 그는 전장에서 피를 철철 흘리며 쓰러진 병사를 위로해주며 그 무엇으로도 살 수 없는 프랑스 대육군의 충성심을 샀다. 수십만 대군의 아버지이자 통솔자가 일개 병졸의 상처 난 발을 어루만짐으로써 이름 없는 병사들의 가슴에 불을 지른 것이다.

　기병 지휘관이었던 색슨족 출신 지휘관 바롱 폰 오데르벤 장군은 나폴레옹의 탈권위적인 면모를 보여주는 또 다른 일화를 소개한다. "프랑스 장교들, 심지어 때로는 일반 사병들조차 군대의 최고 사령관을 대할 때 쓰는 말투는 두 귀를 의심할 정도였다. 다른 국가의 군대에서였다면 분명 목이 잘려나갔을 것이다. 그러나 태생적으로 거친 언어를 쓰는 프랑스인들에게 이는 문제가 되지 않았다. 전투 작전에 실패해 나폴레옹에게 꾸지람을 들은 한 장군은 자신을 변호하기 위해 100여 명의 간부들이 보는 앞에서 대놓고 황제에게 대들었지만 나폴레옹은 아무 말도 하지 않고 싱긋 미소를 지었다."[11]

　물론 나폴레옹도 나약한 인간이었기에 자신이 거느린 병사들의 오만함에 치를 떨기도 했다. 극한의 상황이 펼쳐졌던 1813년 독일 전역에서 나폴레옹은 오라스 세바스티아니 장군에게 이렇게 불평했다. "나는 가끔 군인이 아니라 폭도를 지휘하고 있다는 생각을 한다네." 그러자 세바스티아니 장군은 황제의 말에 곧바로 반박했고, 그 옆에 있던 막도날 육군 원수도 이를 거들었다. 아끼는 심복 둘이 함께 지적하자 황제는 결국 입을 다물었고, 보다 못한 콜랭쿠르 후작이 불경스러운 일을 막기 위해 막사 안에 있던 모든 사람들을 내보냈다.[12] 결국 이 소심한 꼬마 하사 나폴레옹은 결국 자신이 괜한 투정을 부렸다는 사실을 깨닫곤 앞으로는 상급 지휘관들 앞에서 독재자처럼 구는 일을 삼가겠다고 선언했다. 바로 이 지점에서 나폴레옹은 정확히 1세기 이후 역사의 전면에 등장하는 나치의 지배자 아돌프 히틀러와 구분된다. 히틀러의 부하들이 그의 앞에서 이런 행동을 보이는 일은 단 1초도 용납되지 않았다. 나폴레옹은 히틀러보다 카리스마가 약했을지는 몰라도, 적어도 인간에는 더 가까웠다.

나폴레옹은 병사들의 귓불을 (때로는 꽤나 아프게) 꼬집거나 병사들과 농담을 하며 지난 전투의 무용담을 나누었고, 병사들이 처한 복무 환경에 대해 끊임없이 질문했다. 그의 지도 원칙은 '장교에게는 엄격하고 사병에게는 친절하게'였다.[13] 이 영리한 꼬마 하사는 자신이 장교보다 일반 사병과 더 많은 시간을 함께할수록 부대의 전투력이 상승한다는 것을 알고 있었다. 하지만 더 큰 이유는 따로 있었다. 프랑스 혁명 이후 징집 제도가 정착하면서 이제 프랑스 군대에는 고용된 전문 상비군이 아니라 무장된 일반 시민들이 들어오게 되었다. 이들은 비록 전장에서는 최말단의 일개 병졸이었지만 전쟁이 끝나면 정치 참여권을 지닌 어엿한 시민이었다. 프랑스의 일반 사병들은 프랑스 혁명이 점화한 1789년 이전보다 훨씬 더 큰 정치적 영향력을 지니고 있었다. 나폴레옹은 이들이 자신의 정치 권력을 좌우할 존재라는 것을 잘 알고 있었다. 그리고 이들이 가장 좋아하는 것, 즉 이들을 불구덩이 속으로 용맹하게 뛰어들도록 만드는 것이 바로 프랑스 군대의 최대 무기 '실력주의'라는 사실도 알고 있었다.

나폴레옹은 사병들과 진심으로 교감하며 이들의 요구가 충족

될 수 있도록 최선을 다했다. 행군을 하다 점심시간이 되면 나폴레옹과 그의 참모총장 알렉상드르 베르티에는 부관과 잡역병들을 초대해 함께 식사를 나눴다. 시종 보세는 당시를 이렇게 회상했다.

황제의 식사 시간은 그 자리에 있는 모두를 위한 진정한 축제였습니다.[14]

황제는 자신의 식탁에 오른 와인을 항상 문밖의 보초들에게 주었다. 이는 나폴레옹에게는 너무나 사소한 호의였지만 그 포도주를 받은 노병들에게는 평생 자식들에게 들려줄 소중한 무용담이었다. 참고로 18~19세기 유럽의 군사 문화는 군 장교가 일반 병사들과 어울리는 것이 극도로 금기시되어 있었다. 1805년 영국에서는 한 중위가 앉을 자리가 없어 바위섬에서 병사들과 함께 식사를 했다가 군사 재판을 받기도 했다.

물론 나폴레옹이 일반 사병들에게만 잘해주거나 칭찬을 아끼지 않았던 것은 아니었다. 그는 아끼는 측근 베시에르 원수에게 "자네를 향한 나의 신뢰는 내가 높이 평가하는 자네의 군사적 역량과 용기, 질서와 규율을 향한 사랑만큼이나 크다네"라고 서슴없이 말하고 다녔다.[15] 그러나 전반적으로는 일반 사병들보다 원수급을 포함한 상급 장교들에게 훨씬 엄격했다. 1813년 은퇴를 앞둔 무렵에는 자신이 그간 원수들을 너무나 꾸짖은 나머지 이들이 독립적으로 행동을 하지 못하는 것은 아닐까 걱정할 정도였다 (그리고 이는 결코 기우가 아니었다). 나폴레옹은 이렇게 넋두리했다. "아, 나는 이들에게 복종하는 법만 가르쳤지 전쟁에서 이기는 법을 가르치진 못했구나!"[16]

영혼에게
말을 걸어라

군대에는 '정기 선포'와 '일일 명령'이라는 것이 있다. 나폴레옹의 대육군 역시 주기적으로 이 두 가지 매체를 통해 수뇌부의 신념을 최말단의 병사들에게 전파했고, 이는 각 예하 부대에 크나큰 영감을 불어넣었다. 현대인들에게는 지나치게 화려하고 장황한 언사로 가득 찬 미사여구로 들려 따분하겠지만, 스마트폰과 인터넷이 없던 당시에는 나폴레옹의 말 한마디, 한마디가 병사들의 가슴에 무척 선명한 자국을 남겼을 것이다. 특히 밤마다 모닥불에 둘러앉아 글을 못 읽는 일반 사병들에게 부사관들이 읽어주는 황제의 선언문은 부대의 사기를 유지하는 가장 중요한 촉매제였다.

"저기 보이는 피라미드를 기억하라." 1798년 이집트를 상대로 벌인 대규모 침략전의 첫날 아침 나폴레옹은 이렇게 선언했다. "4000년의 역사가 제군들을 내려다보고 있다."[17] 1809년 합스부르크 왕가를 상대로 벌인 전쟁 초반, 아벤스베르크 전투를 치른 다음 날에는 부대원들에게 "은혜를 모르는 자들, 부정한 자들, 불충한 자들을 처벌한 천국의 불이 오스트리아 군대를 덮쳤다"라고 말했다.[18]

물론 선전용으로 사용했다는 점에서 나폴레옹이 선언하고 고시告示한 '말'들은 문자 그대로 사실이 아닌 경우가 많았고, 소개된 숫자도 신뢰할 수 없었다. 이런 프랑스 속담이 있을 정도였다. "고시처럼 거짓말하다." 하지만 당시만 해도 이러한 과장은 당연한 일로 여겨졌다. 화가 자크 루이 다비드가 그린 「알프스를 넘는 나폴레옹」 속 나폴레옹이 앞발을 치켜든 말을 타고 알프스산맥을 가로지르는 모습은 용맹하고 담대한 군사 지휘관으로서의 나폴레옹을 창조한 상징적인 그림이다. 하지만 역사적으로 볼 때 그 장면은 전혀 사실이 아니다. 나폴레옹은 유럽의 수많은 전장을 누비며 이러한 '예술적 허용'을 충분히 활용했다.

나폴레옹은 군인들이 무엇을 원하는지 본능적으로 이해했고, 상징이 가진 힘을 가장 잘 아는 군사 지휘관이었다.[19] 그래서였을까. 기록상 나폴레옹의 마지막 승전이었던 1809년 아스페른-에슬링 전투를 마치고 나서도, 즉 전황이 분명하게 잘못되어 갈 때 조차도 그의 군대는 프랑스 사회의 그 어떤 조직보다도 훨씬 더 오래 그에게 충성을 지켰다. 대체 어떻게 이런 일이 벌어진 걸까?

나폴레옹은 자신이 최고 사령관으로서 처음 지휘한 전투인 로디 전투에서 아다강을 가로지르는 길고 좁은 다리를 폭파하려 한 척탄병들의 용맹을 치하했다. 안전이 전혀 확보되지 않은 적의 영역까지 접근해 수류탄을 던져 다리를 폭파시키는 작전은 목숨을 희생할 각오를 하지 않으면 감히 엄두도 낼 수 없는 임무였지만 대육군의 척탄병들은 늘 망설임이 없었다. 훗날 나폴레옹은 당시를 회고하며 이렇게 말했다.

영혼에게 말을 걸어야 한다. 그것이 사람을 열광시키는 유일한 방법이다.[20]

1807년 아일라우-프리틀란트 전투에서 나폴레옹은 선봉에 선 제44전열보병연대에 이렇게 연설했다. "제군들이 속한 제44연대는 3개의 대대로 이뤄져 있지만 내 눈에는 6개 대대로 보인다." 대원들은 그에게 소리쳐 답했다. "우리는 황제 폐하의 말씀을 증명할 것입니다!"[21] 전투 초반의 이 과열된 분위기를 한마디로 정의하자면 '동지애'라고 부를 수 있을 것이다. 나폴레옹과 그의 병사들은 이를 '성스러운 불'이라고 불렀으며, 적군들은 '프랑스의 분노'라고 불렀다.

나폴레옹이 발견하고 실천한 '영혼에게 말을 걸고 사람들을 열광시키는 방법'은 구체적으로 무엇이었을까? 그것은 다른 연대와 확연히 차이 나는 활약을 보인 연대를 확실히 돋보이도록 만들어주는 것이었다. 이탈리아 전투에서 나폴레옹은 전공을 세운 어느 반여단에 행군 시 자신들을 구별할 수 있도록 꾸밀 기회를 부여했다. 1797년 3월 이탈리아 리볼리 전투와 라파보리타 전투에서 용맹을 떨친 제57반여단은 자신들의 깃발에 "그 누구도 막을 수 없는 제57반여단"이라는 문구를 금색 자수로 새겨 넣었다. 제9경사단도 "비교 불가"라는 문구를 깃발에 새겼다. 나폴레옹은 평범한 병사들의 '인정'에 대한 욕구를 이해하고 있었다. 그리고 인간의 자존심을 인정할 때 가장 강력한 힘이 발생한다는 사실도 알고 있었다.[22] 제18전열보병연대는 아스페른-에슬링 전투, 보로디노 전투 등 여러 전투에서 혁혁한 공을 세워 대육군 병사들에게 '용감한 사람들'이라고 불렸다. 제84전열보병연대는 1809년 10배 이상의 병력 차이를 보였던 티롤 반군을 격파해 '1 대 10'이라는 별명을 얻었다. 역사를 통틀어 모든 군대의 군인은 자신을 다른 부대원보다 조금이라도 더 돋보이게 하는 아주 작은 구분에도 열광했다.

그리고 나폴레옹은 이 '아주 작은 구분'을 반대로 활용할 줄도 알았다. 그는 수치심이야말로 수많은 사람을 압도하고 지배하는 가장 강력한 수단이라고 믿었다. 그는 1796년 이탈리아에서 제39보병연대와 제85연대가 전투 도중 도주했을 때 이렇게 말했다. "너희는 더 이상 프랑스군에 속할 자격이 없다. 너희는 그 어떤 기강도, 용기도 보여주지 못했다. 소수의 용맹한 군사들이었다면 한 부대로도 막아냈을 자리에서 적군을 보고 물러났다. 나는 두

연대를 이끄는 참모들의 깃발에 '이자들은 더 이상 프랑스 부대가 아니다'라는 글귀를 새길 것이다."[23]

나폴레옹은 율리우스 카이사르에게서 전장에서 이기는 법을 배웠다. 그는 자신이 배운 리더십의 교훈을 『율리우스 카이사르 전쟁 해설서Précis des guerres de César』라는 이름의 책으로 남겼다. 이 책에는 다음과 같은 이야기가 실려 있다. 카이사르가 갈리아 사령관에 임명되어 군 복무를 하던 중 로마 병사들의 대규모 폭동이 일어났다. 지긋지긋한 군역에서 해방시켜 달라는 것이 그들의 요구였는데, 카이사르는 이 중차대한 군 반란 행위를 아주 간단하게 해결했다. 카이사르는 병사들의 요구를 모두 받아들였지만, 이후 폭동에 참여했던 이들을 '군인'이나 '전우'라고 부르지 않고 '시민'이라고 부르며 경멸을 감추지 않았다. 당시 로마 사회에서 '시민'이라는 호칭은 적어도 군인에게는 그 어떤 단어보다 모욕적인 멸칭이었다. 카이사르에게 시민이라고 불린 군인들은 결국 다시 병영으로 돌아와 군 복무를 이어갔다.[24]

나폴레옹은 일인자의 위치에 머무르며 대육군의 영광을 미화하기 위해 희곡을 쓰고, 오페라와 아리아를 부르고, 각종 선언을 하고, 축제를 열고, 기념식을 개최하고, 다양한 규범을 창안하고, 훈장을 수여했다. 그는 자신이 통솔하는 군대의 모습이 멀리서도 잘 보일 수 있도록 휘황찬란한 군복을 제작함으로써 부대의 단결심을 유지했다. 역사학자 데이비드 챈들러는 당시 프랑스 대육군의 행진을 복원하는 연구를 진행했다. 그는 "세대, 민족, 국가를 초월한 다채로운 전사들이 하나의 화려한 군복을 입고 모인 엄청나게 특별한 광경이었다"라고 설명했다.[25] 특히 나폴레옹의 부대는 여성들에게 인기가 많았다고 한다.

나폴레옹 전쟁 당시 프랑스군과 러시아군에서 복무했던 역사학자 앙투안 앙리 조미니 장군은 나폴레옹이 전투 현장에서 집요할 정도로 자신의 언어 사용을 섬세하고 전략적으로 통제했다는 사실에 깜짝 놀랐다. 나폴레옹은 군 수뇌부에 종종 이렇게 조언했다. "적을 너무 경멸할 필요는 없다. 적이 모욕감을 더 크게 느낄수록 저항은 완강해질 것이다."[26] 오히려 나폴레옹은 적군을 공개적으로 칭찬하며 아군의 사기 진작에 적극 활용했다. 1806년 프로이센군을 상대로 한 전투에서 나폴레옹은 적군의 기갑부대를 칭찬하면서 이렇게 말했다. "하지만 그들은 내가 이끄는 이집트 부대(이집트에 주둔하고 있던 프랑스 부대)의 총검에 맞서서는 아무것도 할 수 없다."[27]

심지어 나폴레옹은 적군의 무능한 장군이 승진하고 유능한 장군이 해임되기를 노려 다양한 기만 전략을 구사했다. 그 전략이란, 자신이 경멸하는 적 장군은 칭찬하고 자신이 존경하는 적 장군들은 일부러 무시하는 것이었다. 1796~1797년 이탈리아 전투 때 요제프 알빈치가 오스트리아의 최고 사령관이라는 것을 알아차리자 나폴레옹은 고의적으로 고시와 일일 명령에 그의 이름을 일절 언급하지 않았다. 그는 이런 방법을 쓰지 않고서는 요제프 알빈치가 이끄는 오스트리아군을 이길 수 없을 것이라고 판단했다. 반대로 자신이 이길 수 있는 대상이라고 판단한 요한 볼리외 장군, 다고베르트 폰 뷔름저 장군, 찰스 합스부르크 대공이 참전했다는 소식을 들었을 때는 과하다 싶을 정도로 그들의 무공을 찬양했다. 또 마음속으로 사상 최악의 지휘관이라고 생각한 이탈리아의 조반니 디 프로베라 장군과의 전투를 앞두고 있을 때는 그에게 깊은 존경을 표하는 서신을 보내기도 했다. 이로써 나폴레옹은 현명한 지휘관이 더 이상 현명한 행동을 하지 못하도록 막았고, 멍청한 지휘관이 멍청한 짓을 계속하도록 유도했다. 이 영악한 꼬마 하사는 진짜 전투는 전장 뒤 암막에서 치러진다는 사실을 잘 알고 있었다.

내가 좀 더 잔인했더라면
세계를 정복했을 것이다

나폴레옹은 사람의 얼굴과 이름을 아주 잘 기억했다. 황제는 행군 도중에도 수많은 부대원 중 자신과 함께 전투에 참여한 병사에게 다가가 전투를 회상하며 끊임없이 질문을 던졌다. 지목을 받은 병사는 어깨를 으쓱하며 황제와 격의 없는 대화를 나눴다. 물론 나폴레옹의 주위에는 계급별 병졸들의 이름을 외워 알려주는 유능한 참모들이 있었다. 하지만 그들 역시 모든 병사의 이름을 다 알지는 못했고, 더러는 나폴레옹이 먼저 나서서 병사의 이름을 부르기도 했다. 나폴레옹의 기억력은 경이로운 수준이었다. 장 앙투안 샤프탈 내무장관은 회고록에서 나폴레옹이 프랑스 의회에서 3명의 대표들을 만나 담소를 나누던 장면을 다음과 같이 회상했다.

나폴레옹은 대표들 중 1명에게 두 딸의 안부를 물었다. 자신의 두 딸을 기억하고 있다는 사실에 깜짝 놀란 대표는, 아주 오래 전에 황제가 병력을 이끌고 머렝고에 가던 중 알프스산맥 입구에서 그를 딱 한 번 만난 적이 있다고 말했다. 당시 대포에 문제가 생겨 나폴레옹은 대표의 집 앞에서 잠시 가던 길을 멈춘 적이 있었다. 그는 대표의 두 딸아이를 쓰다듬어준 후 다시 말을 타고 떠났고, 그 뒤로 대표는 10년간 나폴레옹을 다시 본 적이 없었다.[28]

나폴레옹의 기억력은 부대를 전투 대형으로 배치할 때 가장 선명하게 도드라졌다. 1812년 나폴레옹은 마티외 뒤마 장군에게 그가 이끄는 전 군대의 전시편제를 새롭게 짤 것을 명령했다. 이 명령에는 모든 징집병이 이동해야 할 장소와 각 부대의 세부 배치 현황이 전부 포함되어 있었다. 뒤마 장군은 이렇게 회상했다. "나폴레옹은 30분 동안 빠른 걸음으로 이리저리 왔다 갔다 하거나 책장 옆 창문 앞에 우두커니 서 있더니 너무나 신속하게 명령을 내렸다. 나는 수치를 제대로 들여다보지도 못했는데 말이다." 나폴레옹을 올려다본 뒤마 장군은 그가 자신이 보고한 자료를 읽어보지도 않은 채 오직 머릿속 상상과 계산으로만 수만 병력의 운용 전략을 완성해냈다는 사실을 깨달았다. "자네는 내가 자네에게 받은 자료를 이미 읽어보았다고 생각하겠지." 나폴레옹이 말했다. "나는 읽고 싶지 않네. 이미 전부 외우고 있으니 말일세. 그

러니 어서 다음 안건으로 넘어가게."²⁹

1800년 10월 나폴레옹은 뒤마에게 티롤에서 오스트리아군을 공격하는 계획을 설명해줬다. 두 사람은 라인강에서 아디제강에 이르는 알프스 지역이 표시된 거대한 지도를 함께 보고 있었다.

우리는 조금의 병력 손실도 없이 티롤에 있는 거대한 요새를 오스트리아군으로부터 빼앗아야 하네. 측면으로 움직여 최후 퇴각 지점에서 적군을 위협해야 하지. 그러면 이들은 곧장 계곡 위로 대피할 걸세. 대알프스산맥의 어느 곳보다도 이번 작전 지역이 험준하다는 사실을 잘 아네. 하지만 나는 지구상에 인간이 극복할 수 없는 가혹함은 없다고 믿네. 막도날 장군에게 군대는 두 남자가 발을 디딜 수 있는 곳이라면 언제든, 그리고 어느 계절에든 나아갈 수 있다고 전하게. 나는 숫자로 표시되는 군대 병력이 아니라 목적에 따라, 그리고 작전의 중요성에 따라 명령을 내린다네.³⁰

나폴레옹의 머리는 비상했다. 하지만 단순히 두뇌의 성능만으로 그의 군사적 업적을 평가하는 것은 한계가 있다. 그는 두뇌의 역량을 가장 효과적으로 활용하는 방법을 알고 있었다. 고작 서른을 넘긴 키 168센티미터의 풋내기 지휘관이 인류 역사상 가장 성공적인 군사 작전을 펼친 군인으로 기록된 비결은 무엇이었을까? 어떻게 그토록 짧은 시간에 분열된 프랑스 민심을 통합하고,

병사들의 사기를 고취하고, 완전히 새로운 포상 제도를 수립하고, 근대 군사 작전의 흐름을 뒤바꾼 천재적인 전략을 고안하고, 자신의 이름을 딴 수많은 건물을 짓고, 통치와 전쟁의 새로운 패러다임을 설계할 수 있었을까?

나폴레옹이 남긴 위대한 업적의 상당수는 생각을 구분하는 상상력과, 다른 모든 일을 배제하고 눈앞의 문제에만 오롯이 집중하는 몰입력에서 비롯되었다. 그는 부하들에게 종종 이렇게 말했다. "내 머릿속에는 작은 찬장이 있다네. 한 가지 생각을 그만하고 싶으면 나는 그 생각이 들어 있는 서랍을 닫고 다른 서랍을 열지. 자고 싶을 때는? 그저 모든 서랍을 닫은 후 눈을 감으면 된다네. 이 방법을 익히면 모든 업무를 빠르게 처리할 수 있다네."[31]

그럼에도 불구하고 그는 하루에 18시간 이상을 규칙적으로 일했다. 그에게 잠은 사치였다. 나폴레옹은 삶에서 찾아낼 수 있는 모든 순간을 최대한으로 활용했다. 밥을 먹고, 목욕을 하고, 시종이 신문 읽어주는 것을 듣고, 면도를 하는 데 30분 이상을 소모하지 않았다. 22명의 정부들은 그가 전희에 할애하는 시간이 너무 짧다고 불평했다. 관료와 공무원을 상대할 때도 불필요한 인사치레는 생략하고 곧장 본론부터 꺼냈다. 그는 파리의 한 건축가에게 "개선문 건축은 어느 정도 진행되었는가?"라고 묻곤 바로 이어서 "내가 귀환할 때는 이에나 다리(1806년 프로이센 전쟁 승리 후 나폴레옹이 건설을 명령한 다리 - 옮긴이) 위를 걸을 수 있겠나?"라고 물었다.[32] 그리고 건축가의 대답을 듣기도 전에 등을 돌리고 전장으로 떠났다.

하지만 그의 가장 뛰어난 자질 중 하나는 압박을 받는 상황에서도 위엄 있게 평정심을 유지하는 능력이었다. 이는 유럽 연합군의 극렬한 저항에 가로막혀 후퇴와 패배를 겪으며 통치력의 위기를 맞이한 집권 후반부에 더욱 빛을 뿜었다. 워털루 전투가 벌어지기 2년 전, 그러니까 전쟁의 흐름이 슬슬 꼬이기 시작한 무렵인 1813년 나폴레옹은 참모들을 소집해 이렇게 말했다.

불과 얼마 전까지만 해도 나는 오늘날 가장 크고 훌륭한 군대를 지휘하는 세계 정복자였다. 그러나 이젠 다 사라졌다! 누군가가 내게 평정심을 잘 유지했는지 묻는다면 나는 자신 있게 대답할 것이다. "나는 심지어 내 고결한 정신까지도 완벽하게 통제했다!" 그렇다고 해서 내 마음이 다른 사람들보다 덜 예민하다고 생각하지는 않는다. 나 역시 평범한 인간일 뿐이다. 나는 늘 고요하고 평화로운 마음 상태를 유지하는 데 전념해왔다. 이제 내 감정은 아무런 소리도 내지 않는다. 만약 내가 전투를 시작하려 할 때 누군가가 와서 내가 미치도록 사랑하는 연인이 숨을 거두려 한다고 말한다 해도, 안타깝게도 그 소식은 내게 아무런 영향을 미치지 못할 것이다. 그렇지만 그 슬픔은 나를 무너지게 할 정도로 깊을 것이다. 그리고 전투가 끝난 뒤 아마 나는 그녀의 죽음을 애도하며 미친 사람처럼 울부짖을 것이다. 단, 눈물을 흘릴 시간이 있다면 말이다.

나는 내 감정이 스스로를 배신하는 일을 막고자 자제력을 기르는 데 아주 오랜 시간을 보냈다. 이 정도의 자제력이 없었다면 오늘날 내가 이뤄낸 모든 일을 해낼 수 있었으리라 생각하는가? [33]

이러한 자제력 덕분에 그는 1800년 이탈리아 머렝고 전투와 1809년 오스트리아 바그람 전투에서 총격이 빗발치는 가운데서도 농담을 할 수 있었다.

이 비상한 천재는 자신의 능력뿐만 아니라 타인의 능력을 적절히 활용하는 데에도 탁월한 재능을 지니고 있었다. 18~19세기의 프랑스 군사 사상가들은 유럽을 거의 파멸 직전까지 몰고 갔던 7년 전쟁(신성로마제국 몰락 후 유럽의 패권을 두고 전 세계 열강이 두 세력으로 갈라져 싸운 대규모 전쟁. 사실상 최초의 세계대전이었다 - 옮긴이)에서 겪은 패배의 후유증을 극복하고자 방진 부대, 혼합 정렬 등의 새로운 전술을 고안했다. 나폴레옹은 이 군사 전통을 자신의 방식으로 소화해, 전장에서 수만 명의 병사가 가장 효율적으로 기동해 방진할 수 있는 혼합 전술을 완성시켰다.

(나폴레옹의 적들도 같은 방법을 활용하기 시작한) 1812년부터 1945년까지 이 군단 체제는 유럽 전쟁의 중심으로 남아 있었다. 마흔이 되지 않은, 지금으로 치면 영관급 정도의 장교가 한 세기 이상의 군사 전술의 역사를 독점하다시피 한 것이다. 믿기지 않겠지만 이는 분명한 사실이다. 물론 그가 한 일은 기존의 새로운

병법을 자신만의 방식으로 재조합한 것에 불과할지도 모른다. 그렇지만 우리는 여기서 한 가지 교훈을 배울 수 있다. 세상에 없던 새로운 아이디어를 스스로 만들어낼 필요는 없다. 그러나 그저 그런 평범한 아이디어를 좋은 아이디어로 발전시켜 실전에 적용할 줄은 알아야 한다. 이는 상당한 수준의 용기가 필요한 일이다.

나폴레옹은 전투 요원의 배치와 기동로를 머릿속으로 상상하는 데 가장 많은 시간을 할애했지만, 적어도 그가 임했던 전쟁 초기에서 나타난 가장 큰 특징은 바로 '속도전'이었다. 이는 율리우스 카이사르의 로마군과 1940~1941년 독일 국방군 베어마흐트가 보인 주요한 특징이기도 했다. 나폴레옹은 자신과 프랑스 혁명 전쟁을 함께 치른 오랜 동료 앙드레 마세나 장군에게 늘 이렇게 소리쳤다.

행동, 행동, 속도![34]

그는 17~18세기 전쟁사를 풍미한 포위 공격 대신 가급적 초기 전투 계획을 유지시키고 단기간에 전투를 종료시키려 애썼다. 1805년에는 소수의 정예 기동 부대를 활용해 몇 주 만에 대육군을 프랑스 채널 해안 주둔지에서 독일의 다뉴브강에 위치한 소도시 울름으로 이동시켜 정면만 방어하고 있던 오스트리아군의 허를 찌르기도 했다. 채널 해안에서 울름까지는 1000킬로미터가 넘었는데도 말이다.

하지만 1812년에는 대육군의 규모가 너무 커져서 더 이상 이러한 급습 작전을 쓸 수 없게 되었다. 나폴레옹이 러시아를 침공할 당시 이끌었던 병력 규모는 61만 5000명에 달했다. 이는 당시 파리에 거주하는 시민 수와 비슷한 규모였다. 프랑스군의 장군들은 이브닝드레스를 입은 채 요리사와 도자기 등을 실은 개인 마차를 타고 러시아에 입성했다. 나폴레옹이 추구했던 속도전과는 거리가 먼 풍경이었다. 1796~1797년 이탈리아 전투에서 나폴레옹이 보여줬던 과감한 돌격전과 기민한 유연성은 더 이상 찾아볼 수 없다.

★　★　★

그럼에도 불구하고 나폴레옹의 군대는 1815년 워털루에서 영국 중심의 유럽 연합군에 패퇴하기 직전까지도 전 세계에서 대항할 세력이 없는 세계 최강의 군대였다. 그런 의미에서 궁극적으로 나폴레옹이 몰락한 이유는 등장 초반에 지나치게 큰 성공을 거뒀기 때문은 아니었을까? 이런 생각이 들 정도로 나폴레옹이 초기 전역에서 보여준 압도적인 전과는 세계사적으로 유례를 찾을 수 없다.

늘 남들보다 한발 빠르고 대처할 틈을 주지 않았던 사령관 나폴레옹은 지배에 저항하는 자들에게 반인륜적 말살을 자행했다. 그는 비대한 영토와 넘쳐나는 국민을 단일한 국가 개념 아래 인솔하려면 때때로 무자비해질 필요가 있음을 받아들였다. 1649년 영국의 올리버 크롬웰 장군이 아일랜드의 도시 드로이다와 웩스퍼드에서, 1799년 호레이쇼 넬슨 제독이 나폴리에서, 제2차 세계대전 당시 윈스턴 처칠 수상과 프랭클린 루스벨트 대통령이 추축국을 상대로 벌인 무차별 폭격 작전에서 보인 모습처럼 말이다.

나폴레옹은 1795년 파리에서 비무장 반군을 향해 강경 수단을 사용했고, 1796년 이탈리아 롬바르디아주의 작은 도시 파비아에서 유혈 평화를 수립했고, 1799년 시리아 시나이반도에 위치한 야파에서는 3000여 명의 터키인 포로들을 도시 밖 해변에서 총검으로 무자비하게 살해했다. 그가 아무리 뛰어난 군사 전략가이자 유럽 역사의 물줄기를 몇 번이나 바꾼 위대한 지도자라고 할지라도, 점령군 사령관으로서 자신의 칼에 묻힌 피와 살점은 역사의 물결에도 결코 씻겨나가지 않을 것이다.

그는 전쟁에서 좀 더 손쉽게 승리하고자, 그리고 식민지의 원주민들이 자신의 병참로와 군사들을 괴롭히지 않게 하고자 인륜을 등진 테러와 극심한 공포를 활용했다. 평소엔 하급 병졸들과 스스럼없이 술잔을 기울이는 평범한 지휘관이었지만, 불확실성이 지배하는 냉혹한 전장에서는 이기기 위해 공포를 서슴없이 이용하는 냉혈한 군인이었다. 이 때문에 종종 프랑스 군인들은 자신들의 황제가 벌인 참사의 나비효과를 그대로 돌려받아야 했다. 1807년 발발한 반도 전쟁(나폴레옹의 이베리아 반도 침략을 저지하기 위해 스페인, 포르투갈, 영국이 연합해 프랑스와 벌인 전쟁 - 옮긴이)에서 스페인의 게릴라군은 과거 자신들이 당했던 잔혹한 전쟁 범죄를 되갚아주고자 포로로 잡힌 프랑스 장교와 병사들에게 끔찍한 고문을 가하고 그들의 사지를 톱으로 절단했다.

1개 부대를 잃을지언정
1시간을 잃지는 않겠다

1793년 툴롱 봉쇄 작전의 승리에서 1815년 워털루 전투의 패배에 이르기까지 나폴레옹이 세운 가장 큰 업적은 무엇일까? 그것은 바로 '기준'이었다.

그는 전쟁이라는 영역을 초월해 적게는 수백 명, 많게는 수백만 명을 거느린 군사 지도자가 지녀야 할 아름답고 추한 덕목들을 골고루 갖춘 매우 특별한 군인이었다. 그가 남긴 역사의 흔적 중 몇 가지는 앞으로 소개될 다른 장군들의 역사에서도 동일한 패턴으로 반복될 것이다. 지금까지도 나폴레옹의 이름이 정치, 군사, 사회, 예술, 경제 분야 등을 가리지 않고 언급되는 이유는 그가 위기를 극복하고 끝내 목표를 달성해 성공하는 인간의 명확한 기준을 제시해줬기 때문이다. 그는 오늘날까지도 모든 지도자가 가장 존경하는 이상적 모델이자 가장 경계하는 실패한 우상의 표본으로 묘사되고 있다.

툴롱에서 그는 자신보다 나이가 많고 경력과 경험이 풍부한 장군들 앞에서도 주눅 들지 않고 주도권을 잡는 법을 배웠다. 모든 지휘관이 자신을 지지한다는 사실을 알고 있었기 때문이다. 그는 협력과 경쟁이 동시에 작동되는 군 수뇌부에서 장교들과 함께 일하는 기술을 익혔다. 1796년 아콜라 전투에서 나폴레옹은 메시지를 제어하는 방법을 배웠으며, 실제로 일어난 사실보다 사람들이 일어났다고 믿거나 믿고 싶어 하는 사실이 더 중요하다는 것을 배웠다. 다리 위에서 벌어진 엉망진창의 소규모 접전이 영웅 신화로 둔갑되는 현상을 바라보며 때론 펜이 총칼보다 더 무서운 무기가 될 수 있다는 것을 깨달았다.

그의 전과와 치적을 열거하자면 끝도 없다. 1799년 브뤼메르 쿠데타 때 나폴레옹은 상황의 변화에 따라 유능한 인재를 적재적소에 배치할 수 있도록 계급과 신분을 무시하고 오직 실력만으로 참모진을 구성했다. 1800년 레지옹 도뇌르 훈장 제도를 수립함으로써 프랑스의 모든 승진권을 가진 사람은 오직 나폴레옹 자신뿐이라는 사실을 천명했다. 그러한 사실이 알려지자 나폴레옹의 권력은 더욱 강해졌다. 1804년 제정된 '나폴레옹 법전'은 오늘날까지 프랑스 법률 체제에 영향을 미치고 있다. 나폴레옹은 이 거대한 책을 자신의 머릿속에서 혼자 생각해냈다.

오스테를리츠 전투와 1815년 엘바섬 탈출에서 나폴레옹은 전쟁에서 '인내'가 그 무엇보다도 중요하다는 사실을 깨달았다. 그는 상대의 심리를 끈기 있게 연구했고 결국 공격하기에 가장 좋은 시점을 정확히 찾아냈다. 1812년 러시아에서 패한 직후 파리로 후퇴할 때는 최후의 순간까지 결코 측근을 잃어서는 안 된다는 교훈을 깨달았다. 인고의 시간을 거친 뒤 1815년 3월 1일 코르시카섬을 탈출해 프랑스 남부 해안 지역의 앙티브 인근 쥐앙만에 도착했을 때는 아무리 상황이 열악해도 인내심만 충분하다면 리더는 화려한 귀환을 할 수 있다는 사실을 증명했다. 비록 실패로 끝나고 말았지만 나폴레옹의 이 화려한 복귀는 처칠, 드골, 닉슨 등 현대사를 설계한 걸출한 리더들에게 깊은 영감을 주었다.

6일 후 라프레이에서 루이 18세가 자신을 체포하기 위해 보낸 군대와 마주한 나폴레옹은 프랑스인의 영혼에 낭만적으로 호소하는 능력을 발휘해 위기를 벗어났으며, 1815년 3월 13일 반프랑스 연합군이 자신의 제안을 거절했을 때도 침착함을 유지해 그 어떤 적이나 지지자도 자신의 내면에 일어난 혼란을 알아채지 못하게 했다.

반대로 그가 저지른 과오와 실책 또한 뚜렷하다. 1815년 6월 16일 리그니 전투 이후 그는 자신이 가장 신뢰하던 지휘관 그루시 원수에게 대군을 내어주며 프로이센 군대를 추격하라고 명령했다. 하지만 이는 잘못된 판단이었다. 이틀 후 운명의 회전 워털루 전투에서 그루시 원수에게 내준 군사가 절실해졌기 때문이다. 그는 워털루에서 "대체 그루시는 어디에 있나?"라고 수없이 외쳤다고 한다. 병력이 부족했던 나폴레옹은 비를 맞으며 물러나는 유럽 연합군을 가만히 지켜볼 수밖에 없었다. "1개 부대를 잃을지언정 1시간은 잃지 않겠다"라고 말한 나폴레옹은 이 전투에서 자신의 선언을 어기고 말았다. 리더는 넘치는 에너지를 갖고 있어야 한다. 만약 타고난 에너지가 없다면 적어도 추종자들에게 에너지를 전달하는 방법을 찾아야 한다. 하지만 나폴레옹은 이때만큼은 그 두 가지 중 어느 한 가지도 제대로 해내지 못했다.

워털루 전투에서 나폴레옹은 평생에 걸쳐 축적한 모든 군사적 지혜와 통찰을 무시했다. 그는 전쟁 초기의 작전권을 장악하는 데 실패했다. 공격 시점과 경로를 결정하는 중요한 전술 회의를 각 중대의 중위들에게 위임했다. 이는 부하가 아무리 뛰어나고 경험이 충분해도 결코 하지 않았던 일이었다. 그는 잘못된 장소에 잘못된 지휘관을 배치했고, 당시 프랑스 대육군이 보유한 지휘관 중 가장 유능했던 루이 니콜라 다부 육군 원수를 파리에 남겨뒀다. 나폴레옹이 그동안 보여줬던 방식과는 정반대로 전개된 워털루 전투는 너무나 허무하고 비극적으로 막을 내렸다.

그가 실패한 요인은 너무나 분명해서 굳이 이 책에 실을 필요성을 느끼지 못할 정도다. 그는 프로이센군이 리그니 전투 후 어디로 퇴각했는지 확신하지 못했고, 결국 잘못된 추측을 했다. 심각한 치질에 걸린 나폴레옹이 제대로 된 군사 지휘를 하지 못했다는 설도 있지만 이는 훗날 나폴레옹의 추종자들이 그의 실패를 변명하기 위해 지어낸 소문일 가능성이 높다.

그럼에도 불구하고 워털루 전투를 제외하고 나폴레옹이 보여준 한 인간으로서의 자질은 오늘날 차분히 회상해볼 가치가 있다. 그는 예순 번의 전투 중에서 마흔여섯 번 승리를 거뒀다. 이 책의 다음 장에서 우리가 살펴볼 지휘관들의 자질은 나폴레옹이 지녔던 자질보다 더 뛰어나거나 부족할 것이다. 나폴레옹은 그들의 우열을 평가할 기준을 제시한 최초의 인간이었던 셈이다. 비록 최후에는 패배했을지라도, 나폴레옹이 승리를 갈망하는 모든 이의 자질을 평가하는 단단한 기준을 세운 지도자임은 분명하다.

Horatio Nelson

1758 ~ 1805

2장

나는 항상
15분 앞서 있었다

타고난 포식자

호레이쇼 넬슨
영국 왕립해군 제독

"규칙을 어기는 것,

　이것이 성공의 가장 중요한 규칙이다."

범선 시대 최후의 해전 중 하나인 트라팔가르 해전은 나폴레옹의 해상 진출을 좌초시킨 해전으로 유명하다. 이 전투에서 나폴레옹 연합 함대에 맞서 대영제국 해군을 지휘한 사령관은 호레이쇼 넬슨이었는데, 그는 이 세기의 대전을 앞두고 "영국 해군은 각자의 자리에서 맡은 역할을 다해줄 것을 믿는다"라는 짤막한 지시를 내렸다. 전장은 위급상황과 비상상황의 연속이다. 수많은 전략과 전술을 준비하지만 늘 실제 전황은 예상을 빗나가고 감당할 수 없는 참사가 펼쳐진다. 세계 전쟁사에서 적을 압도하고 기어코 대제국을 건설한 군대의 공통점은 딱 한 가지였다. '예측하지 못한 변수에 담대하게 맞설 수 있는가?' 넬슨은 바다에서 전사했다. 전장의 지휘관이 전장에서 죽는다는 것은 상당한 영예였지만 실제로 그 명예로운 죽음을 선택한 군인은 역사적으로 많지 않다. 수비는 염두에 두지 않는 극단적인 공격 전술, 상부의 퇴각 명령을 거부하고 단독으로 돌진하는 과단성, 상대가 끊임없이 수비에만 몰두하도록 집요하게 물고 늘어지는 포식자의 본능. 열네 살에 해군에 입대한 넬슨의 전사(戰史)는 한 개인의 능력이 어떻게 전쟁의 패러다임을 변화시키는지를 증명한다. 개인을 넘어, 영국 해군의 정신으로 승화한 제독 넬슨의 승리를 향한 사그러들지 않는 호전성은 어떻게 만들어졌을까?

크리스마스에도
교수형을 멈추지 마십시오

넬슨을 묘사하는 수식어는 다음과 같다.

인간관계에 서투른, 자만심 넘치는, 융통성 없는, 조현병에 찌든, 심기증(몸 안에 무슨 병이 있을 것 같다는 착각에 고통스러워하는 병적 증상 - 옮긴이)에 시달리는, 심통 사나운, 품위 없는, 자기 연민에 빠진, 불안에 떠는, 감정적인, 쉽게 실망하는, 짜증 내는, 억울해하는, 성을 잘 내는, 말수가 적은, 정치 감각이 현저히 부족한, 천박한…

열거하자면 끝도 없지만 빙산의 일각만 추리자면 이 정도다. 혹시 이 책을 읽고 있는 독자 가운데 넬슨의 추종자가 있다면 안타까운 말이지만, 이 중에서 거짓은 거의 없다. 그럼에도 불구하고 그가 영국 왕립해군, 아니 전 세계 해군의 역사에서 가장 위대한 군인이라는 사실에는 변함이 없다. 이토록 수많은 결점을 안고 있는 고집스럽고 욕망에 찌든 지휘관이 어떻게 만인의 영웅으로 기억될 수 있었을까?

넬슨은 영웅주의의 화신이었다. 선상에서 프랑스 저격병의 총에 맞아 사망하기까지 거의 불가능에 가까운 모험적인 삶을 살았던 넬슨은, 47년이라는 짧은 생애 동안 사람들의 가슴에 다음과 같은 불꽃을 남겼다.

두려움 없는 용맹함, 수그러들 줄 모르는 공격성, 강한 사명감과 신앙심, 적군을 향한 맹렬한 증오와 분노, 해군 전략가로서의 천재성, 끝없는 자신감과 어마어마한 자만심, 그리고 강렬한 야망.

그는 이 모든 것이 뒤섞인 삶을 살았고, 특별한 능력을 수반한 야망은 죄가 아니라는 사실을 증명했다. 영국의 재무장관을 지내고 제국주의적 대외 진출을 주도했던 벤저민 디즈레일리는 1879년 빅토리아 여왕에게 이렇게 썼다. "육군 원수 올즐리 경이 이기주의자이며 허풍쟁이라는 것은 명백한 사실입니다. 하지만 이는 넬슨도 마찬가지였습니다. 이런 거침없는 행동가들은 초년에 성공하면 보통 자신감이 충만해 자만하기 쉽습니다."[1] 디즈레일리 수상은 충분히 위대한 사람은 상냥하거나 겸손할 필요가 없다는 사실을 왕에게 상기시켜 줬다. 넬슨이 바로 이러한 인물이었다.

자기 자신을 3인칭 시점에서 이야기하는 것은 그 사람의 허영심과 거만함을 드러내는 확실한 증거다. 실제로 이는 심리학자들이 이제 막 과대망상 증상이 시작된 환자들의 병세를 측정하는 기준으로 쓰인다. 이 기준에 의하면 호레이쇼 넬슨은 과대망상증 말기가 확실했다. 그는 자신이 출간한 짧은 자서전에서 "넬슨은 천국이 지구 위에 있다는 주장과 버금가는 논란이 되는 행동을 하고 있다"라고 썼다.[2] 그리고 이 책은 다음과 같은 문장으로 끝났다. "가서 나처럼 하라." 아마 그는 그 누구도 그렇게 할 수 없을 것이라는 사실을 인지한 채 그 문장을 적었을 것이다.[3]

하지만 이런 점에도 불구하고, 넬슨은 아돌프 히틀러의 침략보다 훨씬 더 심각했던 나폴레옹의 침략에 맞서 조국을 구해 영국이 100년 이상 해상을 장악하게 했다. 적어도 넬슨이 전장에서 보여준 모습은 그가 세상을 떠난 지 200년이 지난 후에도 자유를 사랑하는 모든 사람의 마음을 여전히 설레게 하고 있다.

1758년 9월 29일 노퍽 버넘 소프에서 태어난 호레이쇼 넬슨은 에드먼드 넬슨 목사의 자녀들 중 다섯 번째로 살아남은 아들이었다. 호레이쇼 넬슨은 13세가 되기 전, 외삼촌인 모리스 서클링 대령이 지휘하던 64문 전함 레조너블을 타고 바다로 나갔다. 당시 영국의 젊은 장교들 중 대다수가 이렇게 어린 나이에 바다로 나가 경험을 쌓았다. 넬슨은 운이 좋게도 삼촌이 함장이었고, 서클링 대령은 넬슨을 아들처럼 품어줬다. 넬슨에게 영국 왕립해군 입대는 너무나 자연스러운 선택이었다. 하지만 그는 군 복무 기간 내내 심각한 뱃멀미에 시달렸다. 영국 해군의 훈련은 아홉 살 때 어머니를 잃은 소년에게는 무척 가혹했다. 넬슨처럼 장교가 아닌 평범한 수병들은 대다수가 감옥선을 탑승했던 전력이 있는 전과자이거나, 여기저기에서 강제로 징집된 사람들이었다. 이들은 기회가 있을 때마다 탈영했다. 당시 왕립해군의 전통은 '럼주, 기도, 동성 간 성행위, 채찍질'로 요약되었다. 선원들은 매일 해가 돛대 너머로 지고 나면 럼주 한 모금을 받았고, 일요일 아침에는 기도문을 낭독했으며, 남은 휴일은 분방하고 난잡하게 지냈다.

서클링 대령은 젊은 넬슨이 곧 조함과 항해에 능숙해지고, 험하기로 유명한 메드웨이강과 템스강의 수로 안내를 능숙하게 해내리라고 내다봤다. 하지만 넬슨의 실전 항해술은 생각만큼 빠르게 나아지지 않았다. 그럼에도 서클링 대령은 넬슨을 북극해 항해에 나선 자신의 함선에 키잡이로 승선시켰다. 그때 넬슨의 나이는 열네 살이었다. 넬슨이 사투 끝에 북극곰을 때려죽였다고 대중에게 알려진 소문의 진원지가 바로 이 북극해 항해였다. 물론 이 소문의 진위는 대부분의 영웅 신화가 그렇듯 그 누구도 정확히 알지 못한다. 귀환 후 넬슨은 20문 전함 시호스에 배치되어 동인도제도로 보내졌는데, 벵골에서 바소라(오늘날 이라크의 바스라) 사이의 기지를 들르며 이동하는 여정에서 그만 말라리아에 감염되어

의병제대 해야 했다. 그는 훗날 자신의 인생에서 유일한 공백기였던 이 시기를 회상하며 이렇게 말했다. "나는 거의 바다로 뛰어들고 싶은 심정이었다."[4]

하지만 넬슨은 희망까지 바다에 내던지진 않았다. 그가 탄 귀환선이 희망봉을 돌 때 넬슨은 과학적으로 설명되지 않는 기이한 현상을 목격한다. 붉게 빛나는 구球와 점멸하는 불빛의 환영을 본 것이다. 그건 분명 넬슨의 눈에만 비친 신비로운 헛것이었다. 그는 이를 전능한 신이 자신에게 직접 보낸 신호로 받아들이고 이렇게 말했다. "국가를 향한 맹렬한 충성심이 불꽃으로 변해 내 안에서 불타기 시작했다. 나는 영웅이 될 것이고, 신의 섭리를 믿으며 모든 위험을 용감히 대면할 것이다."[5] 10대 때 경험한 이 신비롭고 형이상학적이며 다소 뜬금없었던 '느낌'은 넬슨이 죽을 때까지 사로잡힌 강렬한 운명으로 남아 영웅주의의 기초가 되었을 것이다.

1777년 4월, 열여덟 살이 된 넬슨은 해군 시험을 정식으로 통과해 서클링 대령의 친구인 윌리엄 로커 대령이 지휘 32문 호위함 로우스토프에 소위 계급으로 승선한다. 물론 그의 몸은 군역을 수행하기에 적합한 상태는 아니었지만 넬슨은 고집을 부렸다. 로커 대령의 군사 철학은 간단했다. "프랑스 해군을 이기고 싶은가? 그럼 그들의 배에 최대한 가깝게 다가가라. 그들 옆에 나란히 붙으면 반드시 그들을 이길 것이다."[6] 당시 영국 해군은 프랑스와 스페인 해군에 비해 그 수가 적었지만, 전투력만큼은 월등히 높았다. 영국 전함은 똑같은 2분이라는 시간 동안 프랑스 해군과 스페인 해군이 2발의 포를 발사할 때 더 많은 포를 발사할 수 있었다. 배의 3면에서 동시에 대포를 발사했기 때문이다. 물론 이는 꾸준한 훈련을 거쳐야만 실전에 적용할 수 있는 사격술이었다. 넬슨은 로커 대령의 이 공격 전술을 실전에서 충분히 학습했고, 훗날 자신만의 독창적이고 저돌적인 기동 전술로 발전시켰다.

자메이카로 이동해 복무한 후 넬슨은 빠르게 대령으로 진급했고, 스물한 살 생일을 4개월 앞둔 시점에 드디어 대영제국 아프리카령 왕립해군 총사령관이었던 피터 파커 경이 이끄는 기함에 배치되었다. 이는 당시로서는 무척 파격적인 조기 승진이었지만 이런 전례가 없지는 않았다. 영국은 이 욕심 많은 장교의 장래에 과감히 투자했다. 물론 이는 영국 해군에서 막강한 영향력을 지닌, 마침 재무부 감사원장으로 승진한 삼촌 서클링 대령의 영향도 한몫했을 것이다. 족벌주의는 18세기 영국을 몰락시킨 질병이었을지도 모르고, 오늘날에도 여전히 사회악으로 널리 비난받고 있지만, 이 족벌주의가 영국 역사상 가장 유능한 군인의 고속 승진을 도왔다는 사실은 흥미롭다. 당시 대륙에서는 나폴레옹이 그동안 이단아 취급을 당했던 실력주의를 무기 삼아 빠르게 성장하고 있었는데, 영국에서는 반대로 나폴레옹이 유일하게 이기지 못한 군인이 족벌주의에 의해 성공의 첫 관문을 유유히 통과하고 있었다는 사실은 그야말로 역사의 지독한 유머라고 할 수 있다.

1780년 1월 왕립해군 소속 호위함을 지휘하던 넬슨은 스페인

령 산후안에서 벌어진 처참한 육해 공동 작전에 참여했다. 황열병(학질)은 당시 전장에서 가장 악랄하고 지독한 살인마였다. 전투 요원 중 상당수가 총칼이 아닌 이 바이러스성 출혈열에 의해 목숨을 빼앗겼다. 황열병에 시달리던 넬슨이 산후안에서 살아남을 수 있었던 것은 그가 예정보다 일찍 자메이카로 소환되었기 때문이다.[7] 1784년부터 1787년까지 넬슨은 호위함 보레아스를 지휘하며 영국령 서인도 식민지 주민들이 미국인들과 해상에서 거래하는 것을 통제하는 임무를 맡았다. 당시 미국은 영국의 새로운 식민지였고, 넬슨은 이 두 식민지 사람들에게 그 어떤 동정심도 보여주지 않았다. 아무리 넬슨을 칭송하는 사람이라고 할지라도, 특히 제국주의와 패권주의가 만연한 빅토리아 시대를 살았던 작가들일지라도 '호레이쇼 넬슨'이라는 이름과 '자비'라는 단어를 연결 짓지는 못했다. 넬슨은 보레아스를 지휘하는 18개월 동안 122명의 수병 중 54명에게, 20명의 해병 중 12명에게 태형을 내렸다. 이는 전체 대원의 46퍼센트에 달하는 인원이었다. 그에게 예외란 없었다. 넬슨은 크리스마스에도 다른 날과 마찬가지로 반란자들의 교수형을 집행해야 한다고 생각했다.

군대의 규율을 지키기 위해선 언제 어디서든 손에 피를 묻힐 각오가 되어 있었던 이 젊은 함장은, 승리에 대한 갈망만큼이나 뜨거운 연정을 품은 로맨티스트였다(문제는 그 연정의 대상이 단수가 아니라 복수였다는 것이지만). 그는 보레아스를 지휘하던 1787년, 카리브해에 있는 네비스섬에서 젊은 과부 패니 니스벳을 만나 결혼식을 올린다. 네비스섬 의회 의장의 조카였던 패니는 뛰어난 미인은 아니었지만 수줍음이 많고 매력적인, 친절하고 사랑스러운 배우자였다. 넬슨은 이후 6년간 노픽에서 봉급을 절반만 받으며 아버지, 아내와 함께 빠듯하게 살아야 했다. 하지만 이 시간은 그의 인생에서 가장 평화로운 시간이었다.

불복종은 가장 탁월한 성공의 전략이다

넬슨은 프랑스 최고의 영웅인 나폴레옹과 종종 비견된다. 물론 그 둘이 신의 영역에 가까운 무공을 지닌 몇 안 되는 군재라서 그런 것이기도 하지만, 그것만으로 이 둘이 서로에게 보인 지나친 적개심의 근원을 설명하기엔 부족하다. 그 둘의 관계 이면에는 영국과 프랑스 두 국가의 정치사상이 전혀 달랐다는 역사적 사실이 놓여 있다. 노퍽에서의 평화를 만끽하며 넬슨은 프랑스 혁명이 주창하는 평등 이데올로기를 극렬히 반대하는 토리당에 점차 심취했다. 영국의 토리당은 지주 계급의 이권을 지지하는 역사가 깊은 보수 정치 세력인데, 이들은 절대 군주의 왕권은 신으로부터 주어진 침범할 수 없는 권한이라고 믿었다. 이는 혁명 깃발을 나부끼며 왕을 단두대로 끌어올려 목을 내려친 프랑스 혁명과는 공존할 수 없는 사상이었다. 넬슨이 복무하던 시절 영국은 토리당이 집권하고 있었고, 1793년 2월 프랑스 혁명 시민군이 결국 루이 16세를 처형했을 때 넬슨은 '간악하고 하찮은 조무래기들'을 쓸어버릴 절호의 기회가 왔다며 뛸 듯이 기뻐했다.

그는 오랜 역사를 관통하며 수많은 이의 피와 땀으로 일궈낸 영국의 헌정 체제를 흔드는 모든 시도를 악마의 도전으로 여겼다. 엄격한 법과 질서의 유지, 급진주의에 대한 혐오, 신성한 왕권의 수호. 이것이 세상에서 그가 믿는 전부였다. 그가 지닌 정치 이데올로기의 단면을 보여주는 일화가 있다. 1799년 6월 말 나폴리에서 넬슨은 끔찍한 전범행위를 저지른다. 그는 자신의 부관 에드워드 푸트가 이탈리아 해군과 교전한 후 평화 조약에 서명을 했음에도 항복하는 이탈리아 포로 중 99명의 친자코뱅당 군인에게 무자비한 사형을 집행했다. 이탈리아 자코뱅당은 프랑스 혁명의 영향을 받아 만들어진 급진주의 정치 세력이었다. 한마디로 넬슨이 쓸어버려야 할 또 다른 '조무래기들'이었다.

당시 영국 토리당의 경쟁 정당인 휘그당의 지도자 찰스 제임스 폭스는 넬슨의 만행을 두고 "영국의 이름에 먹칠을 했다"라고 발언했다. 넬슨은 모국 정부의 비난에도 아랑곳하지 않았다. 이탈리아 자코뱅당 반군의 해군 사령관이었던 프란체스코 카라치올로 준장을 교수형에 처한 뒤 교회장 거행마저 불허했다. 현지의 반발이 심해지자 넬슨은 교회장을 허가하는 대신 시신의 무게를 줄여 바다에 던지라고 명령했다.

넬슨의 전기 작가 톰 포콕은 "카라치올로는 불행하게도 넬슨이 전쟁의 잔인한 풍습을 수행하는 데 평소보다도 더 무자비한 모습을 보여주던 시기에 그와 같은 길에서 마주쳤다"[8]라고 결론지었다. 훗날 역사가들의 평가가 어찌 되었든, 당시 점령군 사령관이었던 넬슨은 자신이 악랄한 급진주의자들로부터 살해 위협을 받고 있던 동맹국의 왕권을 대표해 행동하고 있다고 믿었다. 실제로 그는 이탈리아가 자코뱅당의 손아귀에 넘어가 144일간 공화국이 선포되었을 때 왕가 일족이 해외로 망명하는 데 결정적인 도움을 주기도 했다. 이탈리아 왕실은 이에 대한 보답으로 넬슨에게 시칠리아의 브론테 공작 지위를 하사했다. 프랑스 혁명군과 그들에게 영향을 받은 이탈리아 자코뱅당의 과격한 급진주의를 혐오했던 넬슨은 왕권에 맞서는 반란군은 바다의 폭도처럼 취급받아도 마땅하다는 나폴리 정부의 주장에 동의했다.

다시 역사의 시계를 앞으로 돌려서, 영국이 프로이센 등과 반프랑스 동맹을 맺어 '혁명 프랑스'에 전쟁을 선포한 1793년으로 돌아가보자. 넬슨의 바람대로 영국 정부는 혁명이 일어난 프랑스를 좌시할 수 없다고 판단했고, 전 육해군에 동원령을 내렸다. 이때 넬슨은 드디어 64문 호위함 아가멤논을 지휘하며 처음으로 대형 함선의 함장 직책을 맡게 되어, 이탈리아 나폴리에서 영국 왕립 해군의 지중해 함대에 합류했다. 1794년 7월 12일 코르시카섬에서 칼비 포위 작전을 수행하던 중 적함이 쏜 포탄이 넬슨이 서 있던 땅 위에 떨어졌다. 돌 조각이 사방에 튀었고 그중 파편 하나가 넬슨의 오른쪽 눈에 깊숙이 박히고 말았다(넬슨에 대한 대담무쌍한 신화가 탄생한 순간이었다. 사람들이 믿는 것과 달리 그는 안대를 쓴 적이 한 번도 없었고, 모자에 녹색 가리개를 달고 다녔다).

다행히 영국 해군은 전투에서 이겼다. 넬슨이 이 전투에서 어떤 활약을 펼쳤는지는 알려진 바가 거의 없지만 아무튼 그는 이 단 한 번의 전투를 통해 자신의 한쪽 눈과 전국적 명성을 맞바꿨다. 넬슨에 대한 과장과 억측이 가미된 소문은 즉시 런던으로 퍼져나 갔고, 그 소문에는 그가 어렸을 때 할머니의 물음에 답했던 자신만만한 답변이 늘 따라다녔다. "두려움이요? 전 두려움을 느껴본 적이 없어요."

이 전쟁 기간 동안 넬슨은 프랑스 혁명군의 왕권무용론, 무신론, 평등주의 등을 처벌하기 위해 신이 자신을 도구로 택했다는 신념을 무쇠처럼 단단하게 제련했다. 그가 이후 해전에서 보여준 자살행위와 다름없던 극단적인 공격 위주의 전술들은 바로 이러한 맹목적인 투쟁심의 결과라고 할 수 있다.

이듬해 프랑스 남부 도시 툴롱 외곽에서 프랑스군을 상대로 과감한 작전을 펼쳐 승리를 일군 넬슨은 영국 왕립해군 제독이자 영국 역사상 가장 위대한 군정가로 평가받는 존 저비스 경에 의해 준장으로 승급된다. 넬슨이 영국 왕립해군을 비로소 세계 최강의 해군으로 승격시킨 야전 사령관이었다면, 저비스 제독은 왕립해군의 기초를 다진 유능한 행정가였다. 3년 후 넬슨은 세인트빈센트곶 전투에서 제독급 지휘관으로서 탁월한 작전 수행력을 선보이며 영국 해전사의 신기원을 쓴다. 넬슨은 둘로 쪼개져 있던 스페인 함대가 재집결하려는 것을 눈치채고는 상부의 허가도 얻지 않은 채 전함 캡틴을 이끌고 단독으로 80문 전함 산니콜라스를 향해 정면 돌파를 시도했다. 7척의 적함과 교전을 벌이다 전광석화의 속도로 산니콜라스에 오른 넬슨과 해병대는 결국 배를 순식간에 함락시켰고 그 옆에 나란히 있던 112포 전함 산호세프에까지 올라가 연달아 함락시켰다.

영국 해군은 이 해전에서 대승을 거둔다. 이 사건으로 인해 넬슨은 허가 없이 전선을 이탈했다는 죄목으로 군법회의에 회부되어 망신을 당할 뻔했지만, 이와 함께 1513년 에드워드 하워드 경 이후 최초로 적군의 전함에 올라 승리를 거둔 영국인이 되었다. 일찌감치 그의 진가를 알아봤던 저비스 제독은 피범벅이 되어 자신의 기함에 승선한 넬슨을 꽉 껴안았다. 세인트빈센트곶 해전 후 넬슨은 기사 작위를 받았고 해군 소장으로 승진했다.

여전히 전장에 머무르며 다양한 해군 작전을 펼치던 넬슨은 테네리페에 피신해 있던 스페인 보물선을 점령하라는 상부 명령을 받고 출동하던 중, 산타크루스의 적 요새에서 날아온 포도탄에 오른팔을 잃었다. 어깨 아래 부위를 모조리 잘라내는 대수술이었고 마취 따위는 기대할 수 없었다. 성공적으로 수술을 마친 뒤 넬슨은 이렇게 말했다. "왼손잡이 제독은 더 이상 존경받지 못할 것이다. 나는 내 친구들의 짐이 되었고 조국의 쓸모없는 존재가 되었다."⁹ 이제 막 그 역량을 꽃피우기 시작한 천재적인 군사 전략가는 이렇게 거품처럼 흔적 없이 사라져버릴 위기에 놓였다. 물론 시대는 그를 가만히 내버려두지 않았다. 영국 정부의 생각은 넬슨의 견해와 정반대였다. 전투 중 눈과 팔을 잃었기 때문에 넬슨은 자신이 더 이상 예리하고 정교하게 함을 지휘할 수 없을 것이라고 낙담했지만, 영군 해군은 한쪽 팔을 잃은 외눈박이 제독은 적어도 자신도 하지 않을 일을 부하들에게 명령하지는 않을 것이라고 생각했다. 이는 넬슨의 배에 탄 수병들도 마찬가지였다. 영국은 바로 이 점에 주목했다.

이 시절 넬슨은 누군가의 소중한 남편이었다. 바로 패니 말이다. 패니가 남편을 보지 못한 지 거의 5년이 되었을 때 세인트빈센트곶 해전의 영웅 호레이쇼 넬슨 경은 한쪽 눈과 한쪽 팔을 잃은 채 집으로 돌아왔다. 패니는 넬슨의 팔이 떨어져 나간 상처 부위가 감염되지 않도록 꼼꼼하게 간호했다. 천사 같은 그녀의 헌신 덕분에 넬슨은 이듬해 다시 전선에 복귀할 기력을 되찾는다.

그리고 1798년 5월 운명의 시간이 다가온다. 나폴레옹의 대군이 이집트를 공격하기 위해 지중해를 건널 준비를 시작한 것이다. 엄청난 규모의 프랑스 육해군이 프랑스 남부 도시 툴롱항에 모이기 시작했다. 넬슨은 이때가 바로 전세를 역전할 최초이자 최후의 기회가 될 것이라고 직감했다. 그는 나폴레옹의 군대를 추격하고자 다시 지중해로 떠날 채비를 시작한다.¹⁰ 넬슨은 그동안의 수많은 전투에서 얻은 복벽 탈장으로 평생 고생했고, 걸핏

하면 온몸에 열이 나 며칠을 앓아야 했고, 상처에 찌든 온몸에 소독약을 들이붓다시피 발라가며 연명해야 했다. 그는 잠시마나 고통을 누그러뜨리기 위해 아편으로 만든 약물을 정기적으로 복용했다. 그리니치국립해양박물관에 전시되어 있는 그의 해군 제독 군복을 보면 유추할 수 있듯이 넬슨은 몸집이 왜소했다. 키가 약 167센티미터였고 허약 체질이었던 넬슨은 자신이 죽음으로부터 결코 멀리 있지 않다고 생각했다. 전투에서 크나큰 용기를 발휘한 것도 분명히 이런 생각 때문이었을 것이다. 그에게 죽음은 더이상 낯선 이방인이 아니었다.

몸을 운신할 수 있을 정도로 회복하자마자 다시 바다로 돌아온 넬슨은 그 누구도 엄두도 내지 못한 엉뚱한 상상을 했다. 나폴레옹이 이미 툴롱항을 몰래 빠져나와 이집트로 가고 있을 것이라는 추측이었다. 넬슨은 최소한의 전함만 이끌고 신속하게 프랑스 해군의 행적을 뒤쫓기 시작했다. 그리고 1798년 8월 1일 저녁, 마침내 넬슨은 나일강 하구 아부키르만에 정박해 있던 나폴레옹 함대를 마주한다.

전투 전날 넬슨은 휘하 장교들에게 이렇게 말했다. "내일 이 시각이 되기 전 나는 귀족 작위를 받거나 명예롭게 전사할 것이다."[11] 툴롱 전투 200주년을 기념해 진행된 해양 고고학 연구는 당시 넬슨의 작전이 얼마나 위험천만했는지 증명했다. 밤이 되기를 기다린 넬슨은 육상 병력을 풀어 수심이 낮은 지대를 택해 은밀히 프랑스 함대에 접근시켰다. 프랑스의 모든 함선은 아무런 경계 없이 마음 놓고 닻을 내린 채 휴식 중이었다. 해상에서는 5척의 영국 전함이 이제 곧 대혼란에 빠질 프랑스 함대를 향해 수십 문의 포를 겨냥 중이었다. 이날 프랑스 해군은 말 그대로 무자비한 살육을 당했다. 주력함 17척 가운데 13척이 불에 타거나 침몰했으며 수천 명의 수병이 목숨을 잃었다. 하지만 프랑스를 진정으로 괴롭힌 것은 이날 하룻밤 동안의 물리적 피해가 아니었다. 유럽과 프랑스의 사람들은 지중해를 지배하는 주인이 누구인지 이제 확실히 깨닫게 되었고, 나폴레옹을 포함한 프랑스의 모든 군사 지휘관들은 영국 왕립해군, 특히 넬슨의 이름만 들어도 주눅이 들 정도로 공포에 떨게 되었다.

나일강 전투 이후 넬슨은 정말로 귀족 작위를 받았다. 러시아의 차르, 터키의 술탄, 런던의 시장, 동인도회사의 간부 등 세계의 실력자들이 온갖 진귀한 보물을 그에게 선물했다. 마흔 살이 채 되지 않은 나이였고, 겸손과 절제의 미덕을 갖추기에는 너무나 이른 성공이었다. 그리고 바로 이때 넬슨은 나일강 전투에서 입은 이마의 심각한 상처를 치료하느라 나폴리에 머무는 동안 엠마 해밀턴이라는 여인과 사랑에 빠졌다. 그는 끝까지 인정하지 않았지만 흔한 말로 불륜 관계 그 이상도, 이하도 아니었다. 넬슨에게는 (조금 촌스럽지만) 품위 있고 참을성 있으며 단 한 번도 배우자를 외면하지 않았던 아내 패니가 있었다. 하지만 엠마 해밀턴을 만난 그는 전기 충격과도 같은 매력에 빠지고 말았다. 이 강렬한 충격은 판단이나 고민을 할 수 있는 영역의 것이 아니었다. 그는 말 그대로 순식간에 새로운 세계에 빠져들었다. 가엾은 패니는 그에게 사랑을 받을 가능성을 완전히 상실했다.

엠마는 이탈리아 나폴리에서 사역 중인 영국인 목사 윌리엄 해밀턴 경의 아내였다. 해밀턴 경은 엠마보다 서른다섯 살 많은 교양 있는 탐미주의자이자 순응주의자였다. 오늘날 뉴욕의 프릭갤러리에는 푸른 눈과 복숭앗빛 피부를 지닌 엠마 해밀턴이 뺨을 불그스레하게 물들인 채 미소를 짓고 있는 그림이 걸려 있다. 훗날 빚에 허덕이는 알코올 중독자가 된 엠마 해밀턴의 모습과는 전혀 다르다. 그녀의 말년을 아는 사람이라면, 청록색 리본을 달고 행복한 표정으로 관람객을 응시하고 있는 엠마를 마주하는 순간 그 누구라도 슬픔에 잠길 것이다. 넬슨의 삶을 기록하는 데 오랜 시간을 바친 전기 작가 존 서그덴은 엠마를 이렇게 표현했다. "인생의 전성기에 머물러 있던 엠마는 시선을 사로잡는 육감적인 몸매를 지녔고 놀라울 정도로 표현력이 풍부했다. 그녀는 끔찍할 정도로 아름다웠고 굶주린 사자처럼 인기와 애정에 목말라 있었다. 그녀에게 사람들의 관심은 공기와도 같은 것이었다."[12] 그리고 다른 무엇보다 엠마는 넬슨의 자만심을 북돋아줬다. 귀족의 최하위 계급인 남작 지위밖에 받지 못했다며 넬슨이 불평했을 때, 엠마는 인자한 표정으로 연인의 두 손을 꼭 잡고선 이렇게 말했다. "비록 영국에서는 남작에 불과하지만, 지중해에서는 나일강의 후작, 피라미드의 자작이랍니다(당시 유럽의 귀족 계급의 서열은 공작, 후작, 백작, 자작, 남작 순이었다 – 옮긴이)."

나폴리에서 마침내 영국으로 돌아온 넬슨은 이미 국민 영웅이되어 있었다. 여성들은 '나일강의 영웅'이라는 글귀가 수놓인 보닛을 썼다. 그가 승전을 기념해 지방 중소도시들을 순회했을 때시골 노동자들은 넬슨이 타고 온 말의 장구를 직접 풀어주고 마차를 끌고 다녔다. 넬슨은 이 모든 반응을 마음껏 즐기는 한편 영국군을 이끌 강력한 군사 지휘자로서 자신의 새로운 명성을 축적하는 데 적극적으로 활용했다. 겸손이라곤 조금도 찾아볼 수 없고 안하무인인 데다 직설적이고 공격적인 언어를 즐겨 사용했던넬슨에게는 강력한 지지층만큼이나 그를 시기하고 질투하는 적도 많았다. 그는 질투심 많은 왕 조지 3세로부터 차가운 대접을받았고, 심지어 같은 해군 장교들조차 넬슨을 천박한 해적에 불과하다고 깔봤다.

무수한 사람으로부터 광범위한 야유를 당하다 보면 아무리 큰직업적 성공을 거두고 오랜 시간 강력한 정신력을 단련해온 사람일지라도 비방과 소문을 견디다 못해 어처구니없을 정도로 나약한 모습을 보이게 된다. 역사상 위대한 업적을 이룬 수많은 지도자와 정치인이 말년에 이르러 자신의 신념을 꺾고 세상과 타협한모습을 보라. 이처럼 인간의 정신력은 생각보다 무르고 여리기그지없다. 하지만 넬슨은 그런 보통의 위인들과는 달랐다.

그는 자신의 실제 모습과 전혀 다른 초상화를 그리도록 해 인쇄물로 만들어 영국 전역에 배포했으며, 나일강과 세인트빈센트곶에서 자신이 보여준 용맹함을 런던의 신문사를 포함한 모든 매체에 알렸다. 혹자는 이러한 행동을 두고 유난스럽고 경박하다고 비난할 수 있겠지만, 적어도 그는 거짓말은 하지 않았다. 그는 성공을 과장할 필요가 없었다. 넬슨은 자신을 비방하는 세력을 설득하거나 양해를 구하는 대신 자신을 사랑하는 사람들을 더 강력하게 자신의 편으로 만드는 길을 택했다. 타협을 모르는 넬슨의 유능함과 오만함을 사랑하는 영국의 군인들은 여전히 그를 존경했으며, 연이은 흉작과 가뭄으로 절망에 빠져 있던 영국인들 역시 이 젊고 매력적인 리더에게 빠르게 빨려들었다. 그가 불륜을 저지르고 있다는 사실은 문제가 되지 않았다. 오히려 그 점이 사람들을 넬슨에게 더 빠져들게 만들었는지도 모른다.

넬슨 터치,
가장 먼저 죽음에 닿아라

넬슨이 해상전에서 발휘한 천재성에도 불구하고 영국은 나폴레옹이 유럽 대륙의 서부 절반을 지배하는 것을 막을 수 없었다. 영국인들은 나폴레옹이 이끄는 대육군이 곧 영국해협을 건너 런던에 상륙해 도시를 유린할 것이라는 두려움에 밤잠을 설쳤다. 프랑스의 해상 진출을 막으려면 영국이 먼저 나서야 했다. 1801년 4월 영국 해군은 나폴레옹 휘하에 넘어간 코펜하겐의 덴마크 함대를 공격하기 위해 출항했다. 해군 중장이 된 넬슨은 사령관 하이드 파커 제독과 함께 부사령관으로 참전했지만 실제 전투를 준비하고 지휘한 것은 넬슨이었다. 넬슨은 이번 군사 작전 역시 오직 '선제공격만이 승리를 가져다줄 것'이라고 확신했다.

덴마크의 해군력은 영국 해군에 비해 열세였지만 문제는 강력한 항구 진지였다. 거대한 요새가 마치 벽처럼 도시를 남북으로 감싸고 있었고, 강력한 화력을 갖춘 대포들이 바다를 향해 머리를 빼곡하게 내밀고 있었다. 게다가 발트해의 입구이기도 한 코펜하겐항은 종잡을 수 없는 해풍과 거친 파도로 유명했다. 참모들은 함부로 해협에 진입했다가는 적과 교전하기도 전에 수많은 전투력이 바닷속에 잠길 것이라고 조언했고, 파커 제독 역시 선제공격을 자제하고 적 함대가 밖으로 나올 때까지 기다렸다가 대응하자고 넬슨을 만류했다. 하지만 넬슨은 뜻을 굽히지 않았다. "덴마크의 방어벽은 전쟁을 모르는 아이들에게나 겁을 줄 수 있을 뿐이다. 나는 늘 내가 해왔던 방식으로 코펜하겐의 대포 진지와 덴마크 함대를 파괴할 것이다. 바람이 거세다면 반대로 그 바람을 이용하면 된다. 파도가 거칠다면 이는 적에게도 마찬가지다."

1801년 3월 12일 아침 넬슨이 이끄는 함대가 코펜하겐항으로 천천히 전진했고 이에 맞서 덴마크 함대가 응전했다. 넬슨은 전날 수도 없이 머릿속으로 구상했던 공격 대형으로 전함을 배치해 해풍과 너울의 방향에 따라 기민하게 배의 방향을 바꿔가며 가장 효율적으로 적 함대를 하나씩 파괴해나갔다. 하지만 제멋대로 밀려오는 파도 때문에 정확한 조준 사격을 할 수 없었다. 덴마크의 저항도 만만치 않았다. 후방에서 지원하던 하이드 제독이 '공격 중지 명령'을 내렸지만 넬슨은 가볍게 무시했다. 포격을 주고

받은 지 4시간이 흘렀으나 어느 쪽도 우위를 점하지 못한 채 혈전이 이어졌다. 그때 코펜하겐의 악명 높은 해풍이 잦아들었다. 날씨는 넬슨의 편이었다. 소금물에 찌든 전투복을 따듯한 해풍이 감쌀 무렵 넬슨은 승리를 예감했다. 넬슨은 마지막으로 총공격을 명령했고 결국 힘이 빠진 덴마크 함대는 항복기를 올렸다. 아무도 예상하지 못한 놀라운 대승이었다. 영국 속담 중 하나인 "보고도 못 본 척하다(To turn a blind eye)"라는 말은 바로 이 코펜하겐항 해전에서 유래했다(사령관의 명령을 받았을 때 넬슨은 실명한 눈에 망원경을 갖다 대고 "정말로 신호가 안 보인다"라고 농담을 한 것으로 알려져 있는데, 아쉽게도 이 이야기는 실화가 아니다).

오랫동안 넬슨을 지켜본 그의 상관 저비스 제독은 훗날 이렇게 말했다. "만용은 넬슨 경이 지닌 유일한 장점이었다. 그의 성격과 개인사는 문자 그대로 추했다." 하지만 그는 다음과 같은 말을 덧붙였다. "그러나 넬슨에게는 그 누구도 지니지 못한 특별함이 있었다. 그는 자신의 정신을 타인에게 주입시키는 마법의 기술을 갖고 있었다."[13] 나는 이것이 넬슨을 가장 정확히 설명하는 주석이자 넬슨이 바다에서 보여준 승리의 본능이었다고 생각한다. 그는 상부에게 늘 눈엣가시 같은 존재였지만, 적어도 배 안에서는 말단 해원부터 함포 장교에 이르기까지 뜨거운 사랑을 받았으며 그들에게 무한한 영감을 불어넣어 줬다. 사람들이 그를 '타고난 포식자'[14]라고 묘사한 데에는 그럴 만한 이유가 있었다. 심지어 그가 엄격한 규율주의자, 즉 요즘 말로 치면 상당히 고지식한 고문관이었음에도 불구하고 수병들에게 엄청난 인기를 얻었다. 이는 오늘날 소신껏 원하는 바를 주장하는 대신 남들의 눈치를 살피며 도전을 보류하는 현대인들이 눈여겨봐야 할 대목이 아닐까?

★　★　★

1803년 5월 영국과 프랑스가 맺은 아미앵 조약이 깨진 뒤 넬슨은 지중해에 있는 영국 왕립해군 총사령관으로 임명된다. 그는 함대 기함 빅토리의 함정으로 복무하며 무려 2년 동안 단 10일을 빼곤 내내 배에 머무른 채 툴롱 봉쇄 작전을 수행했다. 그사이, 1804년 12월 프랑스 황제로 즉위한 나폴레옹은 1588년 스페인의 무적함대와 1940년 히틀러의 바다사자 작전이 영국에 가했던 해상 봉쇄에 버금갈 정도로 강력한 봉쇄 작전을 구상하고 있었다. 넬슨은 나폴레옹의 침략군을 실은 프랑스, 스페인 연합 함대를 프랑스 채널 해안에서 격파하기 위해 1805년 가을 영국을 떠났고, 다시는 돌아오지 못했다.

넬슨의 마지막 여정을 동행한 이들 중 아이작 코핀 경이라는 사람이 있다. 그의 이름 '코핀Coffin'은 영어로 '관'이라는 뜻이다. 물론 이때까지만 해도 영국 해군 역사상 가장 위대한 제독의 반열에 오른 넬슨이 시체가 되어 런던에 돌아오리라고는 아무도 생각하지 못했다. 시인 로버트 사우디는 넬슨이 사우스시 해안에서 전장으로 떠나는 모습을 직접 목격했다. 그는 자신의 책에서 당시의 상황을 이렇게 묘사했다. "수많은 인파가 넬슨의 얼굴을 보려고 앞으로 다가갔다. 사람들이 눈물을 흘리며 그의 앞에 무릎을 꿇었고, 그가 지나갈 때 그에게 축복을 보냈다. 영국은 많은 영웅을 낳았지만 넬슨만큼 동포들의 완전한 사랑을 받은 사람은 단 1명도 없었다."[15]

9월 17일 넬슨은 엠마에게 "사랑하는 엠마, 당신이 힘을 내기를 간절히 기원합니다"라는 문장으로 시작하는 편지를 썼다. 글은 이렇게 끝났다. "그리고 우리가 우리 아이들의 아이들에게 둘러싸여 여러 해를 행복하게 보내기를 기대합니다."[16] 실제로 둘이 낳은 사생아인 외동딸 호레시아는 훗날 10명의 자녀를 낳았다. 넬슨은 평화를 기대했지만 그 평화는 무력을 통한 주체적 평화였다. "나는 보나파르트의 파멸로 모든 나라와의 전쟁이 중단되기를 진심으로 바란다"[17]라고 썼듯이 그는 오직 영국에 의한 평화만을 원했다. 이는 넬슨이 인생에서 가장 진정성 있는 모습을 보였던 몇 안 되는 순간 중 하나였다.

1805년 10월 19일 33척의 연합 함대가 스페인 남부 카디스 항만의 안전지대를 벗어나 지브롤터 해협을 통과하려 한다는 첩보가 입수됐다. 넬슨은 즉각 자신이 지휘하는 27척의 배를 보내 함대를 추격했다. 병력과 대포의 숫자에서 영국군은 한참 열세였지만 넬슨은 부하들이 지닌 탁월한 전투 능력을 믿었다. 그는 런던 해군 본부에 "적들의 함대를 전멸시키겠다"[18]라는 아주 짧은 서신을 보냈다. '전멸'이라는 단어는 그가 자주 사용하는 단어였다.

넬슨은 전투에서 끊임없이 전멸을 추구했고, 섬멸전에 대한 이러한 집착은 그를 다른 군사 지휘관과 구별 짓게 했다. 물론 모든 군사 작전 중에서 해전이 전멸이라는 목표를 달성하기에 가장 쉬운 것은 사실이다. 선박은 선상 위의 모든 사병들과 함께 침몰하기 때문이다.

1805년 10월 21일 월요일 양 함대가 서로의 시야권에 들어왔다. 새벽에는 안개가 껴 희미하게 보였지만 몇 시간이 지나자 불과 몇 마일 떨어져 있지 않은 트라팔가르곶 서쪽 부근에 떠 있는 연합 함대가 선명하게 위용을 드러냈다. 넬슨은 대령들을 호출해 전투 계획을 설명했다. 계획의 핵심은 2열로 구성되어 있는 적을 수직으로 삼등분하고, 화력을 후방 3분의 2 적 병력에 집중시킴으로써 연합 함대의 수를 자신의 함대의 수와 비슷하게 맞춘 후 적을 박살내는 것이었다. 19세기 프랑스 해군사학자 그라비에르는 이날의 해전에 대해 "넬슨의 천재성은 우리의 약점을 이해했다는 점이었다"라고 평가했다. 그는 옳았다. 넬슨은 전통적이고 고리타분한 '열 대 열' 사격전이 아닌 우왕좌왕 펼쳐지는 난전이 훨씬 더 많은 함선을 파괴할 수 있는 전투 방식이라고 믿었다.

전투가 벌어지자 넬슨은 2열로 배열된 상대 연합 함대의 옆구리를 향해 두 줄로 나란히 서서 돌진할 것을 전 함대에 명령했다. 이는 사실상 자살 행위나 다름없는 대담한 전략이었다. 넬슨이 '밴드 오브 브라더스'라고 부른 부하 대령들은 훗날 이 작전을 '넬슨 터치'라고 불렀다. 이 전략을 완수하려면 엄청난 전투 기술과 용기가 필요했다. 연합 함대는 영국 함대가 당도할 때까지 괴로울 정도로 오랜 시간 뱃전에서 함포 사격을 할 수 있었다. 넬슨은 한 열에서 빅토리를 이끌었고, 넬슨의 부제독이자 함대의 부사령관인 커스버트 콜링우드 경은 또 다른 전함인 로열소버린을 타고 나머지 열 맨 앞에 섰다. 넬슨이 전투 전날 휘하 함대 함장들에게 건넨 조언은 딱 하나였다. "자네들의 함선을 프랑스 배 바로 옆에 대기만 하면 적어도 지지는 않을 걸세."

오전 11시 35분 작전 개시를 알리는 북소리가 울려 퍼지자 포문이 올라가고 대포가 발사되고 피가 솟구치기 시작했다. 이날 전투에서 넬슨은 많은 명령을 내리지 않았다. 몇 안 되는 명령 중 하나는 이것이었다. 그리고 이 말은 시대를 초월해 위기에 처한 국가의 지도자가 위기에 처한 국민에게 호소하는 가장 유명한 클리셰가 되었다.

영국은 각자가 모두 자기 본분을 다할 것을 기대한다.

그는 부관 파스코에게 자신의 이 말이 "선원들을 즐겁게 만들기를 바란다"[19]라고 말했다. 넬슨의 기함은 적의 맹렬한 포격을 정면으로 맞으며 절망스러울 정도로 천천히 앞으로 나아갔다. 적어도 전투 초반까지 바람은 연합 함대의 편이었다. 넬슨이 3척의 프랑스 함선 넵튄, 뷔상토르, 르두타블과 마주쳐 교전을 시작할 무렵 영국 함대의 다른 함장들 역시 평정심을 유지하며 적함이 측면에 놓일 때까지 끈기 있게 배를 앞으로 몰아갔다. 해전에서 적함의 측면에 놓이는 행위는 여러 전투 상황 중 가장 끔찍한 상황이다. 하지만 넬슨의 '형제들'은 죽음을 불사하고 자신들의 배를 기꺼이 연합 함대의 뱃전으로 돌진시켰다. 치열한 교전을 이어가던 넬슨은 저 멀리서 부제독 콜링우드가 탄 로열소버린이 포격을 맞아 비스듬히 가라앉는 것을 지켜봤다. 전투는 정확히 넬슨의 계획에 따라 진행되고 있었다.

프랑스 해군의 중대형함 뷔상토르와 르두타블이 로열소버린을 향해 집중 포화를 쏟아내는 동안 넬슨의 기함 빅토리는 차분히 두 함선 사이를 돌파하며 뱃전에 배치된 수십 문의 포를 토해냈다. 뷔상토르는 선수에서 선미까지 가라앉았고, 74문의 대포를 싣고 있던 르두타블은 빅토리 함수에 옆구리를 들이받힌 후 다른 2척의 아군 함선에 갇혀 우왕좌왕했다.

지중해 초입의 어느 해협에서 200여 년 전 벌어진 해전을 직접 겪어본 적 없는 사람이 머릿속으로 당시의 전황을 상상하기란 대단히 힘든 일이다. 수천 킬로미터 밖에서 유도탄을 쏠 수 있고 핵잠수함으로 '보이지 않는 전쟁'을 치를 수 있는 세상에서 야만적이고 조악한 철포로 무장한 전함 간의 해전 따위는 소꿉놀이 수준으로 여겨질지도 모르겠다. 하지만 실제 바다 위 전장의 치열함은 상상 이상이었을 것이다. 8킬로그램, 10킬로그램, 14킬로그램 포탄이 선상에 우박처럼 쏟아졌다. 목재 파편과 부러진 돛대의 잔해가 사람으로 가득 찬 갑판 주위를 날아다녔다. 날카로운 나뭇조각들이 선원들의 연약한 살점을 찢고 머리통을 박살냈다. 거친 파도는 수병들을 무참히 집어삼켰다.

트라팔가르 해전에 투입된 영국 함선 27척은 총 2148문의 대포를 탑재하고 있었다. 참고로 비슷한 시기에 벌어진 육상전 워털루 전투에 동원된 양 진영의 대포 숫자는 400문에 불과했다. 전역의 규모도 워털루 전투가 훨씬 더 넓었음에도 불구하고 말이다. 프랑스군과 스페인군이 함선에 실은 대포의 숫자는 총 2862문이었다. 워털루에서 전투를 벌인 프랑스 육군보다 12배 더 많은 대포가 사용되었던 것이다. 해전이 벌어진 4시간 동안 넬슨의 기함 빅토리는 화약 약 6~7톤, 포탄 4243발, 양두포도탄 371발, 머스킷탄 4000발을 소모했다.

이윽고 대열 선두에 선 빅토리가 영국 함대 중 두 번째로 연합 함대의 진영을 돌파했다. 드디어 '터치'를 한 것이다. 빅토리의 돛대를 부러뜨리기 위해 화력을 쏟아부었던 연합 함대 부사령관 장 뤼카 제독의 르두타블이 빅토리를 상대했다. 영국 함대가 눈앞까지 다가오자 프랑스군은 더 이상의 사격을 멈추고 영국 함상으로 뛰어올라 백병전에 돌입했다. 하지만 적함의 갑판 위에 오른 프랑스 병사들은 살인적인 30킬로그램짜리 포도탄에 의해 온몸이 갈기갈기 찢어졌다.

격렬한 백병전이 펼쳐지는 와중에 장 뤼카 제독은 돛대 위에 저격수들을 배치했다. 당시 넬슨은 기사 훈장을 나타내는 4개의 큰 실버 버클과 세인트 퍼디난드 훈장을 달고 있었다. 넬슨의 얼굴을 모르는 사람도 이 복장만 보면 그가 매우 중요한 전투 요원이라는 사실을 단박에 알아차릴 수 있었을 것이다. 게다가 하필 넬슨이 서 있는 위치는 그 누구라도 쉽게 저격할 수 있을 정도로 탁 트인 곳이었다.[20] 넬슨은 이날 오후 내내 빅토리의 선미 갑판에 서서 반짝이는 모습을 뽐내며 명사수의 총알을 자초했다. 저격수의 머스킷 총에는 오늘날 그리니치국립해양박물관에서 볼 수 있는 지름 15밀리미터, 무게 22그램의 납공이 장전되어 있었다. 총알은 영국 왕립해군 총사령관의 어깨를 관통해 척수까지 닿았다.

선원들은 치명상을 입은 지휘관을 급히 하갑판으로 옮겼다. 넬슨은 이날 전투에서 갈비뼈 골절, 폐 천공, 척수 외상, 동맥 파열 등 심각한 부상을 당했지만 "통증이 심한 것 같지는 않다"라고 말하며 계속해서 전황을 확인했다. 그는 자신의 말이 제대로 전달되고 있는지를 묻고 또 물었다.[21] 병사들이 전의를 상실하지 않도록 작은 수건 하나를 자신의 얼굴 위에 덮게 한 넬슨은 부관 하디 대령에게 이렇게 말했다. "그들이 마침내 해냈군. 내 척추가 관통됐어." 외과의는 제독의 말이 맞으며, 그를 위해 할 수 있는 치료가 딱히 없다고 말했다. 넬슨은 등불이 켜진 선창에서 통렬하고, 느리고, 고통스러운 죽음을 맞았다.

넬슨이 죽어가는 와중에도 3시간 동안 전투는 계속되었다. 643명의 수병 중 522명을 잃은 후 르두타블이 가장 먼저 항복했고, 이어서 스페인 기함 트리니다드가 항복했다. 넬슨의 숨이 몇

기 직전 부관 하디는 넬슨에게 영국군의 배는 단 1척도 침몰하지 않았고, 적군의 배 14척이 깃발을 내리고 항복했다는 사실을 전했다. 허영심과 공명심으로 가득 찬 넬슨은 자신이 이룩한 놀라운 무공을 복기하며 지독한 통증 속에서도 미소를 지은 채 죽어 갔다(실제로는 연합 함대의 배 22척이 침몰하거나 영국군에 사로잡혔다). 넬슨은 숭고한 유언을 남겼다. "신이시여 감사합니다. 저는 제 임무를 다했습니다." 그는 이 말을 남긴 후 불멸의 영광을 향해 걸어갔다.[22]

가장 용감한 군인은
어떻게 죽는가

영국의 국왕은 넬슨의 형제들에게 그의 죽음은 스스로 원했던 죽음이었다는 사실을 알렸다. 트라팔가르 해전 이후 영국은 독일군이 대양함대를 건설하기 시작한 20세기 초까지 약 100년간 바다를 지배했다. 이제 영국인들은 비로소 나폴레옹의 망령으로부터 완전히 도망칠 수 있었다. 실제로 이때를 기점으로 나폴레옹은 해전을 단념하고 지상전에만 전념했으며 결국 워털루에서 비참한 최후를 맞이한다. 당시 영국 사람들이 나폴레옹에 대해 가졌던 공포감은 정말 대단했다. 고집을 피우는 아이들에게 부모들은 "말을 듣지 않으면 보니(보나파르트를 일컫는 별명 - 옮긴이)가 잡으러 온다"라고 말하며 겁을 줄 정도였다.

영국인들은 나폴레옹이 이끄는 프랑스군과의 지상전에서는 어떻게 승리를 할 수 있을지 몰랐지만, 적어도 해상전에서는 자신들이 패배할 수 없다는 사실을 알게 되었다. 개, 카네이션, 거리, 런던에서 가장 높은 기둥, 열매 등 온갖 것에 넬슨의 이름이 붙여졌다. 그러나 넬슨일지라도 수백 년간 지속된 영국인의 분열을 통합할 수는 없었다. 1966년 아일랜드 공화국군은 부활절 봉기 50주년을 기념해 벌인 반잉글랜드 시위에서 더블린 한복판에 세워진 넬슨 동상을 폭파시켰다. 넬슨은 어디까지나 '잉글랜드'의 영웅이었다.

세인트폴대성당에서 열린 넬슨의 장례식은 런던을 '정지'시켰다. 영국 역사에서 어느 1명의 인물이 이런 광범위한 대중적 사랑을 받은 적은 없었으며, 1997년 웨일스 공주 다이애나가 사망하기 전까지 이렇게나 많은 애도의 감정이 거리로 쏟아져 나온 적은 없었다. 총 26명의 영국 제독 중 18명은 끝내 넬슨의 장례식장에 참석하지 않았으며 나머지 8명의 제독만이 눈물을 흘리며 넬슨의 관을 옮겼다. 장례식 풍경을 기록한 어느 책에는 넬슨의 마지막 모습을 이렇게 묘사하고 있다.

진정한 개선장군의 화려함 한가운데 그는 시대를 호령한 거인들과 함께 매장되었다.

영국은 넬슨의 형제에게 백작 지위와 연간 5000파운드 규모의 연금을 수여했다. 이 연금은 1947년까지 넬슨 형제의 자손들에게 매년 지급되었다. 넬슨의 아내 패니는 남편의 유언에 따라 넉넉한 유산을 받았으나, 연인 엠마는 그 어떤 보살핌도 받지 못했다. 엠마는 1815년 칼레에서 알코올에 중독된 채 세상을 떠났다. 넬슨은 유언장에 엠마에 대해 한마디도 써놓지 않았으며 유족들 역시 그 누구도 엠마에게 관대함을 보이지 않았다.

★ ★ ★

넬슨이 두려움 때문에 앞으로 나아가지 못하는 사람들에게 남긴 교훈은 간단하다. "주도권을 잡고 적이 그 주도권을 빼앗지 못하게 하라. 필요할 경우 규칙을 어기고 명령에 불복종하라. 병사들이 전투를 제2의 천성처럼 여길 수 있도록 끊임없이 훈련하라. 푸른 이념의 불꽃으로 적을 혐오하라. 받을 수 있는 모든 지원금을 받아내고 그 돈으로 가장 좋은 무기를 구입하라(1805년 영국 전체 국세 수입의 약 40퍼센트가 영국 해군에 지출된 것으로 추정된다). 부하들에게 신뢰를 얻어 이들에게 영감을 불어넣어라. 그리고 난폭하게 적을 밀어붙여 상대가 늘 수비 상태에 머물도록 강제하라."

역사학자 존 애덤슨은 "터무니없이 부풀어 오른 자부심을 지닌 남자, 그 누구보다 아첨을 사랑했던 영웅"이라고 넬슨을 평했다. 끔찍한 남편이자 열정적인 연인, 투철한 프랑스 혐오자이자 허영심 많은 이기주의자였던 넬슨은 100년도 넘는 기간 동안 영국을 단 한 차례의 침공도 받지 않은 군사 강국으로 만들었다. 비록 나폴레옹 전쟁에서 승리하지는 못했지만, 넬슨은 적어도 영국이 그 전쟁에서 지지 않도록 만들었다. 나폴레옹은 카이로와 모스크바에서 그랬던 것처럼 마드리드, 빈, 바르샤바, 베를린, 밀라노, 토리노, 프라하, 암스테르담, 드레스덴 등 당시 유럽의 거의 모든 수도에서 승리의 행진을 펼쳤지만 런던에서는 행진하지 못했다. 오늘날 스페인 트라팔가르 광장에는 50미터에 육박하는 기둥 위에 호레이쇼 넬슨의 동상이 서 있다. 그러나 생전에 그를 따르던 이들이 보여준 사랑과 존경의 높이는 그보다 훨씬 더 높았다.

Winston Churchill

1874 ~ 1965

3장

결핍은 어떻게
운명을 역전시키는가

울보 수상

윈스턴 처칠
영국 전시총리

"운명에 맞서지 마라,
운명을 지배하라."

처칠은 미숙아로 태어났다. 어린 시절에는 심하게 말을 더듬었고 학교 과정을 제대로 따라가지도 못했다. 아버지는 그를 냉정하게 대했고, 학교에서도 상습적으로 지각해 말썽꾸러기라는 평가를 받았다. 세 번의 낙제 끝에 겨우 군사학교에 입학할 정도로 둔재에 가까웠고, 그곳에서도 성적이 좋지 않아 인기 병과인 보병 대신 기병을 지망할 수밖에 없었다. 그러나 처칠에게는 논리적으로 설명되지 않는 강렬한 자기 확신이 있었다. 그는 늘 사람들에게 이렇게 말하고 다녔다. "나는 언젠가 영국이 거대한 위기에 빠졌을 때 런던의 수호자가 될 것이다." 근거 없는 믿음 덕분이었을까. 처칠은 중앙아시아 창기병대에 소속되어 숱한 이민족과의 혈투 속에서도 살아남았고, 보어 전쟁 때 포로로 잡혔지만 국경에서 480킬로미터 떨어진 감옥에서 탈출한 뒤 부대에 재입영해 자신을 가둔 적을 기어코 정벌했다. 처칠은 늘 죽음을 향해 질주했지만 역설적이게도 죽음에서 점점 멀어져갔다. 제2차 세계대전을 종식시킨 최후의 생존자가 된 처칠이 퇴임 후 노년에 모교를 찾아갔을 때 학생들은 조국의 위대한 영웅의 방문에 흥분을 감추지 못했다. 학생들은 처칠의 강연을 필기하기 위해 노트와 펜을 잔뜩 챙겨 들고 강당에 모였다. 그는 긴장한 학생들에게 딱 세 마디의 말을 남기고 강당을 내려왔다. "포기하지 마라, 포기하지 마라, 절대 포기하지 마라!"

역사상 가장 늦은 나이에 정점에 오른 영웅

1940년 5월 10일 금요일, 아돌프 히틀러가 마침내 국경을 넘어 유럽 서부 전선에서 전격전을 일으켰다. 이날은 윈스턴 처칠이 런던 버킹엄궁전에서 국왕 조지 6세의 수상 임명을 수락한 날이기도 하다. 조지 6세는 이 운명적인 하루를 이렇게 기록했다. "수상이 자신의 임무를 수행하기 위해 의지의 불꽃을 태웠다."[1] 돌아가는 차 안에서 처칠은 경호원 월터 톰슨에게 이렇게 말했다. "내가 맡은 일이 얼마나 대단한지는 신만이 아실 걸세."[2] 처칠의 수상 임명 소식을 세 번째로 들은 사람은 아내 클레멘타인이었다. 이튿날 아침 처칠은 아내에게 소식을 전하며 "나를 움직이게 하는 사람은 이 세상에 단 1명뿐인데 그 사람은 바로 히틀러다"라고 말했다.[3] 한 인간이 더 나은 존재로 성장하는 데 필요한 것은 무엇일까? 탁월한 재능도 물론 필요하겠지만, 공포심을 불러일으키는 강력한 경쟁자의 등장은 때론 별 볼일 없는 인생을 특별한 인생으로 뒤바꾸는 절호의 기회가 되기도 한다. 처칠을 두려움에 떨게 만들었던, 그러나 끝내 처칠의 잠재력을 촉발시킨 자양분이 되어준 경쟁자는 독일의 독재자 히틀러였다.[4] 사실상 20세기는 히틀러와 처칠, 또는 처칠과 히틀러 간 대결의 역사였다고 해도 무방할 것이다.

처칠의 출신은 이 책에 실린 지도자들과는 조금 달랐다. 그는 세계에서 영국이 가장 강력했던 시절, 즉 빅토리아 시대에 상류층 귀족 가문에서 태어났으며 잉글랜드의 가장 웅장한 궁궐에서 유년기를 보냈다. 왕족 다음으로 서열이 높은 공작 가문의 후손이었던 그는 스물다섯 살에 정계에 입문한 뒤 여러 명의 주 의원을 거느리며 승승장구했고, 수상직에 필요한 모든 조건을 두루 갖춘 유력 정치인이었다. 영국 역사상 가장 젊은 내무장관이었고, 제1차 세계대전이 발발했을 당시 영국 해군을 지휘한 해군장관이었으며, 250만 명의 고용을 책임지는 군수장관이었고, 영국 정부의 1년 예산을 다섯 번이나 집행한 재무장관이기도 했다. 사실 여기까지가 그의 인생의 전부였다면 런던 시내 한복판에 구부정한 자세로 지팡이를 짚은 채 국회의사당을 노려보는 처칠의 동상이 세워지지도 않았을 것이고, 파운드 화폐 뒷면에 두 눈을 부릅뜬 처칠의 얼굴이 새겨지지도 않았을 것이다.

수상이 되었을 때 처칠의 나이는 예순다섯 살이었다. 그리고 이는 공무원 은퇴 연령보다 세 살 많은 나이였다. 당시 유럽은 히틀러에 의해 전쟁의 광기에 빠져 있었다. 나치의 폭격기가 런던 시내를 불바다로 만들기 직전이었다. 영국은 과거의 영광을 뒤로한 채 응전과 굴복 중에서 하나를 택해야만 했다. 영국의 국왕과 전시 각료들은 역사의 오명으로 남을지도 모를 이 선택의 성배를 노쇠한 정치인에게 떠넘겼다. 그러나 처칠은 그 도전을 머뭇거리거나 도망치지 않고 정면으로 맞섰다. "나는 늘 한계에 부닥치는 기분이었지만, 언젠가 이 전쟁을 끝내리라는 강한 확신이 있었다. 따라서 전란의 와중에도 언제나 깊은 잠을 잤다."[5] 그는 자신의 운명을 알고 있었을까? 한 가지 확실한 것은 당시 그가 영국의 수많은 야심가 중에서 히틀러에 맞설 수 있는 가장 준비된 사람이었다는 사실이다.

처칠은 스물두 살에 의회에서 의석을 차지하기도 전에 무려 네 차례의 전쟁에 참전했고, 20세기 가장 위대한 기병대의 일원이었으며, 적의 포로수용소에서 대담하게 탈출한 적이 있는 군인이었다. 그리고 문학과 정치와 역사에 관한 5권의 책을 출판했으며, 신문과 잡지에 215편의 기사를 기고했고, 공직에서 일하는 동안 무려 1000번 이상 연단에 올라 연설을 했다. 처칠과 동시대를 살았던 어느 장교는 처칠을 두고 이렇게 말했다. "처칠은 스물다섯 살의 나이에 나폴레옹을 제외하고 역사상 가장 많은 대륙에서 싸운 군인이며, 내가 보좌한 장군 중 그 누구보다 자주 전장에 모습을 보였다."[6]

나폴레옹의 시대와 마찬가지로 처칠이 살던 때는 군대와 정치계 사이의 구분이 거의 없었다. 샌드허스트의 왕립육군사관학교를 졸업한 뒤 다양한 전장을 누비던 처칠은 동료 장교들과 함께 하원의원 선거에 출마해 정치를 시작했다. 그가 영국군에 입대했던 가장 큰 이유는 용감하게 싸워 이름을 알리기 위해서였다. 처칠은 자신이 언젠가 대영제국을 구해낼 것이라고 믿었다. 해로스쿨에 다니던 열여섯 살 소년 처칠은 친구 에반스에게 이렇게 말했다.

나는 지금의 평화로운 세상을 향해 밀려오는 거대한 변화를 느낄 수 있어. 대격변, 끔찍한 투쟁, 아무도 상상할 수 없는 전쟁의 모습이 보여. 이제 곧 런던은 엄청난 위험에 처할 거야. 런던이 공격을 받아 무너질 때 나는 런던을 수호하는 사령관이 되어 있을 거야. 나에게는 미래가 보여. 그 모습은 매우 흐릿하지만 내가 아는 사실에는 변함이 없어. 다시 말하자면, 런던은 위험에 처할 것이고 나는 높은 직위에 올라 수도와 제국을 구하는 임무를 맡게 될 거야.[7]

이는 아무 근거 없는 망상에 가까운 자기 확신이었다. 10대 시절에 시작된 이 순수한 투지는 예순다섯 살이 되어 아돌프 히틀러를 포함한 수많은 사람에게서 '가망 없는 퇴물' 취급을 받을 때까지 꿋꿋하게 이어졌다. 그리고 운명의 1940년 5월 10일 아침이

밝았다. 처칠은 국왕의 명령에 따라 정권을 장악했고 전시내각을 꾸려 네빌 체임벌린의 뒤를 이어 영국 전시총리가 되었다. 런던을 수호하는 사령관이 된 것이다. 그는 반세기 전부터 스스로 규정해놓은 어떤 운명을 따라 천천히 걸어가기 시작했다.

고독한 나무가
더 강하게 자란다

처칠은 '용기'라는 것도 반복적으로 연습해 강화시킬 수 있는 자질이라고 여겼다. 제1차 세계대전에 기병 장교로 참전했을 때 처칠은 영국군과 독일군 사이에 놓인 '무인지대'를 서른 번 이상 위험을 무릅쓰고 돌파했다. 자살 중독에 가까운 이 무모한 행위를 두고 비난하는 역사가도 많다. 하지만 팔삭 둥이로 태어나 출생과 함께 죽음이라는 벗을 곁에 두고 살았던 처칠의 운명을 고려한다면, 그가 수십 번이나 자살과도 같은 군사 작전을 펼친 것이 그리 놀라운 일은 아닐 것이다. 처칠은 살면서 세 번의 자동차 충돌 사고와 두 번의 비행기 추락 사고를 당했으며, 약 10미터 높이의 다리에서 뛰어내린 후 며칠 동안 뇌진탕을 겪기도 했다. 집이 불에 타는 줄도 모르고 하룻밤 내내 침실에 머물기도 했으며, 배를 타다 제네바 호수에 빠져 거의 익사할 뻔하기도 했다. 학생이었을 때는 칼에 찔려 사경을 헤맸으며, 만성적 심장마비와 네 번의 심각한 폐렴을 겪었다. 하지만 그는 20세기 유럽 정치인 중에서는 대단히 드물게도, 단 한 번의 암살 시도도 겪지 않았다. 이는 분명 역사의 지독한 농담이다. 처칠은 종종 아내 클레멘타인에게 자신은 너무나 많은 위험에 노출되어 있어서 생명보험을 들기가 어렵다고 불평하기도 했다.

처칠이 남긴 말 중 자신의 운명을 가장 그럴듯하게 표현한 문장은 이것이다. "행운의 여신은 때로는 가장 심술궂게 얼굴을 찌푸릴 때 가장 휘황찬란한 선물을 준비하고 있다."[8] 처칠은 1896년 제4경기병연대에 부임해 인도로 파견을 나갔을 때 보트에서 뛰어내리다 어깨를 접질렸다. 이때 얻은 부상은 수년간 그를 따라다녔다. 이 부상 때문에 그는 2년 뒤 옴두르만 전투에서 큰 활약을 펼친 제21창기병대에 소속되었을 때 장검이 아닌 모제르총(권총의 하나로 연발식이며 구조가 간단하고 견고하다-옮긴이)을 사용해야 했다. 당시 중동 지역에서 창기병대의 전사자 비율은 25퍼센트에 육박했다. 그럼에도 처칠이 숱한 전장에서 목숨을 지킬 수 있었던 것은 그가 타고 있는 말의 힘줄을 언월도로 내리치려던 데르비시 전사들을 상대로 장검이 아닌 총을 사용했기 때문이다. 그가 만약 보트에서 어깨를 다치지 않고 멀쩡했다면 그는 10배가 넘는 수적 열세 속에서 사나운 데르비시 전사들과 근접전을 펼쳤을 것이고, 대단히 높은 확률로 양팔과 두 다리를 내줘야 했을 것이다.

1896년부터 1898년까지 처칠은 아프가니스탄, 파키스탄, 수단 등에서 장교로 복무하며 죽을 고비를 숱하게 넘겼다. 그는 이 시간 동안 이슬람 원리주의자들의 과격한 신앙심이 얼마나 위험한지 깨달았는데, 그로부터 수십 년이 지나 독일에서 나치즘이 발흥했을 때도 비슷한 감정을 느꼈다. 1930년대까지만 해도 처칠이 소속된 영국 정당의 정치인들은 나치와 히틀러의 위험성에 대해 진지하게 생각하지 않았다. 심지어 당시 영국의 사실상 일인자였던 네빌 체임벌린은 아돌프 히틀러를 세 번이나 만났지만 나치의 차가운 광신성을 전혀 눈치채지 못했다. 체임벌린은 히틀러에 대해 고약한 영국식 농담을 뒤섞어 이렇게 평했다. "그동안 내가 만난 강아지 중에서 가장 평범하고 작은 개."[9]

하지만 지나치게 예민해 종종 우울증까지 겪었던 처칠은 달랐다. 그는 한 번도 히틀러를 만나본 적이 없었지만, 20대에 중앙아시아 지역에서 복무할 때 파슈툰족과 탈레반과 데르비시 전사들에게 동료들이 잔인하게 살해당했던 기억을 떠올리며 히틀러가 얼마나 심각한 공포와 분노를 유럽에 전염시킬지 단박에 알아챘다. 게다가 강경한 친유대주의자이기도 했던 처칠은 히틀러가 유대인에 대한 대규모 학살을 예고했을 때부터 그가 인류 역사상 가장 위험한 인물로 역사에 기록되리라는 점을 확신했다. 이는 당시 영국의 정치 지형도에서 좌우를 막론하고 다수의 견해는 아니었다. 처칠은 1932년 뮌헨에서 히틀러를 만날 기회가 있었을 때 히틀러의 홍보관 에른스트 한프슈탱글에게 이렇게 물었다.

"당신네 지도자는 유대인에 대해 왜 그토록 폭력적입니까? 단지 그렇게 태어났다는 이유로 사람을 살해하고 박해하는 이유가 무엇입니까? 어떻게 사람이 자신이 어떤 민족으로 태어날지를 정할 수 있겠습니까?"[10] 당연하게도 히틀러와의 만남은 성사되지 않았다.

그렇다면 처칠에게도 종교가 있었을까? 그는 전지전능한 신의 존재를 믿었지만, 신 그 자체에 의존하지는 않았다. 처칠이 생각하는 신의 주된 임무는 자신과 영국의 본토를 안전하게 지켜주는 것이었다. 처칠은 예수 그리스도를 매우 지혜롭고 카리스마 넘치는 랍비이자 인류에 '윤리학의 마지막 단어'를 선물한 사람으로 여겼지만, 신성하다고는 믿지 않았다. 종교는 도구일 뿐 삶의 목표가 될 수 없다고 믿었다. 처칠은 영국국교회와 자신의 관계를 종종 '버팀도리(Flying buttress, 고딕 교회 건축에 나타나는 독특한 양식으로, 외벽을 지탱하는 반半 아치형 석조 구조물 - 옮긴이)'에 빗댔다. 영국국교회를 향한 자신의 지지는 자신의 내면이 아니라 바깥에서 온다는 뜻이었다. 영국인들의 통합과 권위의 계승에 영국국교회가 이바지하는 바가 적지 않지만, 그것 때문에 있지도 않은 존경심을 억지로 만들어낼 수는 없다는 것이 처칠의 종교관이었다.

그렇다면 그가 평생에 걸쳐 가장 진실하게 믿었던 종교는 무엇이었을까? 그것은 아무래도 자신의 조국 대영제국이었던 것 같다. 그는 영국이 과거의 위대한 제국들의 후계자가 될 자격이 충분하며, 후손들에게 그 영광을 그대로 물려주어야 한다고 생각했다. 독일이 본격적으로 영국 본토를 침공하고 아시아와 아프리카의 식민지들이 독립하기 시작하자, 국가에 대한 처칠의 종교적 집착은 유년 시절부터 간직해온 운명 의식과 기묘하게 뒤섞였다.

처칠의 정신을 구성하는 또 하나의 중요한 요소는 아버지였다. 처칠은 사사건건 자신의 발목을 잡고 경멸을 감추지 않았던 아버지 밑에서 자랐다. 아버지 랜돌프 경이 아들에게 선물한 것이라곤 고작 마흔다섯 살의 나이에 세상을 떠난 것뿐이었다. 당시 처칠의 나이는 스무 살이었다. 그 덕분에 처칠은 변덕스럽고, 두뇌회전이 빠르고, 남의 눈치를 잘 살피고, 정서적으로 불안정하고, 모든 것을 강박적으로 통제하려 하고, 때로는 대단히 불쾌한 말을 서슴없이 내뱉는 남자로 성장했다.

그럼에도 처칠은 아버지가 남겨둔 그늘에서 쉽게 벗어나지 못했다. 그는 평생 자신을 무시하고 바보 취급하던 아버지에게 늘 어떤 감동을 전하고자 노력했다. 아버지의 부재는 처칠에게 삶의 원동력까지는 아닐지라도, 좀 더 나은 인간이 되려는 작은 명분 정도는 만들어준 것 같다(그렇다고 해서 독일의 히틀러로부터 영국을 구해낸 처칠의 업적에 아버지 랜돌프 경의 지분이 티끌만큼이라도 있다고 말하는 것은 결코 아니다). 처칠은 2권에 걸쳐 아버지의 전기를 썼고, 아들의 이름을 랜돌프로 지었다. 1947년에 쓴 아름다운 수필 『꿈The Dream』에서는 아버지를 만나는 공상을 묘사하기도 했다. 놀랍게도 처칠은 나이를 먹을수록 아버지의 습관들을 자연스럽게 따라 하기 시작했다. 일흔세 살이 되어 마침내 충분한 노후 자금을 확보하게 되었을 때 처칠은 경주마 여러 마리를 구입한 뒤 아버지가 그랬던 것처럼 기수들에게 초콜릿색과 핑크색으로 된 기수복을 입혔다고 한다.

처칠은 수단의 영적 지도자 마흐디를 포함해 어린 시절 부모를 잃고 홀로 자라야만 했던 위인들의 삶을 종종 이렇게 묘사했다. "고독한 나무는 다른 나무들보다 더 강하게 자란다. 아버지의 보살핌을 받지 못한 소년은 비록 남들과 같은 평범한 삶을 살지는 못하지만, 어린 시절의 여러 위험을 벗어나기만 하면 초년기의 무거운 상실에서 벗어나 서서히 삶을 회복한다."[11] 하지만 이는 전적으로 자신에 대한 응원과 격려였다. 적어도 처칠의 친한 동료들은 그렇게 생각했다.

처칠의 가장 강력한 무기는 눈물이었다. 그는 제2차 세계대전 기간 동안 공개 석상에서 우는 모습을 50차례 넘게 보여줬으며, 자신의 마지막 개인 비서관 앤서니 브라운에게 이렇게 당부하기도 했다. "당신도 알다시피 나는 엄청나게 많이 운다네. 여기에 익숙해져야 해."[12] 브라운은 처칠의 눈물이 '영웅의 이야기'를 완성하는 마침표라고 표현했다. 자신의 눈물을 마치 질병처럼 여겼던 처칠은 주치의에게 1924년 웨스트민스터 세인트 조지 보궐선거에서 단 43표 차이로 패배했을 때부터 눈물이 많아졌다고 털어놓았다. 그러나 처칠은 보궐선거 전에도 운 적이 많았다. 걸핏하면 눈물을 흘렸던 그는 불굴의 정신을 지닌 빅토리아 시대의 영국인보다는, 그들보다 훨씬 앞선 시대에 태어나 다소 격정적이고 예민한 삶을 살다 간 섭정 시대의 귀족에 가까웠다.

영국인들은 자신들의 수상이 눈물을 흘릴 때 그리 당황하지 않았다. 오히려 사람들은 처칠이 우는 모습을 보며 그가 감정을 드러내기를 주저하지 않는 솔직한 리더라고 생각했다. 처칠이 1940년 런던 대공습으로 인해 완전히 폐허가 된 런던 부두를 방문해 눈물을 흘렸을 때 그곳에 있던 한 노파는 참모총장 헤이스팅스 이즈메이에게 이렇게 외쳤다. "보세요, 그는 지금 이 사태에 대해 진정으로 관심을 갖고 있네요. 울고 있잖아요."[13]

행운의 여신은 처칠에게 인색한 것 같았지만, 사실은 휘황찬란한 선물을 준비하고 있었다. 1899년 10월 처칠은 남아프리카공화국의 레이디스미스라는 작은 마을을 수비하라는 명령을 받고 국경을 넘고 있었다. 하지만 보어인(네덜란드계 남아프리카 공화국인으로 당시 대영제국의 식민 지배를 받고 있었다-옮긴이)이 투겔라강을 가로지르는 철도를 끊은 후 마을을 포위하고 있었기 때문에 그 작전지로 들어갈 수 없었다. 며칠 뒤 보어인 전사들은 레이디스미스 마을을 점령해 주둔 중인 영국인들을 포로로 잡거나 살해했다. 처칠은 운이 좋았다. 만약 그가 예정대로 레이디스미스 마을에 들어갔다면 3개월 후 마을이 해방될 때까지 감금되었을 것이다. 보어 전쟁 당시 영국군의 전투 사상자 비율은 엄청난 혈전이 벌어졌던 옴두르만 전투 때보다 높아져 34퍼센트에 달했다.

처칠이 연설에서 가장 많이 사용했던 단어는 '운명', '행운', '기회', '숙명', '섭리'다. 그는 자서전에서도, 전기에서도, 온갖 논픽션에서도 이러한 단어들을 반복적으로 사용했다. 처칠은 운명이 자신의 삶에 불리하게 작용하는 것처럼 보일 때조차도 운명의 존재를 믿고 흔들리지 않았다. 오히려 가장 위험한 순간에 운명이 자신을 위해 일한다는 것을 알고 있었다. 그가 1899년 올덤에서 치러진 보궐선거에서 간발의 차이로 패배했을 때도 그랬다. 2퍼센트 정도의 아주 적은 표가 상대 후보에게 돌아가지 않았더라면 그는 하원에 간신히 입성했을 것이며, 그랬다면 남아프리카공화국에 가지 않았을 것이고, 적의 게릴라부대에 붙잡혀 포로가 되었다가 무려 480킬로미터에 달하는 대탈출에 성공해 자신의 경력에서 가장 황홀한 5개월을 얻지도 못했을 것이다.

1931년 3월 처칠은 영국 월간지 《스트랜드매거진》에 「내가 만약 내 인생을 다시 산다면If I lived my life again」"이라는 제목의 글을 기고해 자신이 인생에서 겪은 수많은 우여곡절과 그것들이 삶에 끼친 영향을 설명했다.[14]

> 과거의 삶을 돌아보니 이런 생각이 듭니다. 우리는 실수로부터 도움을 받았고 가장 현명한 결정으로부터 상처를 입었다는 것입니다. (…) 운명의 기이한 리듬과 화해하십시오. 그것들은 당신이 내쫓는다고 해서 멀리 달아나지 않습니다. 운명은 당신과

함께 이 시공간에 존재해야 합니다. 기쁨을 소중히 여기되 슬픔을 한탄하지는 마십시오. 빛의 영광은 그림자 없이는 존재할 수 없습니다. 인생은 전체이며, 선과 악은 늘 함께 받아들여져야 합니다. 저의 지난 여정은 즐거웠고 한번은 살아볼 만한 가치가 있었습니다."[15]

운명의
지배자

1939년 처칠은 존재감이 희미해져가는 늙은 정치인과 정계 원로의 경계에 서 있었다. 그러나 그는 수상 자리에 대한 희망을 버리지 않았다. 비록 가능해 보이지 않았지만 말이다. 하원에서 그를 따르는 의원들의 수는 다섯 손가락에 꼽을 수 있을 정도로 적었고, 아내 클레멘타인조차 더 이상 그가 수상이 될 수 있을 것이라고 믿지 않았다. 그러나 처칠은 희망을 잃지 않았다. 그는 수십 년 전부터 믿어왔던 자신의 운명이 아직 실현되지 않았을 뿐, 거대한 흐름 자체는 변함이 없다고 믿었다. 위대한 삶에 닿은 다른 수많은 영웅과 마찬가지로 처칠 역시 실패는 일시적 방해일 뿐이며, 실패에서 교훈을 얻은 뒤 다시 앞으로 나아가면 된다고 생각했다. 터키에서 자신이 주도한 다르다넬스 작전이 비극적 실패로 끝난 뒤, 그는 인생 최악의 시기에 참호에서 아내 클레멘타인에게 600만 개의 단어로 이루어진 편지와 800만 개의 단어로 이루어진 연설문을 썼다. 이 방대한 텍스트 중 가장 경이롭고 심오한 문장은 이것이다.

내가 실수를 하지 않았더라면 아무것도 이루지 못했을 것이오.[16]

처칠은 스스로에 대해 너무 잘 알고 있었다. 역사가들이 처칠에 대해 분석할 때 겪는 가장 큰 어려움은 이 세상에서 처칠을 가장 잘 분석한 사람이 바로 그 자신이었다는 것이다.

1940년 5월 모두의 예상을 뒤엎고 마침내 처칠이 수상으로 취임했을 때, 객관적인 수치만 따진다면 영국은 모든 전투에서 독일에 철저히 패하고 있었다. 그러나 전투에서 패배하는 것과 전쟁에서 패배하는 것에는 큰 차이가 있다. 이는 엘리자베스 1세, 프랜시스 드레이크 제독, 호레이쇼 넬슨 제독, 말버러 공작, 웰링턴 공작 등을 포함해 유럽 대륙에서 되풀이된 참혹한 전쟁에서 살아남은 수많은 승자가 증명한 사실이기도 했다. 1940년과 1941년 두 해 동안 처칠의 주요 임무는 영국인들이 전쟁에서 패배했다는 점을 깨닫지 못하게 하는 것이었다. 그리고 그는 그 누구보다도 그 일을 완벽히 수행해냈다.

냉정한 역사학자의 시각으로 보자면, 이것이 그가 한 일의 전부였다. 그의 명연설에 등장하는 낙관적인 전망과 미래에 대한 계획은 당시 전황을 조금이라도 볼 줄 아는 사람이라면 얼마나 허무맹랑한지 단박에 알아차릴 수 있었을 것이다. 처칠은 당시 지독하게 불리했던 전선의 참혹한 상황을 완강히 외면했다. 영국은 자국의 국방력이 아니라 히틀러가 러시아로 공격을 선회한 엄청난 행운에 의해 가장 심각한 위기를 모면했고, 6개월 뒤 독일이 미국에 전쟁을 선포함으로써 최종적으로 구원을 받았다. 결국 히틀러의 침공을 막아낸 것은 런던의 수호자 처칠이 아니라 시간이었다.

하지만 그렇다고 해서 처칠이 영국의 승리에 기여한 바가 전혀 없다고 말할 수 있을까? 역사적으로 유명한 덩케르크 철수 작전 이후 독일군 수뇌부는 연합군의 명줄을 완전히 끊으려면 영국 본토를 식물인간 수준으로 마비시켜야 한다고 주장했다. 그러나 히틀러는 영국을 함락시키는 데 적지 않은 병력 소모가 따를 것이라고 우려해 끝까지 외교를 통해 영국의 항복을 받아내려고 했다. 이는 당시 영국 의회의 대다수가 바라던 바이기도 했다. 유럽의 최강대국이라고 자부하던 프랑스가 전쟁이 발발하자마자 독일에 항복했고, 파리에 입성한 독일군은 프랑스가 제1차 세계대전 후 건립한 승전비를 폭파시켰다. 점령군은 독일의 항복 문서 조인식에 쓰였던 차량을 끌어내 그 안에서 휴전 협정을 맺게 했다. 영국은 이처럼 굴욕적이고 공포스러운 장면을 바로 옆에서 숨죽인 채 목격하고 있었다. 이제 곧 이 수치스러운 장면이 런던에서도 재현되리라는 사실에 정치인들은 질식했다.

하지만 처칠은 달랐다. 그리고 1940년 6월 4일과 6월 18일, 역사에 길이 남을 명연설이 시작됐다.

우리는 약해지거나 실패하지 않을 것입니다. 우리는 끝까지 싸울 것입니다. 우리는 바다와 대양에서 싸울 것입니다. 우리는 자신감과 힘을 길러 하늘에서 싸울 것입니다. 우리는 그 어떤 대가를 치르더라도 영국을 지켜낼 것입니다. 우리는 해변에서 싸울 것입니다. 우리는 비행장에서 싸울 것입니다. 우리는 들판과 거리에서 싸울 것입니다. 우리는 언덕에서도 싸울 것입니다. 우리는 절대로 항복하지 않을 것입니다.

이제 프랑스의 싸움은 끝났습니다. 이제 곧 영국의 싸움이 시작될 것입니다. 이 싸움에는 영국인들의 삶, 그리고 우리 제도와 제국의 영속이 걸려 있습니다. 이제 적의 노도와 같은 분노가 우리를 향할 것입니다. 히틀러는 이 섬에서 우리를 패배시키지 못한다면 전쟁에 질 것을 잘 알고 있습니다. 만약 우리가 그에 맞설 수 있다면 전 유럽이 해방되고 온 세계가 빛을 받을 수 있을 것입니다. 그러나 우리가 패배한다면 우리가 그동안 알고 사랑해온 모든 것이 뒤틀린 과학의 힘 아래 타락하여 새로운 암흑 시대의 심연 속으로 가라앉아버릴 것입니다.

그러니 각자의 자리에서 각자의 의무를 다할 준비를 합시다. 그리고 각오를 다집시다. 훗날 사람들이 이 순간을 돌아보며

"이때야말로 그들 최고의 순간이었노라!"라고 말할 수 있도록!

처칠은 1939년 히틀러가 일으킨 세기의 대전란을 자신과 영국이 받게 될 눈부신 선물의 전조쯤으로 여겼다. 그에게 나치와 독일군은 운명의 여신이 설계한 위대한 연극의 조연에 불과했다. 제2차 세계대전에서 전황을 뒤집은 가장 결정적 사건은 1941년 6월 히틀러의 러시아 침공이었다. 이 거대한 군사 작전은 당초 계획보다 6주 늦게 시작되었는데, 여기에는 처칠의 숨은 공로가 작용했다.[17] 같은 해 3월 말 처칠은 그리스 정부에 대항해서 반란을 일으킨 유고슬라비아 반군에 군사를 보내 지원했다. 영국군의 개입 때문에 그리스군은 1940년 4월 23일, 반군에 항복했고 당시 그리스를 지원하고 있었던 독일군은 유고슬라비아 반군을 진압하기 위해 어쩔 수 없이 러시아 침공을 미룰 수밖에 없었다. 역사가마다 견해는 다르지만 이로 인해 독일의 북부 기갑사단은 약 5주에서 6주 동안 발이 묶였다(물론 당시 소련의 지도자 스탈린은 이에 대해 단 한 번도 처칠과 영국에 고마움을 표현하지 않았다).[18]

전쟁에서 6주의 시간은 결코 짧지 않다. 1개월이 넘는 시간 동안 독일군이 진군을 멈췄기 때문에 침공군은 휘발유도 얼려버릴 정도로 추운 러시아의 겨울을 상대해야만 했고, 러시아군은 독일 기갑사단이 모스크바 바깥에서 교착 상태에 빠진 동안 반격할 기회를 얻었다. 그리고 역사에 적힌 바와 같이 히틀러는 러시아에서 수십만 대군을 잃고 패퇴해 전쟁 초기의 주도권을 잃고 만다. 처칠이 이 모든 것을 예측했을까? 아마 아닐 것이다. '운명은 이미 도착지를 정해두고 예정된 경로를 따라 천천히 흘러가지만 때로는 엉뚱한 방향으로 선회하기도 한다'는 처칠의 믿음은 이번에도 다시 한번 스스로에게 유리하게 작용했다.

처칠의 반대 정당 소속 하원의원이 전쟁을 선포한 지 불과 6일도 되지 않아 최전선에 총리가 방문한 것을 두고 경거망동이라고 처칠을 호되게 비난하자 당시 영국의 정보부 수장이자 처칠의 가장 친한 친구였던 브렌던 브래컨은 이렇게 말했다.

> 그 누구도 처칠에게 솜뭉치를 몸에 두른 채 안락하게 총리실에 앉아 있으라고 설득할 수 없을 것입니다. 그는 언제나 위험천만하게 행동해왔고 그것이 지금의 처칠을 만들었습니다. 감히 확언하건대 앞으로 수년 안에 영국의 모든 사람은 처칠에게 고마워하고 그를 사랑할 것입니다. 운명을 지배하는 사람은 위험을 헤아린 적이 없기 때문입니다.[19]

처칠의 인생은 수많은 위기와 위험의 연속이었다. 그는 수십 년 뒤 본인이 역사의 주인공이 되리라는 것을 예언했지만, 정작 눈앞에 닥친 죽음의 위협을 살피지 못해 여러 번 생사의 갈림길에

섰다. 처칠은 동시대를 살았던 다른 지도자들에 비해서 '위험'과 '보상'의 무게를 저울질하는 능력이 현저히 부족했다. 하지만 그는 매번 실패와 실수에서 무언가를 배웠다. 터키 해군이 영국, 프랑스 연합군 25만 명을 몰살시킨 다르다넬스 해전을 통해 '전쟁이 한번 벌어지면 군통수권자인 참모총장의 말을 뒤집지 말아야 한다'는 것을 깨달았던 것처럼 말이다(한 번의 배움치고는 수업료가 너무 비싸긴 했다).

처칠이 다방면에서 흠잡을 곳이 없는 완벽에 가까운 철인 통치자는 아니었다. 오히려 배울 점보다 반면교사로 삼을 오점이 더 많은, 왜곡된 삶의 주인공이었다. 그런데 만약 영국이 위험과 보상의 무게를 신중하게 따졌던 다른 정치인들에게 전쟁을 맡겼다면 어떻게 되었을까? 아마 영국이 제2차 세계대전 중 유일하게 히틀러가 밟지 못한 땅으로 남지는 못했을 것이다. 1940년에 영국이 끝내 독일에 항복하고 세계에서 가장 강력했던 자신들의 함대를 독일의 해군에 헌납했다면 어떻게 되었을까? 아마 미국 해군이 독일 해군을 상대로 펼칠 수 있는 작전은 많지 않았을 것이다. 미국 해군 대신 태평양을 수비할 영국 해군이 건재했기에, 즉 처칠이 끝까지 자신의 운명을 믿고 히틀러에게 굴복하지 않았기에 미군은 마이애미와 찰스턴과 워싱턴 D.C.와 뉴욕과 볼티모어와 보스턴이 독일군에 의해 파괴될 일은 없을 것이라는 확신을 갖고 전쟁에 뛰어들 수 있었다.

그리고 이 모든 악몽이 벌어지기 한참 전, 열여섯 살의 소년은

지어진 지 1000년도 더 된 런던성을 바라보며 이렇게 말했다.

"나는 영국의 방어전을 지휘할 것이며 런던을 불지옥으로부터 구원할 것이다."

George Marshall

1880 ~ 1959

4장

오직 자기 자신을 믿어라

승리의 설계자

조지 마셜
미합중국 육군 참모총장

"자기변호만큼

끔찍한 시간 낭비는 없다."

—

연합군의 승리로 끝난 제2차 세계대전에서, 즉 연인원 1억 명이 넘는 군인이 투입된 거대한 전장에서 가장 실질적이고 거대한 영향력을 행사한 군사 지휘관은 누구였을까? 현대전을 포함한 다양한 전쟁과 전투의 역사에 관심이 많은 독자라도 조지 마셜이라는 이름은 낯설게 느껴질 수도 있다. "그의 의협심을 뛰어넘을 수 있는 사람은 아무도 없었다." 영국 엘리자베스 2세 여왕의 대관식 때 처칠이 청중석을 가로질러 뛰어가 가장 먼저 악수를 나눈 사람은 당시 미국 국무장관 자격으로 대관식에 참석한 마셜이었다. 제2차 세계대전 당시 미국 군 지휘부의 정점에 있었던 마셜이 수립한 군사 지휘 체제와 조직 편성 개념은 반세기를 훌쩍 넘어 현재까지 미국 국방 시스템의 근간으로 기능하고 있다. 마셜은 맥아더, 몽고메리, 아이젠하워 등 상대적으로 이름이 훨씬 더 많이 알려진 지휘관들의 상관으로서 추축군 전체를 상대하고 종국엔 승리까지 거머쥔 최종 지휘관이었다. 인간의 밑바닥이 드러날 수밖에 없었던 참혹한 전쟁에서 끝까지 그 어떤 구설수에 휘말리지 않고 절정의 균형감을 선보이며, 예민하고 무례하고 천박한 수많은 후배 장군들로부터 유일하게 존경을 받았던 장교 역시 마셜뿐이다. 이처럼 위대한 군인의 반열에 올랐음에도 우리가 그의 이름을 제대로 떠올리지 못하는 이유는 무엇일까? 어쩌면 이것이야말로 수천만 군의 사령관으로서가 아닌, 과묵하고 겸손한 한 인간으로서 마셜을 본받아야 하는 이유가 아닐까?

1600만
미군을 건설하다

마셜의 삶을 한 단어로 표현하면 '고립'이
라는 단어가 가장 잘 어울릴 것이다. 그 누구도 곁에 두지 않고
그 누구의 곁에 남으려고도 하지 않았던 미군의 서열 1위 사령
관. 그가 바로 미국 제15대 육군 참모총장 조지 마셜이다. 1947년
12월 16일 화요일, 뜨거웠던 전쟁이 끝나고 영국 총리 윈스턴 처
칠의 아내 클레멘타인은 마셜의 국무부 장관 취임을 축하하는 만
찬회를 열었다. 당시 전후 독일을 어떻게 처리할지에 대해 동맹
국과 의논하기 위해 영국에 와 있었던 그는 시간이 날 때마다 옛
동료들과 만나 한가로운 시간을 보내는 중이었다. 마셜은 전차와
전투기가 난무하던 전쟁보다 더 치열하고 지루한 전후 회담을 치
르는 와중에도 틈틈이 휴식을 취하며 곧 본격적으로 시작될 냉전

시대를 준비했다. 그는 전쟁을 회상하고 있었다.

만찬회 전날인 12월 15일 전후 회담이 개최되었는데, 각국 정상들의 이해 충돌로 회의는 완전히 결렬되고 말았다. 회담장에 있었던 클레멘타인은 회의 결과를 묻는 처칠에게 이렇게 답했다. "회의는 30분 전 참패로 끝났어요." 그러면서 이렇게 덧붙였다. "하지만 마셜 장관은 회의 결과에 대해 단 한마디도 언급하지 않았죠."[1] 당시 야당 지도자였던 처칠은 마라케시의 호텔에서 4주간 휴식을 취하며 그림을 그리고 전쟁 회고록을 쓰고 있었다. 클레멘타인이 계속해서 말했다. "마셜 장관은 말을 걸기 전까지는 절대 입을 열지 않는 초등학생처럼 입을 꾹 다물고 가만히 앉아 있더군요. 그는 마치 한 줄기 빛 같았어요. 미국 국무부 장관이라면 세심히 관찰해야 할 거대한 사안일지라도 오직 자기가 보고 싶은 부분만 바라보고 있었죠. 다른 모든 것들은 어두운 곳에 아무렇게나 남겨둔 채로 말이에요. 저는 회의 내내 조마조마해서 견딜 수가 없었답니다."[2]

마셜에 대한 클레멘타인의 평가는 정확했다. 때때로 마셜은 자신의 오랜 친구이자 미국의 대통령이며 직속상관이기도 한 루스벨트와 합의를 이루지 못했고, 중요한 의사결정에 개인적 친분을 일절 허용하지 않았다. 그는 늘 자신을 '조지'라는 이름이 아닌, '장군'으로 불러달라고 요구했다. 그가 뉴욕 하이드파크에 있는 루스벨트 대통령의 저택을 처음이자 마지막으로 방문한 것은 루스벨트의 장례식 때뿐이었다. 흠잡을 데 없이 중립자의 태도를 유지한 결과 마셜은 육군 참모총장으로 임명된 날로부터 약 5년 6개월 뒤 루스벨트가 세상을 떠나는 날까지 상사와 부하들에게 무한에 가까운 존경을 얻었다. 공교롭게도 마셜이 미국 육군의 참모총장으로 임명된 날은 히틀러가 폴란드를 침공한 1939년 9월 1일이었다. 마셜은 1945년 11월까지 참모총장을 지냈고, 1947년 1월에는 국무부 장관으로 취임했다.

마셜은 역사에 남긴 업적에 비해 그리 유명하지 않은 인물이다. 심지어 그를 장군이 아닌 정치인으로 아는 사람도 적지 않다. 전시에는 야전 사령관이었던 더글러스 맥아더, 조지 패튼, 오마 브래들리 등과 달리 철저하게 참모로 활동했기 때문에 두드러지는 활약상도 없었다. 치명적인 패착도 없었고 사생활마저 흠결이 없었다. 그 흔한 스캔들조차 터지지 않았다. 그러나 그가 전쟁사에 남긴 흔적은, 그리고 한 개인으로서 인류에 남긴 흔적은 다른 일선 지휘관들의 유산과는 성질 자체가 달랐다.

제2차 세계대전은 통신, 행정, 자원, 교통 등 모든 분야에서 그 이전 시대의 전쟁과는 차원이 다른 어마어마한 규모의 총력전이었다. 군의 지휘체계는 한 사람의 천재적인 전략이나 과감한 판단만으로 통제될 수 없을 정도로 비대해졌고, 지구적으로 확장된 전역에서는 날마다 예상하지 못한 변수가 동시다발적으로 튀어나왔다. 이 모든 위험과 기회를 한 사람이 적절히 관리한다는 것은 불가능에 가까웠고, 따라서 20세기의 전쟁은 '누가 더 강력한 공격을 가하는지'가 아니라 '누가 더 상황을 잘 관리하는지'에 승패가 갈렸다. 바로 이 점에서 마셜은 당시는 물론이고 21세기인 지금까지도 비견할 수 없는 전무후무한 장군이었다. 처칠은 아내 클레멘타인이 마셜에 대해 늘어놓은 볼멘소리를 다 듣고는 이렇게 대답했다.

> 당신이 마셜 장군을 만나 즐거운 시간을 보낸 것 같아 기쁘네요. 그와 좋은 친구가 된 것 같아요. 나는 그의 뛰어난 자질을 항상 크게 존중했답니다. 군대 조직자로서, 정치인으로서, 무엇보다도 한 인간으로서 말이죠.[3]

하지만 처칠을 제외한 마셜의 다른 동료들은 끊임없이 마셜의 자질을 의심했다. 특히 패튼을 포함한 오만하고 성급한 장군들은 그가 야전에서 활약한 적이 없다는 이유로 '전략가로서 완전히 실패한 인물'이라고 맹비난했다. 정말 그럴까? 20세기 미국의 육군 참모총장은 정치인인 동시에 군대 조직자이자, 대통령의 군사 참모 역할까지 수행해야 하는 쉽지 않은 자리였다. 마셜은 그 자리를 무려 6년 넘게 지켰다. 그리고 참모총장의 가장 핵심 임무는 '미국 최고 군사 전략가'였다. 참모에게 전쟁에서 승리하는 전략을 수립하는 것보다 더 중요한 임무는 없다. 브룩, 몽고메리를 포함한 영국과 미국의 최고위 지휘관들은 마셜이 아무런 사전 준비가 없는 상태에서 세계대전에 참전해 세계에서 가장 막강한 군사력을 길러내고, 루스벨트 대통령과 트루먼 대통령을 대신해 의회와 언론을 다루고, 무려 16명이 넘는 사단장을 파면시키며 미군 조직을 완전히 새롭게 개편했다는 역사적 사실을 잘 몰랐던 것 같다.

마셜은 미군 병력을 불과 4년 만에 40배로 증강시켰다. 제2차 세계대전 초 20만 명도 안 됐던 미군 병사의 수는 종전에 임박해 800만 명 이상으로 증가했다. 이는 그야말로 엄청난 성과였다. 전쟁이 발발했을 때 미군의 군사력은 루마니아와 같은 수준이었다. 루마니아의 군사력은 세계 14위 수준이었다. 전쟁이 끝날 무렵 육해공을 망라한 미군 병력의 수는 1600만 명이었다. 이 방대한 군사력 확장 과정의 중심에 마셜이 있었다. 전쟁 말기 노르망디 상륙 작전에 참여하겠다는 마셜을 만류하며 루스벨트 대통령은 애원하듯 말했다. "당신이 미국 밖으로 나간다면 내가 밤에 잠을 이루지 못할 것 같소."

결국 마셜은 미국에 머물기로 했고, 그 대신 아이젠하워가 연합군 최고 사령관 직무를 맡아 노르망디로 떠났다.[4] 루스벨트는 임기 말 불안해져 가는 국제 정세를 지켜보며 이렇게 하소연했다. "마셜에 대한 의존도가 점점 커져간다. 그보다 더 매끄럽게 일선의 지휘관들과 다른 나라의 정치인들을 다룰 수 있는 권위자를 찾을 수 없다. 이제 미국에서 그를 대체할 군인은 없다."

만약 마셜이 루스벨트의 청을 거절했다면 틀림없이 연합군 최고 사령관은 마셜이 되었을 것이다. 미군을 대표하는 얼굴이 되어 병력을 집결해 감동적인 연설을 남긴 아이젠하워가 누린 모든 명성과 영광도 그의 것이 되었을 것이다. 오늘날 모든 기념관, 쇼핑몰, 의료센터, 군사 기지, 선박, 트로피, 골프 클럽, 산, 학교, 터널, 동산, 캠프장, 주립공원, 광장, 대로 등을 포함해 백악관 인근 행정부 청사의 이름은 아이젠하워가 아니라 마셜의 이름을 따서 지어졌을 것이다.

마셜이 전쟁 회고록을
쓰지 않은 이유

미국-스페인 전쟁 시절 필리핀에서 복무한 뒤 인재가 많기로 유명했던 버지니아 종합군사학원을 졸업한 마셜은 제1차 세계대전 당시 미군 제1사단의 훈련 및 계획을 감독하는 임무를 맡았다. 마셜은 1918년 9월부터 47일간 이어진 뫼즈-아르곤 공세 작전 계획에도 참여했는데 이 작전은 1918년 11월 독일군이 휴전을 청하며 미국의 승리로 끝났다. 몇 번의 중요한 군사적 임무를 완수하며 그는 자신의 강점과 약점이 무엇인지 빠르게 파악했고, '블랙잭'이라고 불린 미국 원정군 지휘관 존 조지프 퍼싱 장군의 눈에 들어 훗날 독일이 패망한 후 그의 부관이 되었다. 퍼싱 장군은 마셜의 거의 유일한 스승이자 존경할 만한 상관이었는데, 그는 퍼싱에게 지휘관의 '극한의 외로움'이 무엇인지를 배웠다. 부대 점검을 마치고 돌아오는 길에 차 안에 누워 있던 퍼싱 장군의 모습을 우연히 발견한 마셜은 그날의 상황을 이렇게 기록했다. "낡은 지프 조수석에서 몸을 웅크리고 누워 있던 장군을 본 사람이라면 그가 얼마나 깊은 절망감에 빠져 있는지 알아차릴 것이다. 조수석에서 잠든 장군을 발견한 날 이후, 누군가의 입을 통해 현재 전황이 매우 좋지 않다는 소문이 부대 안에 빠르게 퍼져 나갔다. 그는 고작 몸을 새우처럼 말고 잠시 쉬고 있었을 뿐인데 말이다."[5] 긴 시간이 흘러 당시의 퍼싱 장군보다 더 높은 지위에 오른 마셜은 아내 캐서린에게 이렇게 고백했다. "나는 쉽게 화를 내선 안 됩니다. 아무리 어려운 일이 닥쳐도 화를 낸다는 것은 스스로가 용납할 수 없어요. 그러면 너무나 위험한 결과를 낳을 것이기 때문이죠. 인간의 감정은 너무나 피곤한 존재입니다. 나는 늘 냉정한 두뇌 상태를 유지해야 해요. 피곤한 모습을 보여서도 안 되죠."[6]

제2차 세계대전 당시 그가 지고 있던 책임의 무게를 고려했을 때 마셜이 단 한 번도 부하 장교들이나 동료 장군들에게 화를 내거나 흐트러진 모습을 보이지 않았다는 사실은 놀라운 일이다. 그는 하루 동안 1만 8000명 규모의 보병사단 수십 개와 전차 수천 대의 복잡한 이동 계획을 결재해야 했고, 연합군 수백만 명의 보급이 원활하게 이루어지는지 확인해야 했으며, 최전방에 비축된 45밀리미터 ACP탄의 재고가 넉넉한지도 들여다봐야 했다. 이 모든 업무를 전시 상황에서 한 치의 오차도 없이 수행하기 위해

선 초인적인 자제력과 집중력이 필요했다. 마셜은 (당시 연합군 사령관 중에서는 매우 드물게) 자신 앞에 놓인 문제에 완전히 집중할 수 있는 능력을 갖춘 몇 안 되는 인물이었다. 그리고 그는 자신보다 더 뛰어난 부하에게 임무를 위임하는 기술도 갖춘 상관이었다. 그는 오직 실력만을 등용의 기준으로 삼았다. 무능한 영관급 작전 참모들을 모두 해임시키고 믿을 만한 중위들만 남긴 적도 있었다. 펜실베이니아 출신인 이 신사는 뛰어난 매너를 갖췄고 숙녀에게 공손하게 인사할 줄 알았다. 부패하지 않았고 외골수였으며 압박을 받는 상태에서도 놀라울 정도로 침착했다. 합동참모본부 회의 때 딱 한 번 주먹으로 책상을 내리친 적이 있었지만 그날은 충분히 그래도 될 만한 이유가 있었다.

두 차례의 세계대전 사이에 마셜은 미군의 미래 참모총장을 양성하기 위한 대대적인 설계 작업을 수행했다. 육군보병훈련센터 포트베닝의 교장으로 근무하였고 미육군대학원에서는 학생들에게 주로 군정을 가르쳤다. 제15보병연대의 지휘관으로 3년간 중국에서 복무했으며 국내에서는 시민보전부대와 워싱턴주 소재 제5여단을 지휘하며 참모로서 경력을 쌓았다. 1938년 7월 미육군성 부참모장으로 취임한 그는 가장 뛰어난 수재들만 모이는 미육군성에서 가장 탁월한 군사 기획자로 활약했다. 마셜은 실제 전투에서 군대를 이끌지는 않았지만, 수많은 장성들의 머리 위에서 광범위하고 포괄적인 작전 계획을 수립하며 차근차근 전쟁을 준비해나갔다.

★　★　★

1939년 제2차 세계대전이 발발하자 마셜은 곧 이 참혹한 전장에 미국이 발을 들이밀 것이라는 사실을 직감했다. 그리고 만약 미군이 개입한다면 그 방향은 적의 핵심부, 즉 나치의 독일이 되어야만 할 것이라고 확신했다. 1941년 12월 7일 일본군이 하와이 진주만에 정박하고 있던 미국 태평양 함대에 기습 공격을 감행했다. 당시 육군 참모총장이었던 마셜은 일본을 즉각 처벌하기 바라는 미국인들의 자연스러운 분노를 외면하는 데 자신의 모든 자제력을 쏟아부었다. 그는 미국의 진정한 적이 일본군이 아니라 독일군이라는 사실을 잘 알고 있었다. 언론을 비롯한 미국인들은 마셜의 이러한 '독일 우선주의 정책'에 맹비난을 퍼부었지만 그는 흔들리지 않았다. 1943년 마셜은 100만 명의 연합군 병력 중 4분의 1을 1년에 걸쳐 북아프리카에 차근차근 상륙시켰다. 영국에서 시작된 미 공군의 최초 독일 공습은 그보다 더 빠른 1942년 7월 4일에 개시됐다. 이는 '가장 강력한 적을 가장 먼저 제거하라'는 고전 군사 격언과도 일치했다.

마셜의 상관인 루스벨트 대통령 역시 사령관의 판단이 선견지명이었음을 잘 알고 있었다. 그들이 독일을 제일 먼저 공략하는 군사 정책을 하룻밤 사이에 결정한 것은 아니었다. 근면하고 노련한 직원들로 구성된 미 육군성은 히틀러가 독일에 집권한 이후 발생할 수 있는 수많은 시나리오를 하나하나 분석하며 그에 맞는 군사 작전과 훈련 계획을 수립해뒀다. 레너드 게로, 브레혼 서머벨, 조지프 스틸웰, 앨버트 웨더마이어, 드와이트 아이젠하워를 비롯한 유능한 장군들은 미 육군성이 미리 기획해둔, 즉 마셜이 짜놓은 시나리오대로 철두철미하게 움직였다. 심지어 독일이 미국을 향해 선전포고도 하기 전에 워싱턴에선 마셜의 주도 아래 미국과 영국의 군사회담이 비밀리에 열리기도 했다. 19세기 프러시아의 군인이자 군사이론가 카를 폰 클라우제비츠의 전쟁 이론에 따라 이들은 진주만 공습과 관계없이 '더 크고 강한' 적, 즉 독일을 가장 먼저 물리쳐야만 전쟁의 주도권을 완전히 장악할 수 있을 것이라고 확신했다. 그리고 이 모든 일의 시작점엔 항상 마셜이 있었다.

하지만 미군의 기조가 정리되자 이번에는 연합군 내에서 심각한 의견 차이가 나타나기 시작됐다. 마셜은 '볼레로 작전'이라는 코드명 아래 병력이 준비되는 즉시 영국 해협을 횡단해 프랑스 북서부에 치명적인 공격을 가하는 계획을 주장했다. 하지만 영국을 비롯한 우방 국가들은 독일 주변을 얇은 막으로 겹겹이 둘러싸 서서히 조이는 대규모 국지전을 주장했다. 마셜은 결사반대했다. 그는 이를 '흩뿌리기 작전'이라고 부르며 조소했고, 영국 장군들이 주장하는 포위 전략을 전혀 신뢰하지 않았다. 마셜과 그의 참모들은 이 무의미하고 비효율적인 군사 낭비가, '제국주의자' 영국이 지중해의 수많은 군사 기지와 극동으로 이어지는 수에즈 운하를 보호하기 위해 고안한 교활한 작전이라고 의심했다. 미국인들은 영국의 동남아시아사령부(the South East Asia Command)의 머리글자인 'SEAC'가 실은 "영국의 아시아 식민지를 지켜라(Save England's Asian Colonies)"라는 문장의 줄임말이라며 빈정댔다. 물론 기품 있는 신사 마셜은 예외였다.

하지만 영국은 주장을 굽히지 않았다. 전시총리 처칠은 연합군 내에서 미군의 영향력이 매우 크다는 것을 인정했지만, 적어도 자신들의 전장인 유럽에서만큼은 쉽게 물러서려 하지 않았다. 영국군은 한발 더 나아가, 히틀러를 무너뜨리기 위해선 우선 무솔리니가 지배하고 있는 이탈리아를 공격해야 한다고 주장했다. 처칠과 그의 참모들은 지금 당장 아드리아해를 건너 발칸반도로 향해 대규모 기동전을 벌여야 한다고 목소리를 높였다. 마셜은 비로소 이때 자신 앞에 놓인 진짜 과제가 무엇인지 완전히 깨달았다.[7]

1942년 봄, 마셜의 참모 웨더마이어 장군은 영국이 뭔가를 계획하고 있다는 것을 감지했다. 마셜은 사상 최대의 적인 독일군을 제압하기 전에 먼저 내부의 적들을 완벽하게 정리해야 한다고 생각했다. 나폴레옹이나 넬슨과 같은 지휘관이 야전에서 승부를 펼쳤던 것과 달리 마셜의 전장은 최전방이 아니라 막후였다. 지루한 설득과 조율, 숱한 작전 번복과 말벌처럼 쏘아대는 아군의 비난 속에서도 그는 자신의 일을 묵묵히 해나갔다. 그의 목표는 불필요한 전투를 제거하고 변수를 통제해 최대한 빨리 가장 큰 전쟁을 일으킴으로써 하루빨리 전쟁을 끝내는 것이었다. 따라서 마셜은 프랑스 북서부를 거쳐 최단거리로 적의 전선을 돌파해 베를린으로 향하는 전략을 구상했다. 이는 클라우제비츠가 조언한 전격전의 목적과도 부합했고, 자신이 이미 25년 전 뫼즈-아르곤 전투에서 승리를 거둘 때 사용했던 전략이기도 했다. 그는 할 수 있는 한 가장 거대한 전투를 일으키고 싶었다.

1942년 7월, 더 이상 기다리고 있을 수만 없었던 마셜은 처칠과 담판을 짓기 위해 영국으로 넘어갔다. 미군을 포함한 연합군 수백만 명의 운명이 그에게 달려 있었다. 마셜은 1942년이 허무하게 녹아 없어지기 전에 총공세를 펼쳐야만 했다.[8] 그래야 더 많은 군인과 무고한 시민의 목숨을 살릴 수 있다고 판단했다. 역사학자의 시각으로 보건대, 그의 판단은 정확했다.

하지만 마셜의 성과는 영국의 수상과 참모총장이 여전히 자신을 지지하지 않는다는 사실을 다시 한번 확인했다는 것뿐이었다. 독일군은 너무 강력하고 미군은 너무 경험이 부족하다는 것이 그들의 이유였다. 마셜의 의견을 경청하기는커녕 그를 연합군의 사령관으로 존중해주는 동료는 아무도 없었다. 자신의 의견이 소수자 취급을 받을 때, 자신만 빼고 모든 사람이 입을 모아 자신을 정신 나간 사람으로 취급할 때 택할 수 있는 가장 좋은 방법은 무엇일까? 마셜은 미군의 전쟁 물자 중 70퍼센트를 일본 전선으로 보내고 나머지 30퍼센트만 유럽 전선으로 보내겠다고 위협했다. 물론 이는 마셜과 루스벨트의 합의된 허세였다. 하지만 처칠은 루스벨트와 수시로 소식을 주고받았기 때문에 마셜의 압박이 거짓이라는 것을 눈치챌 수 있었다. 결국 이듬해인 1943년 1월 카사블랑카 회담에서 6개월 뒤 베를린이 아닌 시칠리아를 공격하는 작전이 채택되었다. 마셜은 그 이후에도 이탈리아로 향하면 끔찍한 일이 벌어질 것이라고 계속해서 경고했다. 이탈리아의 지형은 방어군에게는 천국이지만 공격군에게는 지옥이었기 때문이다. 하지만 그의 주장은 계속 무시당했다.

끝내 마셜은 실패했다. 그의 바람과는 달리 연합군은 독일에 곧장 상륙하지 않았고 그 결과 전쟁은 2년 가까이 더 지속됐다. 그 사이 이제 막 스무 살이 된 미국과 유럽의 청년 수십만 명이 죽거나 다치거나 실종되었고, 수십억 톤의 기름이 증발됐으며, 수백억 달러어치의 무기가 유럽 전선을 거쳐 값싼 중고 시장에 흘러들어가 전 세계에 뿌려졌다. 이 순간 그는 무슨 생각을 했을까? 그러나 전시에 마셜이 무슨 생각을 했는지, 어떤 마음으로 전투에 임했는지 파악하는 것은 불가능하다. 그는 살면서 단 한 번도 사람들의 눈길을 끌려는 시도를 하지 않았고, 자신이 범한 군사적 실책을 변호하거나 핑계를 대는 기록을 남기지 않았다. 그 흔한 일기조차 쓰지 않았다. 처칠이 살아생전 수십 권의 저술(어쩌면 수백 권일지도 모른다)을 남긴 것과는 대조적이다.

그는 여론이나 언론이 아닌 자기 자신과 신에게만 책임감을 느끼는, 위엄 있는 자신감을 갖춘 사람이었다. 동시대를 풍미한 정치인이나 군인과는 분명 달랐다. 나는 지난 수십 년간 각국 기록보관소를 돌아다니며 이들의 기록물을 하나도 빠짐없이 살펴봤다. 그들은 자신의 이름이 역사에 남을 것을 염두에 두고 역사의 사실관계를 미묘하게 뒤틀고 영리하게 오려 붙였다. 마치 역사가 에게 보낸 서신을 읽는 것 같은 기분이었다. 하지만 버지니아 종 합군사학원에 있는 '조지 마셜 자료실'에서 연구를 할 때는 그런 기분을 전혀 느끼지 못했다. 그는 평생 동안 전쟁 회고록을 쓰지 않았고 누가 물어보지 않는 한 과거의 일을 떠벌리지도 않았다. 이는 겸손을 갖추지 못해 결국 명성을 해치고 만 버나드 몽고메 리, 마크 클라크, 루이스 마운트배튼 장군과는 분명 다른 모습이 었다.

정신을 지배하는 자가
전쟁을 지배한다

마셜을 향한 무궁무진한 찬사에도 불구하고 평생 그를 따라다닌 꼬리표는 이것이었다.

마셜은 인류 역사상 가장 탁월한 군인 중 1명이었다. 단, 전략
가로서는 아니지만.

윈스턴 처칠 역시 마셜을 그토록 칭찬하면서도 전략가로서의 그의 능력에 대해서는 매우 보수적으로 평가했다. 마셜은 제2차 세계대전의 최후 격전이자 현대 전쟁사에서 가장 거대한 규모의 작전이었던 노르망디 상륙 작전을 1942년 가을, 늦어도 1943년 초에는 개시해야 한다고 생각했다. 하지만 둘 중 어느 때에 시작

했던 작전은 재앙으로 끝났을 것이다. 이에 대해선 대다수의 전쟁사학자와 군사학자의 견해가 일치한다. 그렇다면 마셜은 다른 모든 면에서는 의심할 여지없이 탁월한 군인이었지만, 전략에서만큼은 정말 무능하고 나쁜 군인이었을까?

마셜은 독일 본토를 먼저 타격해야 한다고 끝없이 고집했다. 그는 1942년, 늦어도 1943년에는 영국 본토를 거쳐 도버 해협을 통과해 유럽 본토에 연합군의 모든 전투력을 쏟아부어야만 한다고 생각했다. 일본을 상대하는 일은 그다음 문제였다. 하지만 이는 유럽은 물론이고, 건국 이후 최초로 일본 폭격기에 자국 영토를 침략당한 미국인들의 분노를 정면으로 배반하는 일이었다. 그렇지만 미국인의 마음을 헤아리는 일은 각 주의 정신과 의사들이 할 일이지 참모총장인 마셜의 임무가 아니었다.

객관적 사실만 보자면 당시는 독일군이 동부에서 단 한 번도 패배하지 않은 채 서부에서 여전히 위세를 떨치고 있었고, 독일 공군이 노르망디와 파드칼레 상공을 완벽하게 통제하고 있었고, 카세린협곡 전투에서 미군이 개전 이후 가장 많은 피를 흘리고 있었고, 독일군 잠수함 U-보트가 탐지되지 않은 채 대서양을 누비고 있었고, 독일 해군의 두 번째 에니그마 암호가 해독되지 않아 하루에도 수없이 많은 민간인의 목숨이 독일 공군 폭격에 사라지고 있었고, 가장 큰 전역이었던 대서양 전투에서 독일군이 미군을 상대로 완벽한 해상 통제권을 쥐고 있었던 때였다. 침착하기로 유명했던 군사 지도자 마셜이 연합군의 조립항이 건설되기도 전에, 독일 전함 비스마르크와 샤른호르스트가 해상에서 완전히 소탕되기도 전에, 전쟁에 필요한 막대한 양의 연료를 공급하기 위한 해저 파이프라인이 완공되기도 전에 연합군의 총공세를 성급하게 주장했다는 사실을 어떻게 이해해야 할까? 1942년 8월 참전 군인 6086명 중 60퍼센트가 죽거나 부상을 입은 디에프 상륙 작전의 실패에도 불구하고, 마셜이 지독할 정도로 끈질기게 영불 해협을 횡단해 유럽 본토에 군사를 상륙시키는 무모한 작전을 주장한 이유는 대체 무엇이었을까?

많은 독자가 이미 잘 알고 있겠지만, 마셜이 구상한 대규모 상륙 작전은 결국 1942년과 1943년을 지나 1944년에 실시됐다. 우리가 '노르망디 상륙 작전'이라고 부르는 바로 그 작전 말이다. 역사는 이를 대단히 성공한 작전으로 기록하고 있다. 여기까지만 보자면 마셜은 분명 실패한 전략가임이 확실하다. 그의 바람대로 1~2년 앞서 작전이 개시됐다면 상륙은 연합군의 처참한 패배로 끝났을 것이고, 어쩌면 제2차 세계대전은 1945년보다 더 일찍 독일군의 승리로 종식되었을지도 모른다. 만약 그랬다면 유럽의 대다수 국가를 포함해 아시아와 일부 국가에서는 모국어 대신 독일어를 배우고 있을 것이다.

우리는 마셜의 작전 계획이 끝내 연합군 수뇌부에 관철되지 않고 반려되었다는 사실에 감사해야 할까? 하지만 내가 판단하기에 정말 감사의 뜻을 전해야 할 사람은 여전히 마셜이다. '넵튠'이라는 작전명으로 불렸던 노르망디 상륙 작전의 주역으로 많은 사람이 드와이트 아이젠하워 사령관을 거론하지만, 해당 작전의 실질적인 최초 기획자는 아이젠하워가 아니라 마셜이었다. 아이젠하워는 자신의 상관이 기획한 작전을 더욱 촘촘하고 탄탄하게 조직해 가장 완벽한 형태로 구현해냈다. 굳이 나누자면 아이젠하워는 세계 올스타 농구팀의 감독이었고, 마셜은 그 위에서 싸움의 판을 설계한 단장이었다.

그는 영국과 유럽의 군사 지도자들이 자신의 뜻에 강력히 반대하리라는 것을 정확히 알고 있었다. 그걸 알면서도 마셜은 끊임없이 독일 공세를 주장했다. 왜 그랬을까? 마셜의 임무는 개별 전투를 승리로 이끄는 것이 아니라 수많은 전투가 동시다발적으로 이루어지는 전쟁을 관리하는 것이었다. 한정된 자원을 효과적으로 배분하고, 때로는 분산된 힘을 한곳에 모으는 것이 그의 일이었다. 마셜은 1~2년 정도만 견디면 미국의 생산량이 기하급수적으로 상승하리라는 것과 독일 동부 전선에서 소련군이 전세를 역전시킬 것을 알고 있었다. 문제는 그 시간 동안 연합군이 지닌 전투력을 최대한 온전히 보존하는 것이었다. 하지만 성질 급한 루스벨트 대통령은 미국인들의 표심을 얻기 위해 자꾸만 산발적 전투를 벌여 귀중한 군사력을 낭비하기를 바랐고, 그보다 더 성질이 고약한 처칠은 자꾸만 엉뚱한 전역에서 군사 행위를 벌일 것을 종용했다. 하지만 마셜은 미국의 육군과 해군과 공군과 해병대의 전투력을 하나로 모아 최대로 끌어올릴 수 있을 때까지 기다리고 싶었다. 그래서 그는 1944년 이전까지만 해도 여전히 세계 최강의 군대였던 독일군과의 즉각적인 충돌만을 주장함으로써 자신과 비슷한 군사 지휘권을 지닌 이들이 함부로 군사력을 훼손하지 않도록 압박했다. 마셜은 연합군의 에너지를 한곳에 집중시켜 제대로 된 공격을 준비했다. 이 지루한 과정에서 그가 겪었을 모욕과 수치의 양은 가늠조차 되지 않는다. 특히 '야전 경험이 없는 사령관'이라는 군 경력은 그를 궁지에 몰아넣기에 충분했다. 야전에서 맹활약했지만 군정에 대해선 영아 수준에 머물러 있던 미국과 영국의 지휘관들은 마셜의 지휘권을 자꾸 의심했다.

그럼에도 불구하고 마셜은 자신의 허세가 먹히리라는 사실을 확신했다. 자신이 잠시 멍청이가 되면 적을 무찌를 전투력을 완벽히 보존할 수 있으리라고 판단했다. 그의 선택은 옳았다. 그는 모든 상황에서 작전을 수행하는 데 반드시 필요한 미군 부대가 영국에 도착할 때까지 다른 일선 지휘관들의 전투 행위를 성공적으로 통제했고, 1943년 여름 대서양 전투에서 연합군이 독일 해군에 승리를 거둬 해상을 완전히 장악함으로써 어마어마한 전투 물자가 유럽에 도착할 때까지 꿋꿋하게 버텼다. 끝까지 자신의 판단을 믿었던 마셜은 드디어 루스벨트의 생각이 서서히 돌아서고 있다는 것을 감지했다.

처칠과 브룩이 마셜의 전략가적 능력을 폄하한 것은 분명 잘못된 견해다. 마셜은 오히려 선제공격을 하고 싶어 날뛰는 사람처럼 보일 수 있어 매우 기뻐했을 것이다. 지금 당장 독일 본토를 침공해야 한다는 주장을 펼치면, 미국의 대통령과 영국의 총리가 분명 자신의 말에 반대할 것을 알았기 때문이다. 그는 훗날 역사가 자신의 전략가적 능력을 어떻게 평가할지에 대해 전혀 신경을 쓰지 않았다. 그에게 중요한 것은 일을 제대로 처리하는 것뿐이었다. 만약 1942년 또는 1943년 영불 해협 횡단을 반대하는 영국에 맞서 마셜이 계속 저항하지 않고 온순하게 따라갔다면 몸이 근질근질해진 연합군의 지휘관들은 자꾸만 불필요한 군사 활동을 벌이며 야금야금 군사력을 소진했을 것이고, 상륙 일정을 1944년으로 못 박는 일은 더욱 어려워졌을 것이다. 제2차 세계대전에서 활약한 무수히 많은 지휘관 중 대전을 종식할 진짜 승리를 설계한 장군은 마셜이 유일했다.

그는 자신의 주장이 관철되지 않을 때마다 실망하고, 분노하고, 원망하는 척했다. 자신이 확신하는 어떤 목표를 철저히 감춘 채 그와 반대되는 방향으로 질주하는 연기를 자신보다 능력이 떨어지는 사람들 앞에서 반복하는 일은 생각만큼 쉽지 않다. 그것도 아주 일관된 모습으로 말이다. 결국 노르망디 상륙 작전은 연합군이 지닌 모든 힘이 완전히 갖춰진 가장 적절한 순간에, 가장 적절한 방식으로, 가장 적절한 장소에서 개시되었다.

조지 마셜이라는 이름을 들으면 대다수의 사람이 그를 전후 서유럽 원조계획인 마셜 플랜을 주창한 정치인쯤으로만 알고 있다.

하지만 마셜의 명성은 좀 더 확장될 필요가 있다. 그는 연합군에 '독일을 전쟁에서 몰아낸 뒤 일본을 몰아내야 한다'는 모토를 제시했고 이를 실현했다. 처칠의 아내 클레멘타인은 마셜을 두고 말이 없고 속을 알 수 없는 남자라고 평했다. 만약 마셜이 이 말을 들었다면 그는 아무렇지 않게 웃고 말았을 것이다. 남들이 뭐라고 하든 자신이 해야 할 일을 우직하게 해내는 것이 그가 삶에서 배운 유일한 지혜였기 때문이다.

마셜은 전쟁을 승리로 이끈 전략의 핵심 건축가였다. 그가 키운 군대는 미국을 세계 초강대국으로 만들었고, 미국은 이를 통해 서구 문명에서 흘러들어 온 모든 혜택을 광범위하게 누렸다. 오늘날 수많은 전쟁 영웅의 멘토였던 그의 이름을 모르는 사람은 없어야 한다. 하지만 역사가 늘 공정하게 흘러가는 것만은 아니다. 그의 명성은 오히려 자신의 부하 장교들보다도 못한 수준이다. 하지만 상관없다. 이는 그가 전혀 신경 쓰지 않는 점이기 때문이다.

Charles de Gaulle

1890 ~ 1970

5장
할 수 있다, 할 수 있다, 할 수 있다

위대한 방패

샤를 드골
자유프랑스군 총사령관

"상대를 불편하게 만들지 못하면
원하는 것을 얻을 수 없다."

1940년 5월, 독일의 제19기갑군단이 프랑스 동부 전선을 돌파했다. 프랑스 육군은 서부에서 개전 6주 만에 260만 명이 죽거나 다치고 190만 명이 포로로 붙잡히며 사실상 전투를 포기했다. 프랑스의 국민 영웅 필리프 페탱 원수가 독일에 항복하기로 결정한 날, 신임 장관이었던 40대의 샤를 드골만이 자신의 옛 상관 페탱의 말을 거역하고 독일에 맞선다. 초년기의 드골은 위대한 영웅들의 어린 시절과는 전혀 다른 길을 걸었다. 제1차 세계대전의 주요 전역 중 하나였던 베르됭 전투에서 별다른 활약을 보이지 못한 채 독일군에 포로로 잡혀 삶의 황금기를 헌납했고, 10년 이상 대위 계급에 머무르며 강제 퇴역 위기에 처하기도 했다. 드골은 독일군에 점령당한 프랑스 괴뢰정부로부터 결국 사형 선고를 받아 1급 수배자 명단에 올랐지만, 처칠의 도움으로 영국에 망명해 자유프랑스의를 이끌며 독일에 저항했다. 병력 없는 지도자 드골은 자신과 조국을 위하는 길이라면 적군과 아군을 가리지 않고 투쟁을 불사했다. 협력자이자 경쟁자였던 루스벨트와 처칠은 드골을 두고 '만족할 줄 모르는 굶주린 하이에나'라고 평했지만 드골은 그 누구의 비난에도 아랑곳하지 않았다. 오히려 독선과 아집으로 자신을 차별화했으며, 연합군에서 존재감이 없던 자유프랑스군을 이끌면서도 전후 프랑스가 승전국과 동일한 대접을 받도록 전황을 주도했다. 강점보다 결점이 더 많았던 불완전한 인간 드골의 삶은 모순으로 가득했지만 그 누구보다 솔직하고 당당했다.

조국으로부터
사형 선고를 받은 남자

영국의 저명한 사학자 필립 지글러는 제2차 세계대전 당시 영국동남아사령부 최고 사령관이었던 해군 제독 마운트배튼 경의 공식 전기를 집필할 때 책상 위에 다음과 같은 문구가 적힌 메모지를 붙여놨다.

그가 위대한 인물이었다는 것을 기억하자.

지글러는 자만심과 우월감으로 가득 찬, 이 오만한 제독의 쇼맨십 뒤에 숨은 진지하고 영웅적인 면모를 발견해내기 위해 스스로에게 끊임없이 '그가 연구할 만한 위대한 존재'였다는 사실을 상기시켰다. 이는 샤를 드골의 삶을 추적하는 연구자에게도 해당하는 과제다. 앵글로색슨에 대한 무조건적 반감을 지녔던 이 완고한 프랑스인은 언제나 위신을 떨어뜨리는 수많은 행위를 자초했던 무모하고 불완전하고 충동적인 인물이었다. 그러나 20세기를 살아간 그 누구보다 강인하고 순수한 영혼의 소유자였음에는 이견이 없을 것이다.

프랑스의 자주 독립과 자신의 영웅 신화 창출에 평생을 바친 드골에게 가장 큰 영향을 미친 사건은 무엇이었을까? 그것은 1898년 프랑스가 영국군으로부터 굴욕을 맛본 파쇼다 사건이었다. 파쇼다 사건은 아프리카를 남하하며 세력권을 확장하던 영국의 '종단 정책'과, 서쪽에서 동쪽으로 세력권을 넓히려 동진하던 프랑스의 '횡단 정책'이 수단 남부 파쇼다라는 작은 마을에서 충돌한 사건이었다.

이 사건이 벌어졌을 때 드골은 이제 막 여덟 살이 된 어린아이였지만, 프랑스 북부의 하급 귀족이자 지독한 민족주의자였던 아버지가 분개심에 가득 찬 목소리로 영국군을 증오하는 말을 반복적으로 들으며 자랐다. 동서축을 따라 북아프리카로 진출해 나가던 프랑스는 수단의 작은 마을인 파쇼다에서 허버트 키치너 경이 이끌던 영국군에 가로막혀 패퇴했다. 이를 '전투'가 아니라 '사건'이라고 부르는 이유는, 두 병력의 충돌 과정에서 그 어떤 유혈 사태도 발생하지 않았기 때문이다. 드골의 아버지는 피 한 방울 흘리지도 않고 영국의 무력 앞에 굴복해 프랑스군이 퇴각했다는 사실이 오히려 더 치욕스럽고 분했을 것이다. 그는 이 수치와 모욕을 결코 잊지도, 용서하지도 않은 채 분노라는 강철로 제련해 아들에게 물려줬다.

영국에 대한 드골의 무한한 적개심의 근원에는 두 나라의 오랜 숙적 관계의 역사가 놓여 있었고, 이 날카로운 감정은 제2차 세계대전 내내 드골을 따라다니며 요란한 궤적을 그려냈다. 드골의 전기 작가 장 라쿠튀르는 이렇게 말했다. "드골의 제1외국어는 영어가 아니라 독일어였다. 그는 영국의 '영' 자가 들어간 모든 것을 증오하고 거부했다. 드골은 제1차 세계대전 당시 영국의 활약을 높이 평가하지 않았고, 전후 프랑스의 자주 독립을 신뢰할 수 없는 알비온(프랑스인이 영국인을 비하할 때 쓰는 관용어. '알비온' 은 영국의 옛 이름이다 - 옮긴이)에게 맡길 수 없다고 입버릇처럼 말하고 다녔다. 그는 영국을 맹비난한《락시옹프랑세즈》와 같은 우파 언론을 주로 읽었으며, 결국 실패로 돌아간 뮌헨 회담을 영국 총리 체임벌린과 내각장관 루시먼의 탓으로 돌리며 강력히 비판했다. 1939년 9월부터 1940년 6월까지 영국이 프랑스에 지원한 군사 규모가 보잘것없다며 대놓고 동맹국 수반을 무시하기도 했다."[1]

드골의 거침없는 솔직함은 그의 가장 큰 매력이자 결점이기도 했다. 그는 쉽게 격분했고, 마음에 들지 않는 것에 대해 빙빙 돌려서 말하는 방법을 알지 못했다. 그는 맹목적으로 자신의 조국만을 광신하고 사모했으며 생시르육군사관학교에서 배운 보수적이고 완고한 군인 정신을 삶의 모토로 삼았다. 1870년부터 1944년까지 프랑스가 독일군에 겪은 굴욕과 군사적 굴복을 평생 잊지 않았으며 언젠가는 이 치욕을 독일에 되갚아주리라고 다짐했다.

제2차 세계대전에 활약한 인물들의 삶과 사상에 관한 수많은 책이 출간된 마당에, 전란의 주역 중 1명이었던 드골의 개인적 원한과 편견의 근원을 반복해 연구하는 것은 큰 의미가 없을 것 같다. 그보다는, 조국을 잃은 사령관 드골이 지독하게 불리한 상황을 이겨내고 자신의 광신을 어떻게 기어코 현실로 구현해나갔는지를 살펴보는 것이 훨씬 더 흥미로운 학문적 여정이 되리라 생각한다. 주권을 잃은 국가의 공인받지 못한 군사 지도자 드골은 어떻게 끝까지 존재감을 굽히지 않고 미국, 영국, 캐나다 등 주요 연합국 정상들이 자신과 조국을 함부로 대하지 못하도록 끊임없이 괴롭혔을까? 연합군 전체 병력의 1퍼센트에도 미치지 못했던 미약한 병력을 이끌었음에도 그는 어떻게 자신의 조국을 당당히 승전국 명단에 올리고 루스벨트, 처칠 등과 동등한 지도자 대우를 받았을까? 그의 가장 큰 성공 비결은 바로 이것이었다.

아군을 향해서든, 적군을 향해서든 끊임없이 요구하라. 상대를 불쾌하게 만들더라도 멈추지 않고 자신의 존재감을 드러내라.

제2차 세계대전의 역사에서 프랑스와 이탈리아는 매우 흡사한 길을 걸은 국가다. 두 국가 모두 추축국과 연합군의 점령을 '동시다발적으로' 받았고, 양 진영에 소속되어 전쟁에 참여했다. 프랑스는 히틀러의 기갑부대가 국경을 돌파하자 '비시프랑스(국토의 상당 부분을 독일군에 점령당한 상태에서 더 이상의 저항을 포기하고 독일군에 협력하는 대신 최소한의 자치권을 얻어 존속된 나치 독일의 괴뢰국. 국호는 프랑스였지만 해외에 망명해 끝까지 나치에 저항한 '자유프랑스'와 구분하기 위해 '비시프랑스'라고 부른다 – 옮긴이)'와 '남프랑스(독일과의 협력을 인정하지 않고 끝까지 저항한 '자유프랑스 망명정부'를 지지한 프랑스 지역을 통칭하는 개념 – 옮긴이)'로 쪼개져 각각 추축국과 연합군에 합류했으며, 이탈리아 역시 나치에 의해 괴뢰정부가 세워져 정부 수반이 양 진영으로 갈라섰다. 흡사한 행적을 남겼음에도 대전 종료 후 두 국가가 걸은 길은 판이하게 달랐다. 1945년 프랑스는 베를린 구역의 일부 점령권을 얻었고, 유엔 안전보장이사회 의석 중 한 자리와 승전국 지위를 획득했다. 심지어 1943년 9월 이탈리아가 괴뢰국을 무너뜨리고 연합군 편에 선 반면, 프랑스인 대다수는 그 뒤에도 무려 9개월간 나치에 저항하지 않았는데도 말이다.

두 국가가 이토록 다른 대접을 받게 된 것은 순전히 드골의 저돌적인 호전성 때문이었다. 그는 자신의 조국이 영국, 미국과 동등한 존경을 받아야 한다고 끊임없이 요구했다. 그리고 그러한 요구가 매우 정당하다는 것을 증명하기 위해 다양한 신화를 창조했고 이를 유럽인들에게 알리고자 물불을 가리지 않았다. 프랑스식으로 표현하자면, 드골은 자신에게 먹이를 준 손을 물어뜯기만 한 것이 아니라 그 손으로 전채요리, 메인요리, 후식까지 만들어 먹었다. 심지어 같은 프랑스인조차도 드골의 이러한 뻔뻔하고 자아도취적 성향에 대해선 말을 아끼지만, 당시 드골이 아무것도 손에 쥔 것이 없는 망명정부의 군사 지도자였다는 사실을 감안하면 그를 무작정 탓하는 것도 공정한 태도는 아닐 것이다. 끊임없는 탄원과 요구, 독단과 과시는 드골이 자신의 이빨을 드러내는 유일한 수단이었다.

드골의 또 다른 전기 작가 줄리언 잭슨은 이렇게 평했다. "드골의 삶은 이렇게 요약될 수 있다. 격렬한 반정대기, 화산 폭발과 같은 멸시, 종잡을 수 없는 럭비공. 그는 막무가내로 무언가를 끝없이 요구하며 자유프랑스의 외교적 성취를 거의 혼자서 이뤄냈다."[2] 드골은 모순으로 가득 찬 삶을 보냈다. 줄리언 잭슨의 말을 더 들어보자. "그는 군대에 맞서는 데 삶의 대부분을 보낸 군인이었고, 변화를 수용한 보수주의자였으며, 두 번이나 자발적으로 권력을 포기했던 오만한 야심가였다."[3] 나는 여기에 그가 알제리에서 철수한 제국주의자였고, 은행을 국유화한 재정주의자였으며, 1958년 대통령으로 당선되고자 알제리에서 군대를 파견해 프랑스 본토를 공격할 구상을 했던 프랑스 애국자였다는 사실도 덧붙이고 싶다.

드골은 양차 대전을 누비던 군사 지도자 중 가장 겁이 없는 인물이기도 했다. 전쟁 중 세 번의 부상을 입었고, 수용소에 포로로 붙잡혀 있을 때 다섯 번의 탈출을 시도했다. 그중 2번의 탈출 시도 때에는 돌연 행방불명되어 사망설이 돌기도 했다. 그 덕분에 드골은 살아 있는 상태로 자신의 부고를 2번이나 직접 읽어보는 엄청나게 영광스러운 명예를 얻기도 했다. 특히 그의 '절대 죽지 않는' 강인한 육체는 연합군 지휘부 사이에서 전설처럼 전해졌다. 14번의 암살 시도에도 끄떡없었으며, 1962년 8월 거의 성공할 뻔했던 암살 시도가 결국 실패로 끝났을 때는 그의 뒤에서 벌벌 떨고 있던 조르주 퐁피두 총리에게 이렇게 소리를 질렀다. "저 사람들 사격 실력이 돼지처럼 형편없구먼!"[4]

드골은 태생적으로 외톨이였다. 양 대전 사이 드골은 미래에는 전차전 위주의 전략과 빠른 기습 공격이 승리를 가져다줄 것이라 예측했지만 누구도 그의 말을 듣지 않았다. 이 괴팍하고 오로지 프랑스밖에 몰랐던 불완전한 영웅의 삶에 인간적 매력을 불어넣어준 것은 가족에 대한 사랑이었다. 특히 장애를 지닌 채 태어난 딸 안느를 향한 뜨거운 사랑은 인간 드골을 완성시켰다. 1948년 어린 나이로 세상을 떠난 안느의 장례식이 끝난 후 드골은 딸이 잠든 묘지에 오래 머물렀다. 비로소 마음의 안정을 찾은 드골은 함께 있던 아내 이본에게 이렇게 말했다. "이리 오시오. 이제 우리 아이는 다른 사람들과 똑같소."[5] 프랑스의 소설가이자 정치가 앙드레 말로는 드골의 파란만장했던 삶을 프랑스인의 삶에 포개 이렇게 은유했다. "인류를 위해 싸울 때 프랑스인은 훌륭하다. 그러나 자신을 위해 싸울 때 그들은 아무것도 아니다."[6]

프랑스인이 프랑스를 영원히 떠나는 것은 끔찍할 정도로 쓰라린 아픔일 것이다. 드골은 끝내 나치에 굴복한 조국의 괴뢰정부,

즉 비시프랑스를 인정하지 않았다. 결국 비시프랑스 정부로부터 궐석재판에서 사형을 선고받은 드골은 1940년 6월 17일 월요일 아침, 처칠이 보낸 경비행기를 타고 메리냑 공항을 떠나 역사의 한 페이지를 향해 날아간다. 그가 가지고 간 것은 자신의 이름표가 붙은 가방 2개와 프랑스 제3공화국의 마지막 총리 폴 레노가 준 10만 프랑이 전부였다. 그는 오후 12시 30분 런던 외곽의 헤스턴 비행장에 착륙했다. 군사 계급으로 치면 초라하기 그지없었지만, 당시 드골은 페탱에 반기를 든 프랑스 인사 중 가장 높은 지위에 있던 인물이었다. 처칠은 드골을 맞이하며 '영국의 도움을 받아 탈출할 자격이 마땅한 지도자'라고 추켜세웠다.

이튿날 6월 18일 화요일, 드골은 텔레비전 방송을 통해 프랑스가 독일군의 기습 전격전에 완전히 밀려 '잠겨버렸고', 프랑스 정부가 결국 조건부 항복 절차를 밟고 있다고 솔직하게 인정했다.

희망을 버려야 할까요? 이것이 최후의 패배일까요? 아닙니다. 프랑스는 혼자가 아닙니다! 그녀는 혼자가 아닙니다! 그녀의 뒤에는 엄청난 제국이 있습니다. 이 전쟁은 우리의 불행한 영토에만 국한된 것이 아닙니다. 이 전쟁의 결정적 전투는 프랑스 전투가 아니었습니다. 이 전쟁은 세계의 전쟁입니다. 현재 런던에 있는 나, 드골 장군은 영국 땅에 있는 프랑스 장교들과 군인들에게 부탁합니다. 내게 연락을 주십시오. 무슨 일이 있더라도 프랑스 레지스탕스(제2차 세계대전 당시 나치의 점령에 저

항해 프랑스에서 일어난 게릴라 군사 조직-옮긴이)의 불꽃은 꺼지지 않아야 합니다.[7]

당시 드골의 육성 연설을 실제로 들은 사람은 극소수였을 것이다. 하지만 유럽을 포함해 전 세계로 퍼져나간 이 방송은 신문 기사로 옮겨져 수백만 명의 프랑스인에게 전달되었다. 아직 독일군에게 프랑스 언론이 검열을 받기 전이었기 때문에 대다수의 프랑스인이 이 신문 기사를 읽을 수 있었고, 드골이라는 이름은 수백 년 전 로마인들의 침략에 맞서 싸웠던 고대 골족(지금의 프랑스 북부에 자리 잡았던 민족으로 '갈리아'라는 지역 이름에서 유래했다-옮긴이)을 연상시켰다. 이제 샤를 드골은 레지스탕스의 정신을 대표하여 나치에 저항하는 프랑스의 가장 숭고한 상징이 되었다.

하지만 프랑스 민중의 가슴에 불을 지핀 드골 앞에는 무수한 과제가 산적해 있었다. 바로 망명정부인 자유프랑스가 훗날 승리에 큰 기여를 할 수 있는 연합군의 일원으로 거듭나기 위해 최소한의 행정력을 갖추고 충분한 자금을 모으는 일이었다. 이뿐만이 아니었다. 비시에 기반을 둔 프랑스 괴뢰정부에 버금가는 정치력과 외교력을 획득해야 했고, 육군과 해군을 모집해 양성하는 한편 과거 프랑스에서도 없었던 공군까지 창설해야 했다. 자유프랑스군이 공동으로 추구할 가장 높은 차원의 군사 전략을 수립해 공표해야 했고, 프랑스가 독일의 손아귀에 넘어가자 슬금슬금 해방을 선언하기 시작한 아프리카와 아시아의 프랑스 식민지를 다시 쟁탈해야 했다. 연합국의 주축인 미국과 영국의 외교부를 상대하기 위해 유능한 외교관을 임명해야 했고, 무너질 대로 무너진 프랑스의 위대한 영광과 위신을 회복해야 했다. 하지만 그가 손에 쥔 것은 대대급 병력에도 미치지 못하는 시민병 수준의 부대와 낡은 전투복뿐이었다. 늘 적개심을 품고 비방하던 나라에서 망명정부의 정치인 신분으로 불안한 나날을 보내던 자유프랑스의 지도자 드골은 과연 이 모든 일을 어떻게 완수했을까? 지도에서 사라질 뻔한 조국을 어떻게 구원해냈을까?

약자의 친절은
아무런 힘이 없다

프랑스의 분열은 연합군에게 큰 숙제였다. 프랑스는 독일에 맞설 강력한 군대를 지닌 연합군의 일원이자, 지난 수백 년의 역사에서 유럽을 상징해온 문명이었다. 그런 나라가 나치 독일의 힘에 굴복해 비시프랑스 정부와 자유프랑스 정부로 쪼개져버린 것이다. 런던으로 몸을 피한 드골은 프랑스인들 중 많은 사람이 자유프랑스가 아닌 비시프랑스를 위해 싸우고 있다는 사실에 절망했다. 프랑스 정규군 중 대다수가 프랑스 북부의 비시 정부에 소속되어 있었던 반면, 드골이 지휘할 수 있는 병력의 수는 대대급조차 되지 않았다. 따라서 개전 초인 1940년부터 개전 말인 1944년 말까지, 사실상 제2차 세계대전 기간 내내 드골은 오직 혼자서 이 모든 난국을 돌파해야 했다. 하지만 더 큰 시련은 따로 있었다. 드골이 런던에 도착한 지 3주 정도 흐른 뒤 처칠은 그에게 오란에 있는 비시프랑스의 해군 함대를 침몰시킬 것을 명령했다. 비록 비시프랑스의 군대가 연합군을 공격하고 있지는 않았지만, 독일군의 통제 아래에 놓여 있었기에 이들은 언제라도 독일 해군에 소속되어 영국을 압박할 수 있었다. 드골은 훗날 이 작전을 두고 "인간의 억압된 본능이 폭발시킨 가장 어두운 행위이자 지금까지 쌓아온 장벽을 일거에 무너뜨린 잔학한 행위"라고 평가했다.[8] 이날 1300여 명의 프랑스 선원들이 10분 만에 목숨을 잃었다. 영국 측의 인명 손실은 전무했다. 이는 20세기에 펼쳐진 해상 군사 작전 중 가장 일방적으로 펼쳐진 학살에 가까운 해전이었다.

영국 해군 장교들조차도 이 작전을 꺼림칙하게 느꼈지만, 영국 하원은 세계 4위의 군사력을 자랑하던 강력한 프랑스 해군이 이제 독일의 손아귀에 들어가 영국을 침공하는 데 동원될 수 없다는 사실에 기뻐했다(윈스턴 처칠이 수상 임기 동안 이렇게 큰 환호를 받은 것은 이때가 처음이었다). 전쟁에는 감정이 없다. 1300명이 넘는 사람이 산 채로 물에 잠겼지만 이 작전을 통해 미국은 영국이 싸우는 데 필요한 의지와 무자비함을 갖추었다고 확신했고, 처칠은 영국 하원으로부터 강력한 지지를 얻었으며, 드골은 처칠한테서 진정한 동지 대우를 받게 되었다. 하지만 드골은 평생 이 사건을 자신의 가장 어두운 역사로 깊이 새겨두었다.

비시프랑스를 지지하던 세네갈의 수도 다카르를 점령하기 위해 자유프랑스군과 영국군이 벌인 합동 군사 작전 역시 재앙으로 끝났다. 다카르 전투에서 비시 정부군은 드골의 섣부른 공격을 손쉽게 격퇴했다. 귀국길에 술에 취한 영국 해병대는 이렇게 흥얼거렸다. "우리는 드골 장군과 함께 다카르에 갔다네. 우리는 바다 위를 빙빙 돌며 아무것도 하지 않았다네!"[9] 전투에 나서기 전 자유프랑스군 장교들이 런던 내 프랑스 레스토랑에서 "다카르를 위하여!"라고 외치며 건배를 하는 모습을 본 영국의 보안 담당자는 앞으로 드골과 군사 정보를 공유해야 할지 진지하게 고민했다(실제로 드골은 노르망디 상륙 작전 계획을 작전 개시 불과 2일 전, 즉 겨우 48시간 전에 전달받았다). 프랑스군의 군사 보안 수준이 실제 어느 정도였는지 알 순 없지만 드골과 자유프랑스 병사들은 그들의 조국이 히틀러에 굴복했다는 이유로 연합군 지휘부로부터 정보를 차단당했고 제대로 된 전투 권한을 얻어내지 못했다. 야망을 품고 과감하게 국경 밖으로 탈출했지만 드골은 모든 상황이 자신이 원하는 대로 흘러가지 않는다는 것을 깨달았다. 그렇다면 자신만의 방법을 찾아야 했다.

드골은 온갖 하대와 박대에도 콧대를 굽히지 않았다. 오히려 자신과 프랑스를 모욕하면 모욕할수록 더 오만하게 자세를 높였다. 드골은 자신과 처칠 사이에서 연락을 담당했던 루이스 스피어스 장군에게 이렇게 말했다. "장군께서는 제가 영국이 전쟁에서 이기는 데 관심이 있다고 생각하시겠죠. 하지만 그렇지 않습니다. 저는 프랑스의 승리에만 관심이 있습니다."[10] 이 말을 들은 스피어스 경이 "둘 다 같은 말입니다"라는 타당한 지적을 하자 드골은 이렇게 답했다. "제가 생각하기에 두 말은 전혀 같지 않습니다." 포츠머스에서 프랑스 해병대를 시찰하던 드골은 함장에게 이렇게 물었다. "여기에 영국인이 몇 명이나 있나?" 함장이 답했다. "17명입니다, 장군님!" 드골은 이렇게 답했다. "너무 많군!"[11] 물론 그 영국 병사들은 프랑스 병사만으로 최소한의 편재 인원을 채우지 못해 어쩔 수 없이 프랑스 해병대에 배치된 병력이었다. 하지만 얼마 뒤 함장은 영국군 병력을 모두 철수시키라는 명령을 받았다.

1943년 6월 루스벨트 대통령은 처칠에게 보내는 편지에서 드골에 대해 이렇게 썼다.

> 나는 그가 전쟁을 향한 우리의 노력을 파괴해왔고 지금도 여전히 그러하다고 생각합니다. 나는 드골이 우리에게 매우 심각한 위협이 될 인물이라고 확신합니다. 그는 기회가 있다면 틀림없이 우리를 배신할 것입니다. 그는 영국인과 미국인을 증오합니다.[12]

더 나아가 루스벨트는 드골이 "자신의 이익에 대해 너무나 큰 야망을 가진, 민주주의에 대해 수상쩍은 견해를 가진 편협한 프랑스 광신자"라고까지 말했다.[13] 노르망디 상륙 작전의 실행일이 가까워질 때까지 드골과 앵글로색슨(프랑스인이 미국인과 영국인을 아울러 얕잡아 부르던 말-옮긴이) 사이의 불화는 점점 심각해졌다. 자유프랑스군이 노르망디에 상륙하기 직전까지 드골은 이 전쟁이 '프랑스의 전쟁'라고 떠벌리고 다니며 다른 연합군의 기여를 완전히 무시했다. 이 시기 드골은 거의 미친 사람에 가까웠다. 그는 상대가 자신을, 심지어 프랑스인라는 인종을 어떻게 생각할지에 대해서는 전혀 생각하지 않는 것처럼 보였다. 하지만 속내는 그 반대였다. 그는 잠시도 쉬지 않고 크고 작은 폭탄을 루스벨트와 처칠 등 연합군 주요 인사들에게 뿌려댐으로써 그들이 너무나 미미한 자신과 자유프랑스군의 존재감을 잊지 않도록 과시했다. 게다가 '노르망디'는 프랑스의 전장이었다. 연합군에게 이 작전은 전세를 뒤집을 여러 작전 중 하나에 불과했지만, 드골에게는 자신의 조국으로 귀환하는 거룩한 '해방전'의 첫 관문이자 그토록 염원하던 프랑스 본토 상륙의 서막이었다. 그는 이 순간만큼은 자신이 루스벨트와 처칠보다 더 앞서 있어야 한다고 생각했다.

6월 4일, 노르망디 상륙 작전 개시 이틀 전 처칠은 드골에게 직접 작전 상황을 브리핑했다. 드골은 전혀 놀란 기색 없이 처칠에게 오직 자유프랑스군이 돋보일 수 있는 여러 방편을 끝없이 늘어놓았다. 곧 협상이 시작되었고 폭주하는 기관차 같은 드골의 무리한 요구는 처칠을 포함한 영국군 장군들을 곤혹스럽게 만들었다. 협상은 밤새 이어졌고, 연합군 공수부대가 노르망디 해변에 상륙하고 있던 6월 6일 새벽 처칠은 결국 드골을 알제에 있는 연합군 본부로 송환할 것을 명령했다. 화가 머리끝까지 오른 처칠은 이런 명령을 내렸다고 전해진다. "필요하다면 사슬에 묶어 보내시오. 어차피 그는 프랑스 입국 허가를 받을 수 없을 테니 말이오."[14] 당시 배석해 있던 영국 외무장관 앤서니 에덴은 자칫 또 다른 전쟁을 불러일으킬지도 모를 처칠의 명령이 실행되지 않도록 그간 자신이 갈고닦은 외교적 수완을 최대한으로 발휘했다.

드골은 연합군의 골칫덩어리이자 버릴 수 없는 카드였다. 루스벨트와 처칠은 드골을 잃으면 프랑스 전체를 잃을 수도 있다는 두려움을 늘 품고 있었다. 그는 분명 중요한 인물이었고, 드골 자신도 그 사실을 알고 있었다. 그렇기에 그는 이런 식으로 자신의 존재감을 자꾸 드러냈다. 비록 얇고 부러지기 쉬울지언정 함부로 만졌다가는 살이 베일 수도 있는 면도날처럼 날카롭고 위험하다는 것을 알려야 했다. 연합군 사령관들이 프랑스의 존재를 잊지 않도록 "여기에 프랑스가 있다"라고 끊임없이 외쳤다.

이 기간 동안의 드골을 설명하는 데 사용된 수식어는 '반항적인', '냉담한', '신경질적인', '퉁명스러운', '냉정한', '속마음을 드러내지 않는', '무례한', '모호한' 등이 있다. 놀랍게도 이러한 수식어들은 모두 드골에 대해 호의적인 전기에 기록된 것들이다. 하지만 드골은 오히려 처칠을 포함한 영국인이야말로 '냉정하고 무자비하고 표리부동하다'고 생각했다.[15] 자신을 처칠, 루스벨트와 동등한 중요성을 갖는 세계적 지도자로 대우해달라는 그의 고집은 처칠과 루스벨트가 전쟁 중 자유프랑스군에 제공한 지원 병력과 전시 물자의 규모를 생각하면 너무나 터무니없는 요구였다.

1945년 대영제국은 1500만 명 이상의 자국 군사를 연합군에 합류시켰고 미국은 1650만 명 이상의 병력을 유럽 전선에 파견했다. 이때 자유프랑스군의 수는 겨우 수만에 불과했으며 그보다 더 적을 때도 있었다.

'평등한 대우'에 대한 드골의 집착은 멈추지 않았다. 하지만 그의 끊임없는 요구는 자신이 전혀 예상하지 못한 방향으로 불똥이 튀었다. 연합군이 1942년 11월 비시프랑스를 상대로 북아프리카에서 전개한 '횃불 작전' 이후, 루스벨트 대통령이 앙리 지로 장군을 대장으로 전격 진급시킨 것이다. 이는 당시 연합군의 고위직을 차지하고 있던 오마 브래들리 미국 육군 대장, 마크 클라크 미국 육군 대장, 휴 다우딩 영국 공군 대장 등과 같은 계급이었다. 앙리 지로는 제2차 세계대전 초기에 독일군의 진격을 저지하며 공훈을 쌓은 프랑스의 국민 영웅이었다. 지로는 오드프랑스 지역을 직접 순찰하러 나갔다가 독일 국방군에 생포되어 포로가 되었지만, 2년에 걸친 준비 끝에 가까스로 수용소를 탈출해 북아프리카로 건너가 드골과 함께 자유프랑스군을 지휘하는 사령관으로 활약했다. 그런데 루스벨트가 드골의 최대 경쟁자인 지로를 미국과 영국의 사령관들과 동일한 계급으로 대우해준 것이었다.

이로써 드골은 지로에 맞서 격렬한 내분에 뛰어들었다. 드골과 지로가 프랑스해방위원회의 공동 대표가 되었기 때문이다. 언제나 문제 해결의 한복판에는 자신이 있어야 한다고 믿어온 드골에게 앙리 지로의 대장 진급은 다양한 의미를 내포한 사건이었다

(제2차 세계대전 발발 직전 앙리 지로가 준장으로 진급해 프랑스 7군 사령관으로 부임했을 때 드골의 계급은 겨우 중령이었다). 연합군 수뇌부 안에서도 이 둘에 대한 서열 정리가 시급했다. 처칠은 마지못해 드골을 지지했다. 처칠에게 드골은 언제나 자신을 화나게 만드는 사람이었지만, 한편으로는 마치 거울에 비친 자신의 모습처럼 연민과 동정이 가는 동료였다. 인간의 모든 특성 중 처칠이 가장 높이 평가했던 것은 용기였고 그 덕목을 넘치듯이 갖춘 인물은 드골이 유일했기 때문이다.[16]

그러나 드골이 언젠가 독재자가 될 것이라고 예감한 루스벨트는 생각이 달랐다. 특히 1941년 크리스마스에 드골이 미국에 알리지 않고 독단으로 캐나다 남부 해안가에 위치한 생피에르 미클롱섬을 침공한 사건은 루스벨트가 그나마 드골에게 품고 있던 기대를 완전히 산산조각 내버렸다. 이 사건으로 미국과 비시 정부의 외교 관계는 단절 직전까지 치달았다. 드골의 용기만큼은 높이 평가했던 처칠조차도 이 사건 직후 드골을 "목욕을 하다가 놀란 암컷 라마"라고 험담했다고 한다.[17]

그럼에도 불구하고 연합군은 드골을 자유프랑스군의 진정한 지도자로 인정했다. 그렇게 하지 않을 경우 일어날 엄청난 소용돌이를 우려했기 때문이다. 드골은 충분히 그러고도 남을 인물이었다. 지로 장군 역시 그간 드골이 보인 저돌적인 실행력과 조국 해방에 대한 진정성을 높이 평가해 드골의 조력자로 물러나는 데 동의했다.

드골주의,
신화가 없다면 신화를 창조하라

드골은 프랑스에 대해 '불안한 자긍심'을 느낀다고 시인했다. 프랑스는 두 차례의 세계대전을 거치며 완전히 망가졌다. 물리적 피해도 엄청났지만, 그보다는 두 번이나 독일에 당했다는 심리적 열패감이 온 사회를 지배했다. 1000년 가까이 유럽의 정치적, 문화적 맹주라고 자부해온 프랑스였기에 그 박탈감은 더욱 컸다. 드골은 조국이 다시 (과거의) 프랑스로 돌아가기 위해서는 처참한 현실과는 전혀 다른 '위대함'이 필요하다고 주장했다. 영국 외교관 글래드윈은 늘 '프랑스 제일주의'를 외치는 드골을 이렇게 평가했다. "드골 장군의 결점은 셀 수 없이 많지만, 가장 주된 결점은 이것이다. 그는 자신의 조국을 늘 과대평가한다. 그리고 자신의 조국을 힘에 부치는 데까지 밀어 넣는다."**18** '열등감을 가리기 위한 우월감'이라는 별난 조합은 드골의 사상을 가장 잘 설명하는 표현이다. 역사가들은 이를 '드골주의'라고 부른다. 무너진 프랑스의 자존심을 위해서는 반드시 신화가 창조되어야 했다. 그리고 샤를 드골보다 신화 창조에 뛰어난 사람은 없었다.

노르망디 상륙 작전의 주요 전역 중 하나였던 프랑스 주노 해변에는 철로 만들어진 거대한 십자가가 세워져 있다. 그곳에는 '해방자'라는 별명과 함께 드골의 이름이 적힌 명판이 달려 있다. 그가 정말 주노 해변의 해방자였을까? 작전 당일 주노 해변에 제일 먼저 도착한 병력은 드골의 자유프랑스군이 아니라 로드니 켈러 소장이 이끄는 캐나다 제3보병사단이었다. 그들은 해가 아주 길었던 1944년 6월 6일 오전부터 오후까지 독일군의 격렬한 저항에 맞서 동료들의 피로 가득한 바다를 헤치며 전진했다. 정작 스스로를 해방자라고 생각했던 드골은 작전 시작 8일째 되던 날, 전투가 아니라 전승 연설을 하기 위해 주노 해변에 상륙해 물살을 헤치며 성큼성큼 걸어갔다. 누가 진정한 해방자였는지에 대해서는 역사만이 알고 있을 것이다. 통계를 살펴보면 노르망디 상륙 작전에 배치된 39개 사단 중 프랑스군 사단은 자크필립 르클레르 소장이 이끈 제2기갑사단 단 하나뿐이었다. 이 사단은 팔레즈 골짜기 인근에서 노르망디에 주둔 중이던 독일군에 맞서 매우 용감하게 싸웠다. 그러나 이 사단의 기여가 없었더라도 전투는 연합군의 승리로 끝났을 것이 분명하다. 작전 기간 동안 드골이 이끄

는 병력이 군사적 측면에서 실질적으로 기여한 바는 무시해도 될
수준이었다.

1943년 11월 3일 '총통령 제51호'에서 아돌프 히틀러는 다음과
같은 결론을 내렸다. "동부의 위험(소련군)은 여전히 남아 있지만
이제 더 큰 위험이 서부에서 나타나고 있다. 앵글로색슨들이 바
다를 건너 다가오고 있다."[19] 프랑스를 나치로부터 해방시킨 주
역이 영어권 국민들이라는 점에서 드골의 자존심은 엄청나게 구
겨졌지만, 그는 끝내 그 사실을 겉으로 드러내지 않았다. 노르망
디 상륙 작전 당일 사망한 군인 수는 미군이 2500명, 영국군이
1641명, 캐나다군이 359명, 노르웨이군이 37명, 호주군이 13명,
뉴질랜드군이 2명, 벨기에군이 1명이었다. 자유프랑스군의 전사
자는 총 19명이었다. 즉 프랑스를 해방시킨 이 중대한 날 목숨을
잃은 4572명의 연합군 중 프랑스군의 비율은 0.004퍼센트에 불과
했다.

드골은 노르망디 상륙 작전이 개시되고 일주일도 더 지난 6월
14일에 프랑스에 도착했다. 그는 프랑스 소도시 바이유를 당일
치기로 방문한 뒤 곧장 알제로 떠나 8월 20일까지 프랑스 영토에
돌아오지 않았다. 그동안 조지 패튼 장군의 제3군은 1944년 7월
말 아브랑슈에서 벗어나 브르타뉴를 통과했다. 드골의 자유프랑
스군에 소속되지 않은 또 다른 프랑스의 게릴라 병력과 공산주의
자들 역시 용감하게 각자의 전투를 이어나갔다. 그들은 독일 기
갑부대의 반격을 매우 효율적으로 차단했으며 연합군의 빠른 진

격을 후미에서 지원했다. 이때 드골은 북아프리카에 있는 자신의 기지에 머무르며 전장에는 코빼기도 보이지 않았다. 아마 외부와 완전히 차단된 곳에서 전후 프랑스 파리에서 어떻게 새로운 신화를 창조할지에 대해 은밀히 시나리오를 그리고 있었을 것이다.

드골의 미약한 기여에도 불구하고, 당시 연합군의 총지휘관이었던 아이젠하워는 고심 끝에 드골을 '정상'의 자리에 올렸다. 지난 4년간 드골은 영국의 조지 6세, 미국의 루스벨트 대통령과 동등한 지위를 지니는 국가 수장으로 대우해달라고 요구했다. 그는 자신의 작은 자유프랑스군을 견딜 수 없이 자랑스러워했고, 비록 이들이 앵글로색슨족에게 무시당하는 미약한 존재일지라도 조국을 해방시킨 뒤 세계 최강의 군대로 키우겠다는 열망이 있었다. 영국인과 미국인이 프랑스를 우습게 여긴다고 할지라도 그는 프랑스 자력 해방의 신화를 창조해야 했다. 드골은 자신과 동갑인 총사령관 아이젠하워에게 프랑스 부대가 파리에 가장 먼저 입성할 수 있도록 배려해달라고 간청했다. 아이젠하워는 이에 동의했고 끝까지 약속을 지켰다. 그는 8월 27일까지 파리를 몸소 방문하지 않았다. 드골이 세상의 주목을 받는 것을 방해하고 싶지 않았기 때문이다.

아이젠하워는 자유프랑스군 르클레르 소장에게 1944년 8월 22일 곧장 파리로 진군할 것을 명령했다. 그의 휘하에는 미군 4사단을 포함해 파리로 곧장 쳐들어갈 수 있는 병력이 충분했지만 드골과 프랑스인들이 조국 해방의 환희를 충분히 만끽하도록 절제했다. 그러나 드골은 르클레르에게 그 어떤 미군보다도 먼저 파리에 도착하라고 명령했다. 밤낮없이 질주한 르클레르의 기갑 부대는 미국산 셔먼전차를 끌고서 8월 25일 오전 9시 30분 리볼리가에 모습을 드러냈다. 같은 날 오후 르클레르는 디트리히 폰 콜티츠 파리 독일군 사령관을 만나 항복 문서에 서명을 받아냈다. 이 문서에 영국군과 미국군에 대한 언급은 전혀 없었다.

오후 5시, 드디어 드골이 파리시청에 도착했다. 그가 머릿속으로 수천 번이나 연습했을 파리 승전 연설이 시청 앞 광장에 울려 퍼졌다.

> 파리! 유린당한 파리! 파괴된 파리! 박해받은 파리! 그러나 해방된 파리! 파리는 자국민에 의해, 프랑스군의 도움을 받아 스스로 해방되었습니다. 유일한 프랑스, 진정한 프랑스, 영원한 프랑스가 각자의 자리에서 치열하게 싸우고 서로 도와주었기 때문에 프랑스는 해방되었습니다![20]

물론 이 연설 내용에 프랑스를 제외한 다른 연합군 국가에 대한 언급은 등장하지 않는다. 노르망디 상륙 작전 이후 10주간 연합군의 엄청난 희생이 없었다면 파리의 해방은 불가능했을 텐데도 말이다. 당시 유럽 전역의 모든 연합군 육상 병력을 지휘했던 오마 브래들리 장군은 전후 회고록에서 당시를 이렇게 기억했다. "수많은 미군 사단이 더 쉽게 파리로 진격할 수 있었을 것이다.

그러나 나는 프랑스인들이 자긍심을 되찾도록 돕기 위해 자유프랑스군이 셔먼전차에 삼색기를 달고 파리에 입성하도록 내버려 뒀다."[21] 보이지 않는 호의 덕분에 파리 점령전의 선봉에 설 수 있었던 르클레르 소장의 자유프랑스군은 총 76명의 병력을 잃었다. 오늘날 파리 시내 곳곳에는 이들의 죽음을 추모하는 표시가 남아 있다. 나는 이들의 영광스러운 희생을 과소평가하려는 것은 결코 아니다. 그러나 드골의 자유프랑스군이 비교적 안전한 전역이었던 파리에서 작전을 수행하는 동안, 독일군의 처절한 저항이 이어지던 프랑스 북부와 남부에서는 수많은 미국군, 영국군, 캐나다군이 치열한 전투를 벌이고 있었다는 사실을 기억할 필요가 있다.

파리 입성 다음 날 아침 드골은 개선문에서 샹젤리제 거리까지 행렬을 이끈 후 노트르담대성당에서 추수감사절 예배를 드렸다. 레지스탕스 지도자들이 행렬에서 자신과 나란히 걷자 그는 기침소리를 내며 이들을 빠르게 앞질러 나갔다. 영광의 주인공은 오직 자신뿐이었다. 드골이 성당 안에 들어서는 순간 건물 내부에서 느닷없이 총성이 울렸다. 195센티미터에 달하는 몸을 이끌고 제단을 향해 꼿꼿이 걷던 드골을 제외한 모든 사람이 이리저리 뛰며 몸을 숨겼다. 독일군이 그때까지 성당 내부에서 버티고 있었던 것이다. 하지만 독일 패잔병의 총알 따위로는 드골의 강철같은 신념을 뚫을 수 없었다.

전쟁 시기의 군중은 변덕스러웠다. 고작 4개월 전인 1944년

4월 26일, 독일에 협력한 비시 정부의 대통령 필립 페탱 원수가 이곳을 방문했을 때만 해도 수십만의 프랑스인들은 "총사령관 만세!"를 부르짖으며 환호했다. 그러나 이번에는 페탱 원수의 정반대 쪽에 서 있던 또 다른 영웅이 방문하자 더 열렬한 지지를 보내고 있었다. 이 순간 프랑스인들이 간절히 원했던 것은 영웅적 자살 신화였다. 드골은 1944년 8월 자신의 옛 상관 페탱 원수를 법정에 출두시킨다. 재판부는 배심원단의 의견을 받아들여 결국 옛 비시프랑스의 수반 페탱에게 사형을 선고한다. 독일에 믿을 수 없는 패배를 당한 프랑스인들에게는 신화가 필요했을 것이다. 과거의 패자와 분리되는 승자의 새 역사 말이다. 드골은 그 신화를 창조해 프랑스인들에게 안겨주었고, 프랑스인들은 이를 기꺼이 받아들였으며, 그들 중 일부는 오늘날까지도 믿고 있다.

드골 장군은 자신이 쓴 전후 회고록 서두에서 "위대하지 않은 프랑스는 프랑스가 될 수 없다"라고 썼다.[22] 1940년부터 1944년까지 약 5년간 프랑스는 드골을 중심으로 한 자유프랑스군을 제외하고는 그 어떤 위엄도 지니지 못했다. 바다라는 천혜의 요새에 둘러싸인 영국과 미국이 전력을 재정비할 동안 프랑스 국민들은 여태까지 만나본 적 중 가장 강력한 적에 맞서 다양한 방식으로 맞서야 했다. 나치에 전적으로 협력하기도 했고, 모든 것을 쏟아부어 저항하기도 했으며, 협력과 저항 사이에서 모호한 태도를 보이기도 했다.

나치가 프랑스를 점령한 수년간 독일군 장교들과 리츠호텔에서 시간을 보냈다는 혐의로 체포된 프랑스 여배우 아를레티는 이렇게 말했다. "내 심장은 프랑스산이지만 내 엉덩이는 세계적이다!"[23] 만약 프랑스 국민 모두가 아를레티와 동일한 선택을 했다면 프랑스라는 나라는 사라져버렸을지도 모른다. 하지만 프랑스를 위해 싸운 수많은 국민이 있었다. 그리고 그 중심에는 드골이 있었다. 한 인간의 인격이 국격으로 확장된 사례는 매우 드물다. 이 점에서 드골은 잔 다르크와 나폴레옹을 잇는 가장 위대한 프랑스인이었다. 파리 시내를 걷다 보면 여전히 드골의 우렁찬 목소리가 둥둥 떠다니는 것을 느낀다.

할 수 있다! 할 수 있다! 할 수 있다!

여러모로 드골은 괴물이었지만, 평범한 괴물은 아니었다. 그는 신성한 괴물이었다.

Dwight Eisenhower

1890 ~ 1969

6장

계획은 무용하나 그렇기 때문에 반드시 필요하다

550만 군의 지휘관

드와이트 아이젠하워

연합군 최고 사령관

"저는 늘 최선을 다합니다.
여러분도 그렇지 않습니까?"

아이젠하워는 제2차 세계대전이 벌어지기 전까지만 해도 더글러스 맥아더의 허드렛일을 도맡았던 영관 장교에 불과했다. 언제나 미소를 잃지 않았고 도통 화를 내지 않았던 아이젠하워를 두고 동료 장교들은 그가 군대와는 영 어울리지 않는 군인이라고 놀렸다. 하지만 그는 미군 역사상 가장 빠르게 원수직까지 진급한 장군이 되었고, 마침내 연합군 총사령관 자리에 올라 550만 군을 지휘했다. "내일부터 여행을 떠나오. 엿새에서 열흘 정도 걸릴 것이오. 그러니 다음 편지가 도착할 때까지 시간이 걸리더라도 너무 섭섭하게 생각하진 마시길. 당신의 사진을 책상과 침대에 두고 늘 쳐다보고 있소. 언제나 사랑하오." 노르망디 상륙 작전 며칠 전, 아이젠하워가 아내에게 보낸 편지에는 애정이 가득하다. 그는 호전적인 부하 장군들로부터 끊임없이 그림자 취급을 당했고, 비타협적인 연합군 장군들로부터 '야전 경험이 없는 사령관'이라고 무시를 당했다. 그러나 아이젠하워는 고통스럽고 참담한 최악의 전쟁을 외롭게 지나면서도 인간이 지녀야 할 필수 감각을 잃지 않았던 유일한 군인이었다. 만약 그가 아닌 다른 사람이 이 수백만 군의 지휘관 자리에 올랐다면 어떻게 되었을까? 드와이트 아이젠하워는 전쟁을 하루빨리 종결시켜 무의미한 학살과 힘의 과잉을 중단하는 것이 자신의 사명이라고 믿었고, 그 누구보다 완벽하게 그 임무를 수행했다.

550만 연합군의
총사령관이 된 일개 사무원

1953년 8월 8일 토요일 영국 육군 원수 버나드 몽고메리는 주말을 맞이해 자신의 상관인 윈스턴 처칠과 함께 버킹엄셔에 있는 별장을 방문했다. 그들은 제2차 세계대전 당시 미군의 가장 중요한 작전 지휘관 중 1명이었던 드와이트 아이젠하워 장군에 관한 대화를 나누고 있었다. 이는 당시 몽고메리가 가장 좋아하던 대화 주제였다. 물론 열성적 범대서양주의자(미국과 서유럽 국가들 간의 긴밀한 협력을 강조하는 범대서양주의를 지지하는 미국과 영국의 정치인들을 일컫는 말-옮긴이)였던 처칠은 신중히 말을 아꼈지만 몽고메리는 거침이 없었다. 과묵한 사람이 아니었던 몽고메리는 전후 회고록에 다음과 같이 적었다.

나는 아이크(아이젠하워의 애칭 - 옮긴이)를 위대한 군인으로 분류하지 않을 것이다. 그가 야전에서 사단급 규모의 육상 부대를 직접 지휘한 경험이 있었다면 가능했을 수도 있지만, 안타깝게도 그는 그러지 못했다.[1]

몽고메리의 이 야박한 견해는 미국인 혐오자였던 또 다른 영국인 육군 원수 앨런 브룩의 열렬한 지지를 받았다. 1941년 12월부터 1946년까지 영국군 참모총장을 지낸 앨런 브룩은 1944년 5월 15일 일기에 이렇게 썼다.

아이젠하워 장군을 보고 처음 느낀 인상은 그가 계획, 작전, 실행 등 모든 면에서 '우두머리'처럼 보이지 않았다는 것이다. 그는 그저 중재자이자 사교성이 좋은 군인, 연합군 사이를 종횡무진 오가며 의견을 조율하는 전령과도 같았다. 이러한 측면에서 그는 타의 추종을 불허하는 뛰어난 능력을 갖추고 있었다.[2]

브룩이 이 일기를 쓴 날, 아이젠하워는 런던 해머스미스에 있는 세인트폴스스쿨에서 영국 국왕 조지 6세와 처칠 수상을 포함한 여러 장교들에게 노르망디 상륙 작전 계획을 브리핑했고, 참전국 간 이해관계를 따져 모두가 만족할 수 있는 전략과 전술을 조율하고 있었다.

영국인뿐 아니라 몇몇 저명한 미국 역사학자들도 아이젠하워를 비난했다. 퓰리처상을 두 번이나 수상한 역사학자 릭 앳킨슨은 아이젠하워에 대해 이렇게 말했다.

그는 특별히 뛰어난 육군 원수가 아니었고, 군사들의 존경심을 고취시키는 리더도 아니었다. 솔직히 말하면 이러한 열등감은 오랫동안 그를 갉아먹었다. 그는 평생에 걸쳐 포에니 전쟁의 영웅 한니발 바르카를 동경했고, 한니발이 칸나에 전투에서 그랬던 것처럼 말 위에 올라 나팔수를 시켜 절묘한 이중 포위를 조율하는 장면을 꿈꿨다. 그러나 그에게는 전장의 시공간을 입체적으로 들여다보는 재능이 부족했고, 결정적 순간에 가차 없이 적을 짓밟을 수 있는 호전성이 전무했다. 그가 전투를 확실히 통제하지 못해 작전을 그르친 사례는 셀 수 없이 많다.[3]

그러나 언제나 쾌활하고 낙관적이었으며, 연합군 장군 중 유일하게 '혐오'에 오염되지 않았던 아이젠하워는 수그러들지 않는 긍정의 화신이었다. 적어도 자신이 이끄는 군대에서만큼은 미국인과 영국인의 절대적 평등을 고집스럽게 주장한 아이크를 좋아하지 않는 것은 불가능할 정도였다. 몽고메리와 브룩도 뒤에서는 험담을 쏟아냈을지언정 아이크의 상냥한 미소 앞에서는 과격한 말을 삼갔다. 그는 연합군 안에서 유일한 중재자였고 모든 세력을 통합할 수 있는 '적이 없는 지휘관'이었다. 영국군 장교와 언쟁을 벌인 한 미군 장교에게 아이젠하워는 이렇게 말했다고 한다. "자네가 그를 '개새끼'라고 부른다면 용서할 수 있네. 하지만 그를 '영국인 개새끼'라고 부르는 것은 용서할 수 없네."**4**

몽고메리에 버금가는 야전 옹호자 조지 패튼 장군은 아이젠하워에게 따가운 말을 던졌다. 그는 아이젠하워의 이니셜인 'D. D.'가 '신성한 운명Divine Destiny'을 뜻하는 것이 틀림없다는 질투 섞인 농담을 했다. 아이젠하워는 현장에서 부대를 지휘한 경험이 전혀 없었는데도 엄청난 속도로 계속해서 승진했기 때문이다. 조지 패튼이 준장 계급을 달고 야전에서 전차 전술을 지휘하고 있을 때 아이젠하워는 소령 계급을 달고 예하 부대의 군정 업무를 맡고 있었으니, 이런 볼멘소리가 나올 만했다. 하지만 아이젠하워에 대한 '최악의 극찬'은 그가 무려 9년이나 상관으로 모신 더글러스 맥아더의 입에서 나왔다.

> 아이젠하워는 내가 지금까지 만나본 사람 중 최고의 사무원 (Clerk)이다.

아이젠하워는 세 번의 도전 끝에 웨스트포인트에 입학했지만 육군 보병 소위로 임관한 뒤 진급이 늦어져 남들처럼 정상적으로 야전에 투입되지 않았다. 그는 당시 사관학교 선배이자 필리핀 주둔 미군을 지휘하던 맥아더 밑에서 전속 부관으로 군 생활을 시작했으며 그 흔한 대대장 지휘를 한 번도 못 해보고 젊은 시절의 장교 생활을 마감해야만 했다. 그러나 아이젠하워는 필리핀에서의 복무를 마치고 미국으로 귀환한 뒤 능력을 인정받아 초고속 승진을 이어갔다. 제2차 세계대전이 발발하자 그는 1942년 마셜 육군 참모총장의 부름을 받아 유럽 주둔 미군 총사령관으로 임명되어 북아프리카 지브롤터 동굴 상륙을 지휘했다.

따라서 맥아더가 그를 일개 '사무원'으로 표현한 것은 반드시 정정되어야 한다. 아마도 이는 과거 부관이었던 까마득한 후배 장교가 자신보다 먼저 군 통수권자의 자리에 오른 것에 대한 억하심정의 표현이었을 것이다(맥아더의 평소 성격을 감안한다면 그러고도 남는다). 두 사람은 성격이 전혀 달랐다. 맥아더와 아이젠하워를 한 번씩 만나고 온 한 여성은 두 사람을 이렇게 비교했다. "맥아더를 만났을 때 나는 그가 진정으로 위대한 장군이라고 생각했다. 그러나 아이젠하워를 만났을 때는 내가 얼마나 매력적인 여자인지를 알게 되었다." 그녀는 역사가는 아니었지만 역사가보다 더 정확한 평가를 남겼다.

1943년 12월, 유럽 주둔 연합군의 최고 사령관으로 부임한 아이젠하워는 1945년 5월 전쟁이 끝날 때까지 450만 명의 미군과 100만 명의 타국 연합군으로 이뤄진 91개 사단, 2만 8000대의 항공기, 97만 대의 차량, 1800만 톤의 물자를 완벽하게 통제했다. 사령관 아이젠하워에게 이 거대한 전쟁은 젊은 시절 참전한 전투들과는 차원이 다른 경험이었다. 그에게 필요한 자질은 패튼이나 몽고메리처럼 단 한 번의 전투로 적을 깨트릴 수 있는 압도적인 전투력이 아니라, 동시다발적으로 얽혀 있는 수많은 상위 임무와

하위 임무를 타인에게 적절히 위임하는 능력, 그리고 수천 제곱 킬로미터에 이르는 방대한 전역에서 벌어지는 모든 크고 작은 군사 행위에 대한 책임을 기꺼이 감내할 용기였다. 바로 이 점에서 아이젠하워는 제2차 세계대전을 빛낸 그 어떤 전쟁 영웅들보다 압도적으로 뛰어났다.

그가 하려던 일은 역사상 그 누구도 시도한 적이 없는 일이었다. 연합군 지휘 구조 통합만 해도 전례 없는 작업이었다. 제1차 세계대전 당시에는 개별 지구의 개별 군대가 작전 계획 수립을 담당했다. 하지만 현대전으로 넘어오며 전쟁의 양상이 완전히 달라졌다. 처칠은 아이젠하워가 총사령관으로 지휘하는 연합군을 두고 "여러 귀족 가문 간의 동맹 원칙이 이렇게 수준 높게 유지된 적은 역사상 단 한 번도 없었다"[5]라고 말했다. 1939년 미군 내 모든 장교의 숫자는 1만 5000명에 불과했지만, 1944년에는 별을 단 장군의 숫자만 1300명에 이르렀다. 이들을 완벽하게 통제하는 것은 사실상 불가능했다. 하지만 아이젠하워는 해냈다. 아이젠하워는 동남아시아 사령부의 최고 사령관으로 취임한 해군 제독 루이스 마운트배튼에게 이렇게 조언했다.

부하들이 국가의 이익에 근거한 그 어떤 문제도 일으키지 않도록 주의하시오. 연합군 총사령관은 스스로를 내세우지 말아야 하고, 신속하게 공로를 인정해야 하고, 언제든 다른 동료를 만날 준비가 되어 있어야 하고, 적의 조언을 받아들여야 하고,

적절한 때가 되면 권력을 분권할 의지가 있어야 합니다. 총사령관이라는 지위는 일반 기업으로 치면 이사회 대표의 역할과 비슷합니다. 대표가 경영의 모든 책임을 지듯 총사령관도 패배의 모든 책임을 짊어져야만 합니다.[6]

물론 그가 늘 신처럼 인자하고 관대한 조율자였던 것은 아니다. 개성 강한 장군들을 여럿 거느린 채 한 번도 경험해보지 못한 대규모 국지전을 지휘하는 것이 쉬운 일은 아니었다. 아이젠하위는 괴로울 때마다 일기장에 자신의 속마음을 내비쳤다. "자기가 가장 잘난 줄 아는 이들을 상대하는 것에 지쳤다. 하나님, 이 철딱서니 없는 프리마돈나(오페라 여주인공을 뜻하지만 과시욕과 질투심이 많은 사람을 지칭할 때 사용되기도 한다-옮긴이) 무리에게 저주를 내려주소서!"[7] 하지만 아이젠하워의 인간적 분노는 오직 일기장 안에서만 끓어올랐을 뿐이다. 조지 패튼이 병상에 누운 사병에게 엄살을 부린다며 뺨을 때렸을 때, 아이젠하워는 평소 자신의 말을 잘 듣지 않았던 패튼을 내칠 수 있었지만 그렇게 하지 않았다.[8] 패튼의 능력을 대체할 수 있는 장군이 없다는 사실을 알았기 때문이다.

1944년 1월, 마침내 루스벨트는 아이젠하워를 최고 사령관으로 선택했다. 아이젠하워가 타고난 리더였을 뿐만 아니라 뛰어난 정치적 본능을 가진 인물이었기 때문이다. 장군은 정치인이어야 하고, 전쟁 중의 정치인은 때론 전략가가 되어야 한다. 기원전 5세기 그리스어로 장군을 뜻하는 '스트라테고스'가 육군과 해군을 지휘하는 군인뿐만이 아니라 정치인까지 포함하는 단어였다는 점을 고려한다면 전쟁과 정치는 사실상 같은 의미라고 봐도 무방할 것이다. 현대전에서도 정치의 기술과 전쟁의 기술 간에는 뚜렷한 구분이 없다. 나폴레옹, 처칠 등 탁월한 군인에게 필요한 자질은 탁월한 정치인에게 필요한 자질과 연결된 사례가 많다. 이 두 자질이 합쳐진 인물이 바로 아이젠하워였다. 실제로 그는 전역 후 미국의 제34대 대통령으로 당선되었고 상당히 성공적으로 임기를 마쳤다.

최악의 순간에도
통제력을 잃지 않는 법

제2차 세계대전에서 미국의 육군 원수 조지 패튼은 영국의 버나드 몽고메리와 함께 최악의 상관 1, 2위를 다퉜다.[9] 패튼은 몽고메리가 자신보다 먼저 육군 원수가 되자 병이 나버렸다. 또 다른 골칫덩어리 오마 브래들리는 몽고메리와 패튼을 철저히 경멸했고, 몽고메리 역시 패튼과 브래들리를 자기보다 아랫사람으로 취급했다. 문제는 이들이 연합군 내에서 가장 강력한 권력을 지닌 최고위직 장군들이었다는 점이다. 상급 지휘관들의 지속적이고 극단적인 분열을 겪으면서도 아이젠하워는 유럽 전승 기념일로 제정된 1945년 5월 8일까지 어떻게든 연합군 총사령관 자리를 지켰다.

당시 미국은 강적 독일에 맞서 영국과 강력한 동맹 관계를 유지했지만 그 속을 들여다보면 조지 패튼, 오마 브래들리, 마크 클라크, 앨버트 웨더마이어, 올랜도 워드 등 영국에 관한 모든 것을 철저히 혐오하는 군인들이 수뇌부의 요직을 차지하고 있었다. 단 1명의 예외는 이들을 이끌었던 아이젠하워뿐이었다. 그는 '찻잔'이라는 단어를 말할 때 'Cup of Tea'라고 표현하지 않고 인도가 영국에 지배당했을 때 만들어진 영어 단어인 'Tiffin'이라고 불렀다. 잉글랜드를 떠날 때쯤 그는 휘발유를 미국식 영어인 '가솔린Gasoline'이 아닌 영국식 영어인 '페트롤Petrol'이라 부르는 법도 배웠다. 권력을 지닌 사람은 자기가 좋아하는 것이 아닌 상대가 원하는 것을 택해야 할 때도 있는 법이다. 물론 이러한 아이젠하워의 행동은 미국인들의 심기를 크게 거슬렸다. 성격 급한 패튼은 이렇게 조롱하기도 했다. "아이크는 영국이 가진 최고의 장군이다."**10**

영국 언론은 이 인상 좋고 호리호리한 미국인 사령관이 지나치게 소심하고 조심스럽다며 대놓고 면박을 줬다. 이때마다 아이젠하워는 짜증을 내기는커녕 가벼운 쾌감을 느끼기까지 했다. 그는 1944년 2월 7일 일기장에 이렇게 적었다.

신문 기사는 늘 나를 세상에서 가장 소심한 남자로 만들고 있다. 하지만 나는 날마다 수십만의 목숨이 달린 위험한 결정을 내리고 있고, 거의 미치기 직전까지 치열하게 일에 몰두하고 있다.**11**

위대한 사령관에게는 코끼리나 하마 같은 후피동물처럼 딱딱한 가죽이 필요하다. 아이젠하워도 그러한 가죽을 하나 갖고 있었다. 그는 모든 위기 상황에서 절대 불안을 드러내지 않았다. 이는 미국 역사상 가장 강력한 남자였던 더글러스 맥아더 장군 밑에서 배운 연기 덕분이었다. 1930년대 후반 필리핀에서 맥아더의 부관으로 일하는 동안 아이젠하워는 점점 자신의 상사를 싫어하게 되었지만, 적어도 업무 수행 능력만큼은 크게 일취월장했다. 그리고 최고위직에 오른 사람이 취해야 할 처세술과 지혜를 맥아더를 보좌하며 착실히 배워나갔다.

아이젠하워가 충격적으로 빠른 속도로 군의 요직을 차지하고 최정상에 오를 수 있었던 또 하나의 배경은 그의 선배 장교였던 조지 마셜이었다. 마셜은 16년간 소령이었던 아이젠하워의 가능성을 알아보곤 그가 중령으로 진급한 뒤 42개월 만에 견장에 별 5개를 달아줬다. 중령부터 대장이 되는 데까지 걸린 기간이 평균 7개월이었던 셈이다.

물론 위기도 있었다. 미군이 카세린협곡에서 독일의 롬멜에게 패퇴해 80킬로미터나 후퇴하기 1개월 전인 1943년 1월, 아이젠하워는 북아프리카 전선에서 이렇다 할 성과를 거두지 못하고 있었다. 그의 보좌관은 일지에 이렇게 적었다. "사령관님의 목은 올가미에 걸려 있으며 이를 스스로도 알고 계신다." 아이젠하워는 자신을 이곳까지 인도한 보이지 않는 실이 곧 뚝 하고 끊어질 것이라 생각했다. 얼마 지나지 않아 그는 아들 존에게 편지를 보냈다.

"상황이 좋지 않지만 내 마음은 상처를 입지 않을 것이란다. 그러니 너도 정신적으로 고통받지 않기를 바란다. 현대전은 매우 복잡한 사업이라서 정부는 개인을 전당포에 맡긴 물건으로 취급할 수밖에 없단다."[12] 다행히 이 시기 내내 마셜은 아이젠하워를 변함없이 지지하며 그를 믿어주었다.

그러나 아이젠하워는 독일에 조금씩 밀리고 있는 전국을 뒤집지 못하면 하루아침에 방출될 수도 있다는 초조함을 느꼈다. 그는 친구이자 유럽 주둔 미군의 제2군단을 지휘하던 로이드 프레덴들 장군이 튀니지에서 롬멜에게 대패하자 그를 파면했다. 프레덴들의 후임을 맡은 조지 패튼에게 아이젠하워는 다음과 같은 편지를 보냈다. "이 일은 앞으로 당신이 해야 할 그 어떤 일보다도 괴롭고 끔찍할 것입니다. 그러나 나는 그 고통마저도 당신이 냉혹하게 압도하리라 기대합니다."[13] 아이젠하워에게는 파면권과 임명권이 있었지만 그 두 카드를 남발할 수는 없었다. 그는 때로는 불같이 화를 내면서도 뒤에서는 열렬히 응원했고, 또한 칭찬하는 척하면서도 에둘러 문제점을 지적했다.

상식과 교양은 의외로 1940년대 미국과 유럽의 많은 전투 지휘관들이 갖추지 못한 재능 중 하나였다. 몽고메리는 기자회견에서 미군이 벌지 전투에 기여한 성과를 대놓고 폄하했다. 패튼은 신경증을 앓는 병사 2명을 구타했을 뿐 아니라 전쟁이 끝날 무렵에는 정신이 거의 이상해지다시피 했다. 맥아더는 타인이 자신을 어떻게 바라보는지를 전혀 신경 쓰지 않았다. 마운트배튼은 영국

군대에서 가장 훌륭하고 가장 사랑받던 윌리엄 슬림 장군을 파면하려 했다. 하지만 아이젠하워는 힘겨운 전투가 이어질 때마다 늘 성숙한 판단력을 보여줬다. 역사학자 코렐리 바넷은 "아이젠하워가 남긴 지휘 서신을 읽을 때 그가 보인 탁월한 분별력에 감탄하지 않기란 불가능하다"라고 썼다.[14] 수십만 명의 생명이 자신의 결정에 달려 있다는 압박을 받으면서도 아이젠하워는 평정심을 유지했다. 아이젠하워는 종종 이런 농담을 했다. "제정신을 유지하려면 유머 감각과 깊은 신앙심이 필요하다. 만약 이 2개가 없는데도 제정신인 사람이 있다면 그 사람은 상상력이 완전히 결여되었을 것이 분명하다."[15] 그는 유일하게 상상할 수 없는 것을 상상할 수 있는 능력을 갖춘 연합군의 지도자였다.

전쟁사상 가장 거대한 군사 작전으로 평가받는 노르망디 상륙 작전의 실행자였던 그는 만약 이 작전이 실패로 돌아가게 될 경우를 대비해 공식 성명서를 준비해놓았다. "육군, 해군, 공군은 어려운 임무를 위해 모든 용기와 헌신을 동원했습니다. 이번 작전 실패에 대한 비판은 오로지 저 한 사람만을 향해야 합니다." 1932년 더글러스 맥아더는 아이젠하워가 "책임을 받아들이는 탁월한 힘, 판단력, 의지를 지녔다"라고 평가했다. 칭찬에 인색하기로 소문이 난 그 맥아더가 말이다. 한편 아이젠하워가 수개월째 전투를 치르지 않고 작전 계획 수립에만 열중하는 모습을 본 다른 장군들은 '아이젠하워의 계획대로 일이 진행된 적이 한 번도 없다'면서 불만을 드러냈다. 아이젠하워보다 계급은 낮았지만 군

경력은 훨씬 더 길었던 그들은 후배 장교가 지나치게 준비성이 철저하다면서 비아냥거렸다. 그럴 때마다 아이젠하워는 살면서 갈고닦아 온 모든 인내심을 발휘해 선배들을 예우했다. 그는 그들이 자리를 뜬 다음에야 부관을 불러 이렇게 말했다. "저들의 말처럼 우리가 세운 계획은 반드시 실패할 걸세. 그렇기 때문에 더 철저하게 계획을 세워야겠지." 그는 노르망디 상륙 작전을 앞두고 병력 편성과 기동 전술을 수백 번도 더 수정했으며, 작전이 예상과 다르게 흘러갈 경우를 대비한 제2, 3의 계획을 수없이 뒤집어엎고 다시 세우길 반복했다. 그리고 운명의 날이 다가왔다.

1944년 6월 5일 아침, 400만이 넘는 연합군 병력이 투입될 노르망디 상륙 작전을 앞두고 아이젠하워는 참모진과 함께 앉아 있었다. 영국군 기상 장교 제임스 스태그 대령은 '현재 폭우는 멈췄지만 언제라도 다시 비바람이 몰아쳐도 이상하지 않은 날씨'라고 보고했다. 브리핑이 끝났지만 장군들은 말이 없었다. 이번 작전에서 날씨는 가장 큰 변수였다. 디데이는 당장 내일이었지만 날씨가 여의치 않다면 무기한 연장도 고려해야 했다. 아이젠하워는 단 한 번의 결정으로 제2차 세계대전의 가장 위대한 승리자가 될수도 있었고, 역사상 가장 많은 사망자를 낸 작전의 책임자가 될수도 있었다.

대령을 내보낸 아이젠하워는 참모들에게 이렇게 말했다. "이것은 온전히 나 홀로 감당해야 할 결정입니다." 창문 너머로 보이는 날씨는 여전히 흐렸다. 그가 다시 입을 뗐다. "그리고 그것이 내가 여기에 있는 이유입니다. 우리는 내일 출항합니다."[16] 당시 그는 하루에 담배 4갑을 피웠고 상륙 작전이 끝난 뒤에는 혈압이 110에서 2기 고혈압 수준인 176으로 치솟았다. 그런데도 부대 내에서 그의 변화를 눈치챈 이는 아무도 없었다. 아이젠하워는 상륙일 당일 마지막으로 부대를 점검하며, 몇 시간만 지나면 매우 높은 확률로 죽거나 팔다리가 잘리거나 목이 관통당할 병사들에게 간신히 눈물을 참으며 이렇게 말했다.

세계의 눈이 여러분을 주목하고 있다. 자유를 사랑하는 사람들의 희망과 기도가 어디서든지 여러분을 반길 것이다. 역전의 시간이다! 세계의 모든 자유인이 승리를 위해 제군들과 함께할 것이다. 나는 제군들의 용맹과 헌신, 그리고 노련함을 믿는다. 우리는 오로지 완전한 승리를 위해 싸울 것이다. 행운을 빈다! 전능하신 신께서 이 위대하고 고결한 작전을 위해 우리를 굽어살필 것이다.

"연합군의
임무는 완수되었다"

상륙 작전은 연합군에게 유리한 형국으로 전

개되었다. 구름 한 점 없는 쾌청한 날씨였다. 하지만 그다음이 문

제였다. 다시는 오지 않을 이 기회를 단단히 붙잡아 독일 본토 공

략까지 끌고 가야만 했다. 연합군의 선봉장 몽고메리는 전시 예

비 보급품을 활용해 진군을 멈추지 말고 적의 심장부인 동쪽을

향해 곧장 달려가야 한다고 주장했다. 그는 브래들리가 인솔하

는 제12총군의 일부를 자신이 이끄는 제21총군에 합류시켜 40개

사단 수준의 병력을 편성해 아르덴 북부까지 직진하겠다고 호언

장담했다. 좁지만 빠른 전선을 구축해 루르 지역을 점령하겠다

는 것이 그의 계획이었다. 이렇게만 하면 단기간에 독일 제조 기

지의 상당 부분을 빼앗을 수 있기 때문이었다. 이것이 그 유명한

'좁은 전선 전략', 즉 마켓 가든 작전이었다.

하지만 네덜란드에는 라인강, 마스강, 발강 등 3개의 큰 강이 있었다. 지금까지 그 어떤 연합군 부대도 이 강을 건넌 적이 없었다. 몽고메리가 자신이 원하는 대로 나아가고 싶다면 이 3개의 강에 대한 통제권을 완벽하게 확보해야만 했다. 게다가 대서양 방면에서 여전히 독일군의 저항이 계속되고 있었기 때문에 서북부 전선에도 신경을 써야만 했다. 몽고메리의 좁은 전선 전략을 채택한다면 연합군의 거의 모든 병력을 대륙 동부 전선에 투입해야 했고, 이렇게 되면 대서양 방면에 주둔한 독일 해군과 육군에 후방을 완전히 내줄 수밖에 없었다. 자칫하면 적에게 완전히 포위되어 노르망디에 상륙한 연합군이 궤멸될 수도 있었다(실제로 몽고메리가 이런 주장을 한 뒤 수개월이 지나 1944년 12월 펼쳐진 아르덴 대공세를 보면 히틀러의 병사들은 여전히 전의가 충만한 상태였다).

아이젠하워는 몽고메리가 더 많은 자원을 자신의 휘하에 두기 위해 '희망 사항에만 근거해' 이 전략을 내놓은 것이 아닌지 의심했다. 패튼과의 경쟁 심리 역시 이런 무모한 작전을 입안하는 데 영향을 미쳤을 것이다. 그럼에도 아이젠하워는 몽고메리의 요청을 받아들였다. 결국 마켓 가든 작전은 몽고메리가 구상한 대로 한 치의 오차 없이 전개되었고 9월 말 참패로 끝났다. 이 작전으로 인해 영국군 제1공수부대는 아른험에서 말살당했다.

1944년 말 영국 총리관저에서 처칠과 영국 참모들을 포함해 아이젠하워, 브룩 등이 모여 대책을 의논했다. 아이젠하워는 몽고메리가 주장했던 전략과 정반대인 '광범위 전선 전략'을 제안했다. 미국인을 혐오했던 브룩은 2년 전 카사블랑카 회담에서 했던 말을 반복했다. "나는 단호히 반대합니다." 그러나 아이젠하워는 물러서지 않았다. 이 전략이 연합군의 숭고한 희생을 최소화하면서도 지긋지긋한 전쟁의 종지부를 가장 신속하게 찍을 수 있는 선택이라고 확신했기 때문이다. 긴 회의 끝에 아이젠하워의 광범위 전선 전략이 채택되었고 그보다 훨씬 더 긴 준비 과정을 거쳐 1945년 3월 새로운 작전이 가동되었다. 3월 8일 제21총군이 천천히 진격을 시작해 3월 24일 베젤에서 라인강을 건넜고, 제이컵 디버스의 제6총군이 자르에서 공격을 개시해 마인츠와 만하임을 거쳐 라인강 지대에서 교두보를 세웠다.

결국 1944년 3월 말까지 연합군은 라인강 서부에 주둔한 모든 독일 저항군에게 항복을 받아냈다. 지크프리트선을 돌파한 알렉산더 패치 장군의 기갑사단과 코블렌츠를 공격해 탈환한 패튼의 제3군이 라인강에서 만나 양면 협공을 펼쳐 독일 제7군을 포위해 궤멸시켰다. 연합군은 이 전투에서만 10만 7000명의 포로를 붙잡았고 3월 말까지 총 28만 명의 독일인에게 항복을 받아냈다. 브래들리의 제12총군이 프랑크푸르트를 향해 전진하면서 독일 산업은 더 이상 제국을 위한 무기를 생산하지 못하게 되었다. 독일이 항복하는 것은 시간문제였다.

그리고 이번 양차 대전에서 가장 격렬하고 무의미했던 마지막 논쟁이 펼쳐졌다. 아이젠하워는 에르푸르트에서 라이프치히를 거쳐 드레스덴까지만 진격해 영국과 미국의 연합 병력을 소련의 붉은 군대에 합류시키자고 제안했다. 이는 동부 전선에서 연합군보다 훨씬 더 많은 피를 흘리고 있던 스탈린의 소련군이 먼저 제시한 전략이었고, 가장 안전하게 승리를 굳힐 수 있는 방법이었다. 그러나 스탈린보다 훨씬 더 성격이 불같았던 처칠과 몽고메리는 독일 서부가 이미 붕괴되었으므로 엘베강을 건너 최대한 동쪽으로 진격해 소련보다 먼저 베를린을 점령하자고 윽박질렀다. 연합군의 승리가 확실해진 시점에서 처칠은 전후 대영제국이 처할 여러 가능성에 대해 생각하기 시작했다.

4월 1일 아침 처칠은 루스벨트에게 전화를 걸어 '소련이 빈을 점령하는 것도 모자라 만약 베를린까지 집어삼키면 미래에 무시무시한 일이 벌어질 것'이라고 주장하며 겁을 줬다.[17] 소련과 군사 경계선을 합의한 아이젠하워를 향해 '배신자'라는 표현까지 서슴지 않았다. 아이젠하워의 연합군이 베를린에서 약 402킬로미터 떨어진 지점에 있었을 때, 붉은 군대는 베를린에서 약 72킬로미터 거리에 있었다. 만약 그가 처칠의 뜻을 따라 소련의 붉은 군대에 맞서 베를린까지 경주하는 무모하고 소모적인 경쟁을 펼쳤다면 어떻게 되었을까? 연합군은 엄청난 비용을 지불해야 했을 것이다. 그리고 미국과 유럽은 소련이라는 새로운 적과 세 번째 대전을 준비해야 했을지도 모른다. 경계선 합의 파기는 제정신인 사람이라면 생각할 수 없는 사안이었다. 전쟁이 끝나갈수록 연합군의 주요 참전국들은 광기와 분노에 휩싸여갔고 그 폭풍 속에서 아이젠하워는 아군과 치르는 내전에 점점 지쳐갔다.

1944년 봄 아이젠하워는 아내 마미에게 편지를 보냈다. 편지에서 그는 이렇게 자조했다. "영원히 사라진 젊은이들이 얼마나 될까요. 이러한 일에 감정이 약해지지 않으려면 냉담이라는 겉치장을 둘러야 합니다. 인간은 참 나약한 동물 같습니다."[18] 아이젠하워는 근본적으로 꽤 괜찮은 사람이었다. 제2차 세계대전이 발발하기 15년 전인 1926년, 그는 캔자스주 레번워스 진지에 있는 지휘참모대학교를 245명의 학생 중 수석으로 졸업했다. 누구라도 우월함을 느낄 일이었다. 그러나 아이젠하워는 절대로 그런 감정을 표현하지 않았다. 그는 인생에서 여러 번의 실패를 경험했다. 외딴 벽지에서 군 복무 생활을 하며 인생을 낭비하고 있다는 생각을 할 때도 많았다. 그러나 그는 우울한 생각으로 시간을 허비하거나 스스로를 불행에 빠뜨리지 않았다.

아이젠하워는 단 한 번도 야전 경험을 쌓지 않았음에도 두 세계대전에서 수백만의 병력을 효과적으로 지휘하며 군에서 도달할 수 있는 최고위직으로 예편한 후, 1952년 공화당 후보로 대권에 도전해 미국의 서른네 번째 대통령으로 취임했다. 8년의 임기를 마친 뒤 펜실베이니아주 게티즈버그의 농장에서 조용히 살던 그는 1969년 3월 28일 심장병으로 타계했다. "전 항상 조국을 사랑했지요. 이제 전 떠나기를 원합니다. 전 떠날 준비가 됐습니다. 하느님, 저를 받아주십시오."

그의 묘는 캔자스주 애빌린에 있다. 묘비에는 유럽전승기념일한 달 후에 런던 길드홀에서 그가 발표한 연설문의 내용 중 일부가 새겨져 있다.

겸손은 언제나 자신의 추종자들이 흘린 피와 친구들의 희생 덕분에 찬사를 받는 모든 사람의 몫이어야 합니다.

모든 군인과 정치인이 잊어서는 안 될 숭고한 말이다. 생전에 아이젠하워는 근거 없는 비난과 악의에 가득 찬 협박을 수없이 받았다. 하지만 실은 그 반대였다. 21세기에 태어났다면 정신 이상자로 취급받았을 연합군의 수많은 프리마돈나들은 아이젠하워를 사랑했다. 제2차 세계대전 시절 늘 격앙된 감정에 도취된 채 오직 대영제국의 영광만 부르짖으며 연합군 수뇌부를 혼돈에 빠뜨렸던 처칠을 통제할 수 있는 미국의 장성은 총사령관 아이젠하워뿐이었다. 처칠이 임종을 앞뒀을 때 아이젠하워는 마지막 순간까지 그의 곁에 남아 손을 잡아줬다.

★　★　★

1945년 5월 7일 프랑스 랭스에 위치한 연합군 사령부에서 독일군 알프레트 요들 장군이 항복 문서에 서명한 후 아이젠하워는 연합참모본부에 가장 완벽한 승전 보고서를 제출했다.

1945년 5월 7일 현지 시각 오전 2시 41분, 연합군의 임무는 완수되었다.

감탄스러울 만큼 겸손함, 정확함, 간결함이 담긴 보고였다. 마셜은 이렇게 답했다. "당신은 역사상 가장 강력한 군대를 가장 탁월하게 지휘했습니다. 당신은 인류를 위해 위대한 역사를 만들었으며 우리가 존경하는 미군 장교에게 바라는 모든 것을 대표했습니다."[19] 몇몇 사학자의 정당한 비판이나 동시대인과 경쟁자들의 저격이 있었지만, 70년이 지난 오늘날에도 마셜의 이 평가에서 수정할 부분은 토씨 하나도 없다. 군인으로서, 그리고 한 인간으로서 아이젠하워는 늘 최선을 다해 살았다.

Margaret Thatcher

1925 ~ 2013

7장

우리는
생각하는 대로 된다

타협 없는 사자

마거릿 대처
영국 총리

"약자가 베푸는 선의만큼
우스운 것도 없다."

1938년 11월 9일 밤 나치 대원들이 유대인 상점과 유대교 사원을 약탈하고 방화했을 때 마거릿 대처의 부모님은 런던의 집으로 유대인계 독일인 소녀를 몰래 데려왔다. 대처의 아버지는 시의원이자 감리교 신자이며, 평신도 설교사이기도 했다. 그는 인종이나 종교에 관계없이 남의 땅에서 박해받는 사람들에게 실제로 도움을 주는 것이 자신이 속한 공동체의 의무라고 믿었다. 당시 대처의 나이는 열두 살이었다. 이 일로 대처는 과감한 결단과 신속한 행동이 그저 가슴만 졸이며 김빠진 도덕성을 보인 수많은 타협가들의 행동보다 더 우월하다는 상식을 배웠다. 바로 이 점에서 윈스턴 처칠은 마거릿 대처의 최고의 영웅으로 등극했다. 대처는 독일 공군의 맹렬한 공습을 이겨내고 기어코 런던을 지켜낸 '기적의 해'인 1940년, 라디오를 통해 영국 대공습과 브리튼 전투를 알리는 처칠의 목소리를 들으며 자랐다. 폐허로 변한 런던의 옥스퍼드대학교 화학과에 진학해 청년 보수당원으로 정계에 입문한 대처는 전후 몰락의 길을 걷던 영국의 경제 시스템을 체질부터 개혁함으로써 집권 기간 내내 야당의 공격을 받았다. 대처는 "진정한 선의는 힘이 있는 자가 베풀 수 있다"라고 응수하며 죽기 전까지 자신의 견해를 번복하지 않았다. 훗날 정권 교체와 함께 권력을 이어받은 총리 토니 블레어는 경쟁 관계에 있던 당 소속임에도 불구하고 "내가 한 것이라곤 그녀가 만든 정책을 조금 수정한 것뿐입니다"라고 말했다.

종의 암컷은
수컷보다 더 치명적이다

1950년 2월 켄트의 다트퍼드 선거구에서 초선 의원 마거릿 대처가 수세에 몰린 보수당을 위해 용맹하게 싸웠을 때 그녀의 나이는 스물네 살이었다. 언론은 대처의 활약을 두고 "그녀는 에너지와 투지를 갖고 선거 운동에 임했다"라고 보도했다. 당시 영국은 노동당이 득세하고 있었는데, 끔찍한 전란의 후유증을 겪던 영국 사회에서 끊임없이 제국주의적 성장과 확장을 주장하던 보수당의 입지는 점점 줄어들고 있었다. 불리한 와중에도 대처는 노동당 후보와의 득표 차를 1만 9714표에서 1만 3638표로 줄이는 데엔 성공하지만 아쉽게 낙선한다. 결국 1959년 선거에서도 하원에 입성하지 못한 대처는 런던 북부의 핀칠리 지역구에 출마해 극적으로 의원 자격을 얻는다.

정계에 입문한 뒤 대처는 승승장구했다. 교육부장관을 거쳐 1975년 보수당의 당수가 되었으며, 1979년 5월 노동당 후보를 크게 누르고 압도적 지지 속에서 영국 최초의 여성 총리로 취임한다. 대처는 총 11년간 총리직을 수행했고, 영국의 제국주의 전통과 자유주의 경제 질서를 수호하는 데 모든 것을 바쳤다. 하지만 그녀가 남긴 유산 중 가장 눈여겨봐야 할 이야기는 따로 있다. 그 이야기는 1982년 영국과 아르헨티나 사이에서 시작되었다.

포클랜드 제도는 1765년 이래로 영국의 식민지였다. 당시 이곳에 살던 사람 중 대다수는 영국인 조상의 후손들이었다. 영국인 조상들은 무려 9세대를 거치며 섬에 정착했다. 1960년 유엔은 섬 주민들의 자결권이 다른 무엇보다 중요하다고 선포했고, 주민 중 99.8퍼센트는 영국 국민으로 남기를 바란다고 투표했다. 그럼에도 불구하고 오늘날까지도 몇몇 사람은 포클랜드가 주민들의 바람과 상관없이 아르헨티나에 속해야 한다고 믿는다. 배우 숀 펜은 2012년 《가디언》에 '영국이 포클랜드에 대한 주권을 포기하길 바란다'는 내용의 글을 기고하기도 했다.[1] 아마도 많은 《가디언》 독자들이 숀 펜을 지지했을 것이다.

하지만 여기서 과거 제국주의가 남긴 상흔을 두고 무엇이 정치적으로 더 올바른 결정인지 시비를 가릴 이유는 없을 것 같다. 포클랜드와 영국 사이의 거리는 1만 2800킬로미터 이상이었지만 포클랜드와 아르헨티나 사이의 거리는 약 644킬로미터에 불과했다. 아르헨티나는 포클랜드 제도를 '라스말비나스'라고 불렀다. 제3자가 보기에도 포클랜드 제도의 이름은 투박하고 거친 영국식 영어보다 유려하고 고풍스러운 아르헨티나어가 더 어울린다고 생각했을 것이다. 1982년 아르헨티나군이 무단으로 영국령 포클랜드 제도를 강점하려 했을 때 영국 정부는 혼비백산했다. 그리고 그 한복판에 이제 막 총리로 취임한 마거릿 대처가 있었다.

칠전팔기 끝에 정권을 잡은 지도자가, 수십 년의 전란기를 거쳐 지칠 대로 지친 국민들 앞에서 "우리는 여전히 싸울 준비가 되어 있으며, 영국은 끝까지 싸울 것입니다!"라고 외치며 군대를 동원하기까지는 수많은 용기와 결단이 필요했을 것이다. 게다가 본토에서 1만 킬로미터 이상 떨어진 영토를 수호하겠다고 막대한 나라 예산을 동원해 군함을 파견하겠다는 지도자를 기분 좋게 지지해줄 유권자는 손에 꼽을 만큼 적었을 것이다.

포클랜드 제도에 거주하는 영국인의 수는 겨우 1800여 명에 불과했고, 이들의 대다수는 남대서양의 다습한 지역에서 농작물을 일구며 궁핍하게 살았다. 아르헨티나의 대문호 호르헤 루이스 보르헤스는 영국과 아르헨티나의 싸움을 두고 "빗을 두고 싸우는 두 대머리 남자"라고 야유했다.[2] 하지만 대처는 그렇게 생각하지 않았다. 비록 이역만리였지만 영국의 영토가 침략을 받았고 영국인들의 자유가 침해를 당했다. 영국이 세계적으로 자국의 영광과 위신을 유지하려면 이와 같은 일은 용납할 수 없었다.

　당시 영국 외무성은 영국이 남미에서 인기를 유지할 수 있도록, 그리고 유권자가 집권 여당을 계속해서 지지할 수 있도록 포클랜드를 매각 차용 협정 형태로 아르헨티나에 양도하는 방안을 검토할 준비가 되어 있었다. 굳이 인기 없는 무력 충돌을 주장할 필요도 없고, 충분한 경제적 이익까지 얻을 수 있는 합리적인 대안이었다. 하지만 대처는 그렇게 생각하지 않았다. "단지 호감을 사려고만 한다면 언제든지, 무엇이든지 타협할 준비가 되어 있지 않겠습니까? 그렇다면 아무것도 이루지 못할 것입니다. 착한 사람이 되는 것은 우리가 취할 수 있는 가장 손쉬운 선택일 뿐입니다."[3]

　1982년 4월 아르헨티나의 실권을 장악한 파시스트 조직 군사평의회가 영국에 어떤 예고도 없이 갑작스레 남대서양의 영국령 포클랜드 제도를 침공했을 때, 이들은 자신의 상대가 누구인지 제대로 파악하지 못했다. 아마도 아르헨티나는 국지적 도발에 불과했던 포클랜드 제도 침공이 어떤 파국을 맞이하게 될지 전혀 예측하지 못했을 것이다. 이는 물론 침공을 당한 영국도 마찬가지였다. 윈스턴 처칠 이후 모든 영국 총리는 전쟁보다는 협상이 훨씬 더 지혜로운 해결책이라고 믿었기 때문이다. 하지만 마거릿 대처는 이들과 달리 전쟁을 이분법적 사건으로 볼 용기를 지닌 사람이었다. 그녀는 아르헨티나의 도발을 영국의 명예와 의무가 달린 문제로 인식하고 그 어떤 타협도 거부했다. 게다가 대처는 이미 아르헨티나를 민주주의를 위협하는 적으로 규정하고 있는 상태였다. 1981년 12월, 영국 외무부가 아르헨티나 군사평의회의 창설을 축하할 것을 제안했을 때 대처는 "영국 총리는 군권 장악을 기념하는 서한을 보낼 수 없습니다"라고 답했다.[4]

아르헨티나 군사평의회 수장 레오폴도 갈티에리 장군이 포클랜드 침공 결정을 내리도록 만든 데에는 사실 대처를 포함해 영국 정부에도 책임이 있었다. 포클랜드 전쟁 발발 몇 개월 전, 극심한 재정난 때문에 영국은 방위비를 삭감했고 이로 인해 영국 국방부는 유빙감시선 인듀어런스를 포클랜드 제도에서 철수시켜야 했다. 1967년 덴마크에서 구입한 이 선박의 임무가 1981~1982년 항해를 끝으로 종료됨으로써 국방부는 연 250만 달러를 절약했다. 마거릿 대처는 국방부의 이러한 결정을 지지했다. 이때까지만 해도 이 철수가 영국의 패권국 유지에 어떤 영향을 미칠지 그 누구도 파악하지 못했다. 아르헨티나 군사평의회는 인듀어런스 철수를 영국이 전 세계 식민지에 대해 지배력을 포기한다는 것으로 이해했다. 결과적으로 영국은 약 3개월간 지속된 아르헨티나와의 전쟁에 약 70억 달러를 투입하게 되었다. 연 250만 달러를 아끼려다 2800배가 넘는 비용을 투입하게 된 것이다. 우리는 이를 통해 전쟁을 억제하는 것이 안일하게 평화를 희망하며 국방비를 삭감하는 것보다 결과적으로 훨씬 더 큰돈을 아낄 수 있음을 다시한번 확인할 수 있다.

아르헨티나 군사평의회는 침공 이틀 전인 1982년 3월 31일 수요일이 되어서야 4월 2일 금요일에 섬을 침공하기로 결정한다. 영국 비밀정보청은 3월 28일 일요일 대처와 외무장관 캐링턴 경에게 아르헨티나 해군이 제도로 이동하고 있으며, 해군 및 외교부의 부활절 휴가가 취소될 가능성이 보인다는 점을 경고했다. 대처와 캐링턴은 유럽연합 회의에 참여하기 위해 브뤼셀로 향하며 비밀정보청의 이 경고에 대해 논의했다. 그러나 영국의 합동정보위원회는 그 어떤 침략도 임박하지 않았다는 결론을 내렸다. 이들은 핵잠수함 3척을 남쪽으로 파견하기로 합의했다. 핵잠수함 전단은 평균 23노트로 항해했지만 첫 번째 잠수함이 프클랜드 제도의 수도인 스탠리항에 도착할 것으로 예정된 날은 4월 12일이었다. 대처에게는 더 즉각적인 군사 행동이 필요했다.

비밀정보청은 3월 31일 아르헨티나 함대가 바다로 출항한 것을 감지했고, 48시간 이내 공격이 예상된다는 사실을 총리실에 알렸다. 그날 오후 7시 대처는 프랭크 쿠퍼 국방부 사무차관과 하원의 원실에서 4시간 넘게 회의했다. 이들은 침공 여부가 아직도 확실하지 않다는 합동정보위원회의 견해를 검토했다. 워싱턴에 머물고 있는 니컬러스 헨더슨 주미영국대사는 레이건 대통령과 헤이그 국무부 장관에게 정보를 전달했다. 헤이그는 자신의 CIA 연락장교에게 이렇게 물었다. "왜 이 사실을 내가 몰랐지?" 오후 9시 대처는 레이건 대통령에게 전보를 보내 갈티에리 장군이 영국령 포클랜드 제도에 접근하지 못하도록 경고해달라고 요청했다. 그러나 갈티에리는 레이건의 전화를 거절했다.

4월 2일 금요일 새벽, 아르헨티나군은 스탠리항을 포함해 포클랜드 제도 전역에 기습적으로 상륙해 주민들을 감금했다. 그 누구도 아르헨티나 군사평의회가 이렇게 신속하고 과감하게 무력을 동원할 줄은 예상하지 못했다. 섬의 주지사 렉스 헌트는 전날 해병대 병사 80명을 이끌던 영국군 소령 두 명을 소환해 이렇게 말했다. "저 녀석들은 진심인 것으로 보입니다."[5] 영국 해병대는 자신들보다 100배의 무력을 자랑하는 아르헨티나 병력에 압도당했다. 몇 사례 사격이 오갔지만 영국군은 얼마 뒤 무기를 버리고 투항했다.

긴급 회동이 열린 총리실에서 응전을 주장한 사람은 아무도 없었다. 7명의 남성 장관들 모두 대처에게 그저 침착할 것을 충고할 뿐이었다. 사람들은 성별과 관련된 문제에 대해 일반화하는 것을 망설이지만, 나는 종의 암컷이 수컷보다 얼마나 더 강력한지를 증명한 수많은 역사의 흔적에 공감하지 않을 수 없다. 로마 정벌군에 끝까지 대항한 이케니족 여왕 부디카, 유럽의 변방이었던 잉글랜드를 제국으로 발전시킨 엘리자베스 1세, 일흔한 살의 나이에 총리로 취임해 이스라엘을 강국으로 만든 골다 메이어는 자신이 싸워야 할 이유가 정당하다고 판단한 이상 단 한 걸음도 뒤로 물러난 적이 없었다. 이는 예카테리나 2세, 마리아 테레지아, 인디라 간디, 마거릿 대처도 마찬가지였다.

총리실에서 열린 회의에서 외무부 대표단은 대처가 경솔한 행동을 보여 아르헨티나 국민들에게 그 어떤 변명거리도 제공하면 안 된다고 말했다. 영국의 영토와 국민과 재산을 보호할 의무를 진 국방부장관 존 노트는 자국 기지에서 멀리 떨어진 곳에서 작전을 수행하는 데 드는 어려움을 늘어놓기 바빴다. 그 어떤 기동 부대라도 일단 파견하고 나면 소환하기가 정치적으로 대단히 어려워질 것이라는 지적도 나왔다. 영국 해군 전력의 거의 전부를 한 바구니에 넣는 것이 얼마나 위험한 일인지, 최악의 경제 불황기에 전비를 동원하는 게 얼마나 고통스러운 일인지, 이번 분쟁이 평화 유지를 위해 애쓰는 미국과의 관계를 얼마나 불편하게 만들지에 대한 지적이 빗발쳤다. 게다가 아르헨티나는 남미 국가 중 유일하게 대규모 해군 함대를 보유하고 있는 군사 강국이었고, 숙달된 조종사가 모는 최신예 전투기 200여 대까지 갖추고 있었다. 영국군이 아르헨티나군에 참패할지도 모른다는 불안감이 의회를 무겁게 짓눌렀다. 이들은 무언가를 해보기도 전에 이미 패배하고 실패한 사람처럼 한껏 몸을 움츠렸다. 이 중대한 회의에서 나온 조심스러운 접근에 본능적으로 반대한 이는 마거릿 대처뿐이었다. 대처에게는 지원군이 필요했다.

255통의
편지

영국 해군은 오랫동안 직설 화법을 구사하는
제독들이 이끌었다. 역대 제독 중에는 나폴레옹 전쟁 당시 "나는
프랑스군이 올 수 없다고 말하는 것이 아니라 그저 프랑스군이
바다를 통해 올 수 없다고 말하는 것이다"라는 유명한 말을 남긴
저비스 제독이 있었다.[6] 제2차 세계대전 시기 제독이었던 앤드루
커닝엄도 있었다. 그는 영국 해군을 크레타섬에서 대피시키는 데
매우 많은 비용이 들 것이라는 의회의 지적을 듣자 이렇게 답했
다. "해군이 함선 1척을 짓는 데 3년이 걸린다. 새로운 전통을 세
우는 데는 300년이 걸릴 것이다."[7] 대처에게도 물론 이런 대쪽 같
은 성미를 지닌 믿음직한 해군 제독이 있었다.

당시 해군본부위원회의 제1군사위원이자 헨리 리치 해군 원수는 영국 해군의 전통을 정면으로 이어받은 인물이었다. 그는 포클랜드 제도에서 무력 도발이 벌어지자마자 대처의 호출을 받아 제독 군복을 완벽히 갖춘 채로 헬리콥터를 타고 총리실에 도착했다.[8] 그가 입은 군복은 민간인으로 가득한 총리실에서 그를 더욱 돋보이게 만들었다.

리치 제독이 도착하면서 회의 분위기는 대처에게 유리한 방향으로 바뀌었다. 대처는 제독에게 지금 당장 기동 부대를 집결시킬 수 있을지 물었다. 제독은 회의가 진행되고 있던 수요일 밤을 기준으로 그 주 주말까지 공격 준비를 마칠 수 있다고 말했다. 대처는 리치 제독에게 단도직입적으로 물었다. "만약 당신이 아르헨티나 해군 제독이라면 어떻게 할 것 같습니까?" 제독은 여유 넘치는 태도로 이렇게 답했다. "저라면 즉시 항구로 돌아갈 것입니다."[9]

대처는 정치적 틈이 보일 때마다 특유의 박력으로 기회를 포착했다. 아르헨티나의 포클랜드 제도 무력 도발은 타협의 여지가 없는 명백한 도전이었다. 대처는 영국 해군 전 함대에 즉각 경보를 발령했다. 국방부의 한 고위 관료는 훗날 이렇게 말했다. "함선들이 주말까지 항해할 준비를 마치지 못했다면 리치 제독의 모든 부하 함장들은 총에 맞았을 것이다. 리치는 포클랜드만이 위험에 처한 것이 아니라는 사실을 알고 있었다." 이날의 비상 선포에는 포클랜드 제도뿐 아니라 영국 해군의 명성, 대처 내각의 생존, 또한 훨씬 더 깊은 차원에서 국가의 명예가 걸려 있었다. 마거릿 대처가 본능적으로 움켜쥔 것은 바로 이것이었다. 그녀는 의원은 물론이고 심지어 내각의 승인도 받지 않은 채 그날 밤 리치 제독에게 군대를 준비하라는 명령을 내렸다.[10] 그리고 실제로 영국 해군은 그 주 일요일인 4월 4일에 출항했다. 그사이 레이건 대통령은 아르헨티나 침공군 총사령관 갈티에리와 1시간 동안 대화를 나누며 대처는 어떤 침략에든 반드시 저항할 인물이라는 점을 경고했다. 레이건 대통령은 조지 부시 부통령을 중재자로 제안했지만 갈티에리는 거절했다.

총리실의 핵심 구성원들을 설득한 대처는 이제 내각의 승인을 얻어야 했다. 하지만 지난 3년간 대처와 정부 관료들 사이의 관계는 살얼음판과 같았다. 대처는 각 장관들을 개별적으로 만나 이들의 의견을 차례대로 물었다. 장관들은 혹시라도 영국 해군이 바다 한복판에서 회항한다면 그보다 더한 굴욕은 없을 것이라면서 처음부터 해군 부대를 파견하지 말아야 한다고 답변했다. 이때까지만 해도 영국의 그 어떤 장관도 함대 파견의 결과가 아르헨티나와의 전쟁으로 번질 것이라고 생각하지 않았다. 이 잠깐의 위기는 미국을 통해 외교적으로 매듭지어지거나, 아르헨티나가 일방적으로 물러남으로써 해소될 것이라고 추측했다. 하지만 이는 '원하는 것을 반복해 생각하면 꿈이 현실이 된다'는 미신적 주술이었지 과학적 예측은 아니었다. 대처는 근거 없는 신앙에 빠질 정도로 나약하지 않았다. 부총리 윌리엄 화이틀로는 만약 영국 함대가 아무런 성과 없이 돌아온다면 대처는 총리 자리에서 물러나야 할 것이라고 압박했다.

영국 관료들이 대처의 개전 선언에 발작을 일으킬 정도의 알레르기 반응을 보인 데에는 그럴 만한 이유가 있었다. 이미 영국은 본토 밖 영토 분쟁에 개입해 참담한 패배를 겪은 전력이 있었다. 1956년 압델 나세르가 이끄는 이집트 군부가 소련을 지지하며 그동안 영국과 프랑스 등 열강에 내주었던 수에즈 운하를 국유화하자 영국은 이스라엘 등과 동맹을 맺고 이집트를 침공했다. 영국은 10일간 전개된 전쟁에서 이집트군 수천 명을 살해하며 승전했지만, 전쟁에 등을 돌린 국제 여론과 신흥국 미국의 압력에 못 이겨 결국 철수할 수밖에 없었다. 오히려 이집트는 결사적으로 항전한 병사들이 흘린 피의 대가로 수에즈 운하를 완전 국유화하는 데 성공했고, 영국은 아무것도 얻지 못한 채 본국으로 귀환해야 했다. 이 굴욕적인 사태 이후로 영국 하원은 토요일에 개회한 적이 없었다. 그러나 1982년 4월 3일 대처의 짧은 발표문과 함께 29년 만에 영국 하원이 토요일에 개원한다.

준비가 완료되는 대로 대규모 병력이 출항할 것이며 정부의 목적은 포클랜드 제도를 영국 행정부로 귀속시키는 것이다.[11]

영국의 정치인 중 대처의 패기를 막을 수 있는 사람은 아무도 없었다. 통일당 소속 하원의원 이넉 파월은 한 토론에서 러시아가 대처에게 부여한 '철의 여인'이라는 별명을 언급하며 대처 자신과 하원의원들을 포함해 전 세계의 사람들은 '대처가 어떤 패기로 만들어진 사람인지 알게 될 것'이라 말했다.

4월 5일 월요일, 대처의 독주에 반발하는 의미로 외무장관 캐링턴과 두 명의 또 다른 장관 험프리 앳킨스, 리처드 루스가 사임했다. 이에 대처는 토리당 소속 프랜시스 핌 의원을 영국의 새 외무장관으로 임명했다. 사실상 군과 더불어 이번 전쟁을 책임질 막중한 자리였다. 더불어 윌리엄 화이틀로 부총리, 프랜시스 핌 외무장관, 존 노트 국방부장관, 세실 파킨슨 보수당 의장으로 이루어진 별도의 전쟁 내각을 꾸렸다.

자국 내 고위 각료들 간의 교통정리를 마친 대처에게 남은 과제는 이제 유엔 안전보장이사회의 개전 승인을 받아내는 것이었다. 앤서니 파슨스 영국 대사는 '502결의안'을 발표해 아르헨티나에 '즉각적인 군 병력 철수'를 요구했다. 그러나 결의안이 통과될지는 아무도 알 수 없었다. 파슨스 대사는 총 15개의 회원국 중 영국을 제외한 미국, 프랑스, 아일랜드, 일본의 지지는 얻어낼 수 있을지 몰라도 중국, 러시아, 폴란드로 이뤄진 공산주의 국가 연합이 반대표를 던질 수 있다고 조언했다. 남은 4개국 중 스페인, 파나마 등 라틴계 국가들은 공개적으로 아르헨티나를 지지했다. 이는 결의안 통과에 필요한 3분의 2 이상의 다수표를 얻기 위해서는 요르단, 토고, 자이르, 우간다, 가이아나 등 기타 5개 회원국 모두의 동의를 얻어내야 한다는 것을 뜻했다. 영국에 주어진 시간은 겨우 48시간이었다. 그래도 대처는 포기하지 않았다. 그녀는 외교적 수완을 총동원했다. 프랑스를 통해 토고를 압박했고, 요르단 국왕 후세인에게는 직통 전화를 걸어 전쟁의 당위를 필사적으로 설득했다. 또 자이르, 우간다, 가이아나의 외교 라인에 닿기 위해 백방으로 노력했다.

투표가 시작됐다. 예상과는 달리 러시아는 영국의 개전 요청에 찬성표를 던졌다. 파슨스는 아르헨티나가 곡물 판매를 이용해 러시아를 압박할 것이라 예측했지만, 민주주의에 반하는 우파 독재 정권의 편을 드는 모습을 보이고 싶지 않았던 러시아는 식량 압박에도 불구하고 영국을 지지했다. '502결의안'은 극적으로 통과되었다. 이제 대처는 (평소 유엔과 사이가 좋지는 않았지만) "아르헨티나인들이 해야 할 일은 유엔 안전보장이사회가 합의한 본 결의안을 지금 당장 존중하는 것뿐이다"라고 당당하게 말할 수 있게 되었다.

이제 국제 사회에서 전쟁에 우려를 표하는 국가는 당시 최강대국 미국뿐이었다. 미국 국무부장관 알렉산더 헤이그는 런던과 부에노스아이레스를 수차례 오가며 이 분쟁의 평화적 해결 방안을 모색했다. 그러나 그는 아르헨티나의 군사 지도부를 면담할 때마다 그들이 곧 포클랜드에 거주하는 영국인들의 자결권을 강제로 회수할 것이라는 사실을 감지했다. 그리고 어떤 상황에서도 포클랜드에서 아르헨티나 국기가 내려갈 일은 없을 것이라고 확신하게 되었다. 대처와 마찬가지로 아르헨티나 혁명 군부의 의지도 굳건했다. 영국 내각은 여전히 대처의 선전포고에 대한 우려를 거두지 않았다. 국방군 참모장들은 영국 해군이 이번 군사적 충돌을 통해 궤멸에 가까운 파괴를 당할지도 모른다고 경고했다. 아르헨티나 공군이 보유한 최신예 전투기 해리어에 의해 영국군 50퍼센트 이상이 몰살당할 것이라고 겁을 줬다. 또 아르헨티나가 최근 구입한 프랑스산 엑조세 미사일의 가공할 파괴력에 대해서도 장황하게 설명했다.

정치인도 아닌 군인이 전쟁도 벌이기 전에 이토록 겁을 집어먹은 이유는 무엇이었을까? 아마 이들이 조장하는 공포는 진실과는 거리가 멀었을 것이다. 프랜시스 펌과 윌리엄 화이틀로는 둘 다 제2차 세계대전에 참전해 무공십자훈장을 받은 인물들이었다. 이들은 전투가 시작되기 전에 참모장들이 해야 할 가장 중요한 일은 정치인들에게 암울한 모습을 보이며 엄살을 피우는 것이라고 배웠다. 최대한 많은 핑곗거리를 만들어 놓아야 패배하고 돌아왔을 때 도망칠 구멍을 마련할 수 있기 때문이다. 하지만 대처는 그런 비겁한 지혜 따위는 알지 못했다.

단 하루 만에 포클랜드 제도를 기습 점령한 뒤 아르헨티나는 자신만만했다. 군사평의회 소속 호르헤 아나야 제독은 헤이그와의 만남에서 영국은 싸울 용기가 없으며, 민주주의는 사상자를 감당할 수 없는 연약한 정치 시스템이라고 조롱했다. 그리고 남대서양에 겨울이 오기만 하면 영국은 군대를 기동하는 일이 불가능해질 것이라고 협박까지 했다. 그의 세 번째 말은 확실히 맞았지만 첫 번째와 두 번째 말은 틀렸다. 대처는 겨울이 오기 전에 서둘러 군대를 동원해 잃어버린 영토를 회복해야겠다고 다짐했다. 우선 포클랜드 주변 200해리(약 360킬로미터 - 옮긴이)를 완전봉쇄구역으로 선포하고 이 구역 내로 접근하는 아르헨티나 선박은 경고 없이 침몰될 수 있다고 위협했다. 이때까지만 해도 아르헨티나군은 영국군이 이토록 신속하게 군사 대응을 할 것이라곤 상상하지 못했다.

1982년 4월 25일 대처는 포클랜드 제도에 속한 사우스조지아섬 탈환 작전을 승인한다. 공군, 해군, 해병대로 구성된 70개의 특수부대가 아무런 예고 없이 섬에 진입해 단 1명의 사상자도 내지 않고 섬을 무혈 해방시켰다. 상륙군을 지휘한 해군 전단 책임자 브라이언 영 대령은 아르헨티나군 지휘관을 포로로 잡아 항복 문서에 서명을 받아내 본국에 승전보를 보냈다.

사우스조지아의 그리트비켄에 영국 국기와 해군기가 펄럭이고 있음을 여왕폐하께 아룁니다. 신이시여, 여왕을 지켜주소서.

신은 대처의 손을 들어줬다. 런던에서 대처는 다우닝가 10번지 총리실에서 걸어 나와 기자들에게 이렇게 말했다. "기뻐하십시오, 그저 기뻐하십시오."[12]

그러나 모든 영국인이 포클랜드를 해방시키는 데 자국의 무력이 동원되었다는 사실을 지지하는 것은 아니었다. 이들은 여전히 대처가 너무 호전적이라고 우려했고, 여전히 평화의 마지막 중재자는 유엔이라고 여겼다. 노동당을 이끌던 야당의 실력자 토니 벤과 야당 의원들은 전쟁 반대 캠페인을 벌이며 정부를 압박했고, 노동당 의원 33명은 의회에서 군에 무력 행위 중단을 촉구했다. 영국노동조합회의는 대처의 독단적 군사 행동에 영국 정부가 더 이상 동조해서는 안 된다고 주장했다. 이 순간에도 의회 여당인 자유당 최고위 의원들은 침묵을 지켰다. BBC는 군사 행동에 반대하는 정치인들을 주인공으로 다룬 다큐멘터리 프로그램을 방영했다. 비공식 여론조사에 따르면 재무부, 외무부, 국무조정실 소속 의원을 포함한 고위 공무원 대다수가 포클랜드에 병력을 파견하는 것에 반대했다. 심지어 대처와 함께 가장 열성적으로 내각을 설득해야 할 위치에 있던 외무장관 프랜시스 핌은 의회 연설에서 대처를 지지하지 않고 온건파적 견해를 드러냈다. 대처는 불같이 화를 냈지만 끝까지 타협하지 않았다.

5월 1일 오후 영국의 핵잠수함 컨커러가 무전을 보냈다. 아르헨티나의 1만 2240톤급 순양함 벨그라노가 엑조세로 무장한 구축함 2척의 호위 아래 완전봉쇄구역을 넘나들며 위협 기동을 하고 있다는 보고였다. 벨그라노는 광범위한 레이더망을 통해 아르헨티나 공군에 작전 해상의 거의 모든 전투 정보를 제공하는 전략 지휘함이었고, 영국군이 앞으로 섬에서 개시할 모든 작전에 가장 큰 걸림돌이 될 해상 세력이었다. 5월 2일 아침, 잠수함 사령관 테런스 르윈 제독은 대처 수상의 지방 관저에서 열린 전쟁

내각 회의에 참석했다. 벨그라노는 완전봉쇄구역에서 남서쪽으로 약 64킬로미터 떨어져 있었지만, 르윈 제독은 아군의 피해를 최소화하려면 선제공격을 해야 한다고 강하게 주장했다. 단 한 번의 일격으로 반격조차 못 할 정도로 치명적인 손상을 입히는 것이 르윈의 전략이었다.

회의는 몇 시간째 이어졌고 대처는 어쩌면 자신의 인생에서 가장 중요한 지시였을지도 모를 결정을 내렸다. 대처는 잠수함의 어뢰 발사를 승인했다. 그 어떤 장관도 반대하지 않았다. 그날 오후 3시 컨커러는 약 2000미터 거리에서 마크 8 어뢰 3발을 발포했고, 이 중 2발이 벨그라노에 명중했다. 굉음 속에서 벨그라노가 잠시 수면 위로 부상했다가 풀썩 내려앉으며 거대한 선체가 두 동강으로 갈라졌다. 이날 아르헨티나 해군 323명이 사망했다. 이 전쟁에서 최초로 발생한 이런 대규모의 인명 피해는 오늘날까지도 많은 논란을 일으키고 있다. 그러나 이 공격을 통해 대처는 자신과 자신의 조국이 허세를 부리지 않는다는 사실을 세계에 알렸다.

이후에는 영국군에서도 사망자가 발생했다. 42형 구축함 셰필드는 5월 4일 공중에서 발사된 아르헨티나 공군의 엑조세 미사일에 맞아 침몰하며 제2차 세계대전 이후 실전에서 침몰한 최초의 영국 해군 수상함이 되었다. 이 공격으로 승무원 20명이 그 자리에서 사망했다. 공격 후 나머지 승무원들이 함선에서 구조되기를 기다릴 때 영국군의 한 장교는 수병들에게 몬티 파이선의 노래

「언제나 삶의 밝은 면을 바라봐요」를 부르게 했다.

삶의 고난을 씹게 될 때에도 투덜대지 말고, 휘파람을 불어봐.
그러면 그게 일이 잘 풀리도록 도와줄 테니까.

아르헨티나 독립기념일 5월 25일에는 분노에 가득 찬 아르헨
티나 조종사들이 맹렬한 포화를 뚫고 폭격을 시도해 42형 구축함
코번트리를 침몰시켰다. 이 공격으로 영국군 20명이 추가로 목숨
을 잃었고 29명이 부상당했다. 숱한 반대를 무릅쓰고 독단으로
개전한 전쟁에서 적군은 물론이고 아군의 사망자가 늘어가고 있
을 때 대처는 어떤 생각을 했을까? 불편하고 불행한 보고를 들을
때마다 대처의 가슴에는 매번 어떤 궤적이 그려졌을까? 그녀는
종종 총리실 위층으로 올라가 사망한 군인들의 부모에게 기나긴
편지를 썼다. 대처는 포클랜드 전쟁을 겪으며 총 255통의 편지를
썼다.

1982년 4월에 발발한 영국과 아르헨티나의 무력 갈등은, 약 반
세기 전 유럽에서 벌어진 양차 대전에 비하면 소규모 국지전에도
끼지 못할 사소한 군사 충돌에 불과했다. 규모를 파악조차 할 수
없을 정도로 사상자 숫자가 통제 범위 밖으로 치달은 대전에서는
그 어떤 지도자도, 지휘관도, 참모도 죄책감을 느끼지 못했다. 수
천 킬로미터 떨어진 전장에서 벌어진 끔찍한 살육과 처참한 파괴
는 통계라는 숫자로 기록될 뿐이었다. 전사자 명단이 적힌 종이

그 어느 곳에서도 전쟁의 비참은 찾아볼 수 없었다. 하지만 양군 합쳐 1000여 명의 전사자가 발생한 포클랜드 전쟁에서 대처는 이름조차 남기지 못하고 죽어간 영혼들이 남긴 분노와 슬픔을 일국의 총리로서 온전히 감당해야만 했다. 그것은 그 누구도 그녀 대신 걸어줄 수 없는 외로운 길이었다. 대처의 남편 데니스는 이 시기를 가리켜 이렇게 말했다. "포클랜드는 대처와 나의 영혼에 흔적을 남겼다."[13]

좋은 사람이 되는 것은
가장 나중에 할 일이다

노스우드 지휘부의 한 참모장교는 일기장에 이렇게 썼다. "대처 총리는 스탠리를 구해야 한다는 엄청난 압박을 받고 있다. 포클랜드가 탈환되지 않는 날은 영국이 세계 여론에 패하는 날이다. 우리는 더 이상 함선을 잃어서는 안 된다. 만약 그렇게 된다면 내각은 휴전 선언의 압박을 이겨내지 못할 것이다."[14] 배가 침몰하고 전투기가 격추되고 젊은이들이 죽어가자 전 세계가 대처에게 크나큰 압력을 가했다. 이중의 압박 속에서도 대처는 포클랜드 해방에 몰두했다. 탈환 작전의 지상군 사령관 줄리언 톰프슨 중장은 아르헨티나 수비대의 저항선에 가로막혀 앞으로 나아가지 못하고 있었다. 5월 25일 총 5척의 영국 전투함이 침몰하자 대처는 여성 보수당원들에게 "전투 부대 지휘관에게 더 빠르게 전진하라는 압박을 가해야 합니다"라고 호소했다. 이틀 후 톰프슨 중장은 스탠리와 구스 그린을 향해 돌진을 시작했다. 대처는 안도하며 이 사실을 하원에 알렸다. "전 이미 이렇게 될 줄 알고 있었습니다."

많은 전함이 침몰했지만 포클랜드 제도를 둘러싼 해상의 통제권은 여전히 영국 해군이 쥐고 있었다. 아르헨티나의 격렬한 저항에도 불구하고 영국의 해군과 지상군은 필사적으로 엑조세 미사일을 피해 포클랜드 최대 도시이자 영국총독부가 있는 항구 도시 스탠리를 점령하는 데 성공한다. 이후 영국군은 구스 그린 전투, 텀블다운산 전투에서 아르헨티나군을 몰아내며 승기를 잡았다. 결국 긴장으로 가득했던 초기 몇 주에도 불구하고 마거릿 대처와 리치 제독이 일찍이 내다봤던 예측은 현실이 되었다.

6월 14일 월요일 오후 10시 15분, 총리는 하원 총리석에서 일어나 이렇게 알렸다.

> 우리 병력이 도달했습니다. 스탠리항에 도착했습니다. (…) 아르헨티나 군인들이 무기를 던졌습니다. (…) 스탠리항에 백기가 걸렸다는 사실이 보고됐습니다![15]

미국과 유엔이 이 문제를 해결해줄 것이라고 믿었던 하원의원들은 이젠 대처를 향해 기쁨의 함성을 터뜨렸다. 철의 여인이 어떤 패기로 만들어진 사람인지를 포클랜드 전쟁이 보여줄 것이라고 호언장담했던 이녁 파월은 그 누구보다 당당한 표정으로 의원들에게 말했다.

> 시험 중이던 이 물질(마거릿 대처)은 장력이 매우 세고 마찰과 마모에 대한 저항력이 강하며 각종 스트레스에도 끄떡없는 고품질의 금속으로 이루어졌다는 것이 증명되었습니다. 이 물질은 앞으로 영국의 모든 일에 이롭게 사용될 수 있습니다.[16]

대처는 포클랜드 전쟁의 전국을 거의 혼자 이끌면서 외무부를 포함한 다른 정부 부처들이 자신의 타고난 전투 본능을 불신한다고 느꼈다. 정부의 모든 정보기관이 중요한 정보를 자기들끼리 교환하고 있다고 직감했다. 그녀의 예감은 사실이었다. "제가 가장 분노하는 것은 싸움에서 지거나 투표에서 떨어지는 것이 아닙니다. 제게 가장 큰 굴욕을 주는 일은 총리인 제가 정부의 공식 정보기관이 아닌 제3자로부터 중요한 정보를 듣게 되는 것입니다. 왜 제가 외무부나 총리실의 정보 라인이 아니라 지인에게 포클랜드 전쟁에 관한 정보를 들어야만 할까요? 저는 이 상황이 미치도록 싫습니다."[17]

대처는 원래 외무부 등의 정보기관을 태생적으로 싫어했다. 이들은 자신들의 특권을 수호하기 위해 조직의 질서를 어지럽히고 새로운 변화를 거부한다고 믿었다. 하지만 대처는 국가 자원이 총동원되는 '전쟁'이라는 엄청난 일을 겪고 나서 집권자에겐 자신만의 정보기관이 반드시 필요하다는 지혜를 얻었다. 이후 대처는 찰스 파월 등 유능한 특별 보조관을 곁에 두고 자신만의 정보 라인을 가동시켰다. 대처는 이들에게 외무부의 간섭을 받지 않을 수 있는 특권을 부여했다.

★　★　★

승전 소식이 런던에 전해진 날 저녁, 기진맥진했지만 고무된 기분으로 관저로 돌아온 마거릿 대처는 밤새 문밖의 군중이 「지배하라, 브리타니아여!」를 부르는 소리를 들으며 뜬눈으로 밤을 보냈다. 이후 함대가 포츠머스로 귀환하자 엄청난 수의 인파가 고국에 돌아온 함대를 맞이하러 모였다. 집권 초 지지율 20퍼센트도 얻지 못했던 마거릿 대처는 이 전쟁의 승리로 98퍼센트에 육박하는 지지율을 얻으며 1990년 총리에서 물러나는 그 순간까지 굳건한 지도력을 발휘한다. 포클랜드에서의 승리는 대처에게 총리 임기 동안 겪은 수많은 위기에 정면으로 맞설 수 있는 자신감을 선물해줬다. 대처는 1984~1985년 광산 파업, 1984년 10월 아일랜드 공화국군의 총리 암살 모의 사건, 1990년 8월 사담 후세인의 쿠웨이트 침공, 1980년대 유럽연합의 재정 압박, 집권 기간 내내 계속된 기업 규제 완화와 민영화에 대한 노동자들의 반발 등 수많은 군사적, 비군사적 도전을 받았지만 단 한 번도 뜻을 굽히지 않았다. 영국인들은 그런 대처의 소신을 사랑했다. 타협

대신 늘 도전을 택해온 대처의 인생은, 각을 세우고 적을 만드는 선택이 때로는 더 많은 국민의 지지를 얻을 수 있다는 역설을 증명한다.

1982년 7월 3일 승전 연설에서 대처는 "오늘 우리는 포클랜드 전쟁의 여파를 맞이합니다"라고 운을 떼며 다음과 같이 말을 이어갔다.

영국은 큰 승리를 거두었고 이를 자랑스러워할 자격이 있습니다. 이 나라는 자신이 옳다고 생각하는 일을 할 결의를 보였습니다. 우리는 침략 행위는 득이 되지 않으며, 강도는 약탈품을 가지고 도망갈 수 없다는 것을 보여주기 위해 끝까지 싸웠습니다. 우리는 우리의 영토를 위해 싸웠습니다. 이제 모든 것이 끝났으나, 그렇기 때문에 모든 것은 전과 같을 수 없습니다. 처음 전투가 시작되었을 때는 동요하는 사람들과 겁쟁이들만 있었습니다. 우리가 한때 이뤄냈던 위대한 일을 더 이상 할 수 없다고 생각한 사람들이 있었습니다. 우리의 쇠퇴는 돌이킬 수 없으며, 우리는 결코 예전과 같을 수 없다고 믿는 사람들이 있었습니다. 이를 인정하지 않은 사람들도 있었습니다. 이들은 마음속으로 자신의 두려움을 격렬히 부인했지만, 이제 영국이 세계의 4분의 1을 지배하는 나라가 아닐지도 모른다는 생각을 끝내 떨치지 못했습니다. 하지만 이들은 틀렸습니다. 우리는 이번 전쟁을 통해 영국은 변하지 않았으며 영국은 여전히 역사적으로 빛나는 훌륭한 자질을 간직하고 있다는 교훈을 얻었습니다. 여러분은 여러분의 아버지와 할아버지 세대에 필적하는 능력과 용기와 결단력을 지녔습니다.[18]

포클랜드 전쟁에서 영국군은 총 258명, 아르헨티나군은 649명이 사망했다. 이후 전쟁 후유증으로 인해 지금까지 100명에 가까운 영국 참전 군인이 자살한 것으로 알려져 있다. 포클랜드 전쟁은 다른 전쟁들과 마찬가지로 승전국과 패전국 모두에 깊은 상처를 남겼다. 이는 부인할 수 없는 진실이다. 그렇다면 총리 마거릿 대처는 하원의 뜻에 따라 전쟁 대신 좀 더 평화적인 방법을 택해야 했을까? 그랬을지도 모른다. 다만 확실한 것은 대처는 자신이 믿는 신념에 부합한 길을, 그리고 쉬운 길이 아닌 어려운 길을 택했다는 사실이다. 상냥한 표정을 지으며 좋은 사람이 되는 일은 쉽다. 하지만 타협을 거부하는 '마녀'가 되는 일은 불편하고 어렵다. 그리고 대처는 자신이 해야 할 일을 했다.

Adolf Hitler

1889 ~ 1945

8장
거짓말을 하려면
최대한 크게 해야 한다

20세기의 지배자

아돌프 히틀러
나치독일 총통

"내가 유일하게 배우지 못한 말은
바로 '항복'이라는 말이다."

독일제국의 처음이자 마지막 총통이며, 쉰여덟의 나이에 연인과 함께 지하 벙커에서 동반 자살한 아돌프 히틀러는 여러모로 미스터리한 인물이다. 인류 역사상 가장 파괴적인 전쟁에서 패배하고 있었다는 사실이 명백하던 때조차 이 독재자는 수백만 명에게 계속해서 영웅적 숭배를 받았다. 수많은 매체와 평전에서 기록하는 것처럼, 그는 정말 감히 따라 할 수 없는 마술적 능력을 지닌 특별한 존재였을까? 대다수의 독자는 히틀러가 20세기의 주인공이었기 때문에 무언가 본받을 만한 인생을 살았을 것이라고 생각할지도 모른다. 그러나 사실은 전혀 달랐다. 그는 과격한 음모론을 신봉하는 엄청나게 재미없는 사람이었고, 주변을 지루하게 만드는 데 일가견이 있는 산문가이자, 알고 보면 하찮은 군사 전략가이기까지 했다. 한마디로 말해, 아돌프 히틀러는 인간으로서 실격이었다. 길거리에서 마주쳤을 때 냅다 피해 가야 하는 사람이 아니라, 존재감도 느끼지 못하고 지나칠 만큼 그저 그런 사람이었던 것이다. 이런 병풍 같던 인간이 어떻게 유럽 대륙에서 사회적, 과학적으로 가장 발전했던 국가의 국민들에게 무려 10년 넘게 종교적 숭배를 받았던 걸까? 나는 이 역사적 사실이, 연구 대상으로서의 자격이 없는 히틀러를 연구해야만 하는 결정적 사유라고 생각했다. 왜냐하면 그의 삶이 지극히 보통의 존재가 위대한 존재로 거듭날 수 있는 가장 쉬운 방법을 보여주었기 때문이다.

보통 사람이
위대한 존재가 되는 방법

아돌프 히틀러라는 인간을 제대로 이해하려
면 먼저 그가 수백만 명의 일반인들에게 실제로 크나큰 존경을
받았으며, 권력을 쟁취한 직후부터 권력을 잃기 직전까지 숭배되
었다는 사실을 알아야 한다. 나치의 '수석 치어리더'였던 레니 리
펜슈탈 감독이 만든 영화 「의지의 승리」에는 수십만의 평범한 독
일인이 총통을 보며 기뻐 어쩔 줄 몰라 하는 모습이 등장하지만,
이 영상 속 군중이 우리가 아는 할리우드의 엑스트라처럼 연기를
하고 있던 것은 아니었다. 리펜슈탈의 카메라 앵글 연출과 트래
킹숏이 좀 과하기는 했지만 그것은 실제로 일어난 일이었으며 심
지어 수년간 계속되기까지 했다. 히틀러는 지금껏 세계의 그 어
떤 정치인도 누리지 못했던, 상상할 수 없을 정도로 큰 동경을 누

렸다. 이 점은 분명한 역사적 사실이다. 심지어 그가 조국을 의도적으로 제2차 세계대전이라는 대재앙에 빠져들게 했을 때도 말이다. 독일 국민들은 히틀러의 인솔 아래 지옥으로 향하면서도 끝까지 미소를 잃지 않았다. 독일군의 병사들은 한번 전투가 시작되면 절대로 물러나지 않았다. 그들은 자신들의 최후를 뻔히 알면서도 돌격을 멈추지 않았고 히틀러의 말 한마디에 기꺼이 목숨을 바쳤다. 왜 그렇게 많은 사람이 최후까지 그를 따라다녔을까? 전쟁에서 패했다는 사실을 히틀러에게 알리러 왔던 수많은 장군들은 왜 되레 그에게 설득되어 전장으로 돌아갔을까?

아돌프 히틀러는 의심할 여지없이 카리스마 있는 인물이었지만, 그렇다고 그가 엄청난 권력의 기술과 지도력을 갖춘 인물이었다는 것은 아니다. 히틀러는 카리스마가 우람한 근육 사이로 남성성을 뽐내며 발산하는 무형의 오라와는 다르다는 사실을 일찌감치 간파했다. 그는 카리스마가 일종의 속임수라고 생각했고, 자신만의 이론을 성공적으로 실천했다. 아기들은 카리스마를 갖고 태어나지 않는다. 카리스마라는 자원은 전적으로 후천적 도구이며, 주변 사람들의 도움을 받으면 그 효과는 더욱 커진다. 선전을 담당한 요제프 괴벨스, 전시 독일의 모든 건축을 설계한 알베르트 슈페어, 빛과 영상으로 나치를 드높인 레니 리펜슈탈 등 천재들이 모이면 보통 사람도 슈퍼스타로 변신시킬 수 있다는 것을 히틀러는 증명했다.

히틀러는 사람들의 눈을 똑바로 쳐다봄으로써 자신을 과시했고, 안경을 쓰거나 수영복을 입은 상태에서 절대 사진을 찍지 않음으로써 우습고 약한 모습을 은폐했다. 그는 이런 다양한 '수법'을 통해 자신의 이미지를 조작하고 창조했다. 전쟁 막바지, 히틀러가 지하 벙커에서 연인 에바 브라운과 함께 자살한 전날까지 그녀와 결혼하지 않았던 것은 수많은 독일 여성의 지지를 얻기 위한 전략이었다. 실제로 통치 기간 동안 그는 아리안족 소녀들에게 수많은 편지와 청혼을 받았다. 대중 앞에서 연설할 때는 의도적으로 말의 속도와 목소리의 크기를 조금씩 높였다. 연설문에서 한 문장의 길이는 절대로 40자를 넘기지 않았다. 독일의 모든 언론 매체는 나치가 정권을 잡은 뒤 무려 12년간 라디오와 신문을 통해 히틀러의 목소리만 내보냈다. 독일인들에게 히틀러는 대체할 수 없는 신앙이었다.

한 가지 분명한 사실은 독일인들이 히틀러를 사랑한 이유가 그의 작문 실력 때문은 아니었다는 것이다. 그의 자서전 『나의 투쟁』은 반복적이고 산만하며, 심지어 카를 마르크스의 『자본론』보다 더 지루하기까지 하다. 그는 알맹이는 없고 겉만 화려한 문장을 남발하며 독일의 위대한 유산인 니체를 흉내 냈지만, 이 책은 니체의 '수준 낮은 버전'에 불과했다. 『나의 투쟁』의 문체는 책을 완독해도 기억에 남는 문장이 하나도 없을 정도로 경박하며 인용할 만한 문장을 단 한 구절도 찾을 수 없다. 20세기 작가들의 가장 큰 임무가 후대 사람들이 인용할 만한 문장을 남기는 일이었음을 감안하면 정말 놀라운 재능이다. 게다가 그는 다윈이라면 절대로 용납하지 않았을 방식으로 다원주의를 정치 영역에 끌어왔다.

다행히 우리는 아돌프 히틀러가 전쟁이 한창일 때 어떤 생각을 하고 있었는지, 어떤 말을 하고 다녔는지 알 수 있다. 히틀러는 매일 밤 베르히테스가덴에 위치한 자신의 저택에서, 그리고 제2차 세계대전 당시 동프러시아 인근 독일군의 작전지휘본부였던 늑대굴 '볼프산체'에서 자신이 가장 총애하는 사람들을 불러모아 새벽이 될 때까지 끝없이 이야기를 늘어놓았다. 1941년 9월부터 1942년 말까지 히틀러가 늘어놓은 이야기는 나치의 행정 업무를 총괄했던 당수부장 마르틴 보어만이 충실히 기록했으며, 영국의 역사학자 휴 트레버로퍼가 전쟁이 끝난 후 이를 옮겨 『히틀러의 식탁 담화Hitler's Table Talk』라는 제목으로 출간했다. 이 책에는 총통 히틀러에 대해 상상할 수 있는 모든 이론과 사상이 담겨 있다. 밤마다 히틀러는 끊임없이 떠들었다. 그와 같은 방에 있던 사람들은 그가 농담을 하려 할 때마다 자세를 고쳐 잡은 채 귀를 기울였으며, 웃어야 할 때 고개를 끄덕이며 공손히 웃었다. 745쪽짜리 이 책 어느 곳에서도 히틀러에게 질문하거나 그의 말에 끼어들거나 반박하는 사람은 찾아볼 수 없었다.

★　★　★

나는 이 자료를 포함해 제2차 세계대전에 관한 수많은 자료를 열람한 결과, 히틀러라는 인간에 대해 조금은 이해하게 되었다.

히틀러의 충견이었던 보어만은 자기가 모신 상관의 일거수일투족에 후세에 전할 가치가 있는, 탁월한 천재의 통찰력이 담겨 있다고 믿었던 것 같다. 히틀러가 어떻게 그토록 오래 대중의 마음을 완벽하게 사로잡았는지 이해하기 위해서는 역설적으로 그가 얼마나 정상 궤도에서 벗어난 인물이었는지를 살펴볼 필요가 있다. 이런 인간 이하의 상식을 갖고 있던 사람이 수천만 독일 국민과 제국 신민을 거느릴 수 있었다는 역사적 진실은 우리에게 많은 것을 시사해준다. 히틀러에게 우리가 배울 수 있는 진실은 단 하나뿐이다.

우리가 누릴 수 있는 삶은 우리가 가진 것과는 아무런 상관이 없다.

히틀러는 1942년 1월 전차를 점검하는 부하들 앞에서 이렇게 말했다. "체코인들에게 수염을 기르게 하라. 수염이 아래로 늘어진 모양을 보면 그가 몽골 혈통인지 아닌지 알 수 있다."[1] 티아민 결핍으로 생기는 각기병에 대해서는 이렇게 말했다. "채식을 하라. 특히 감자 껍질과 생감자를 먹으면 일주일 안에 각기병을 치료할 수 있다."[2] 또한 그는 "개가 흐린 눈을 하고 멍하니 앞을 보고 있다면 그것은 자신의 과거를 추억하고 있다는 뜻이다"라고 말하며 개가 무슨 생각을 하는지를 알 수 있다고 믿었다.[3] 자신의 출신지 오스트리아에 대해 이야기할 때는 "산에서는 알프스 산양만큼이나 소녀들을 찾아보기 힘들다"라고 말했다. "나는 늦은 밤 경비견에게 물릴 위험을 감수하면서까지 무거운 사다리를 든 채 몇 시간 동안 일하는 사내들에게 감탄한다. 양동이에 담긴 차가운 물을 몸에 들이붓는 용기에도 감탄한다! 오스트리아 남부 케른텐에서는 이런 행복한 일상이 도처에 널려 있다. 그러므로 가장 사랑스러운 하녀를 찾을 수 있는 곳도 바로 케른텐이다!"[4]

그의 발언들은 하나같이 정신분열증 말기 환자의 넋두리와 유사했으나 아무도 그것을 지적하지 못했다. 히틀러는 자신의 신체가 강인한 이유가 아버지가 기르던 벌에 자주 쏘였기 때문이라고 말했다. 히틀러의 어머니는 벌집에 다녀온 남편의 몸에서 늘 40~50개의 벌침을 뽑아내고는 했다. 그의 아버지는 벌에 쏘이지 않으려면 보호구를 착용하는 것이 아니라 시가를 피워야 한다고 믿었다. 그 방법이 효과가 없다는 증거가 자신의 몸에 가득했음에도 그는 끝까지 보호구를 착용하지 않았다.

히틀러의 '식탁 담화'에서 반복되는 특징은 끝없는 여성 혐오였다. 그가 정찬보다 뷔페를 선호했던 이유는, 정찬을 먹게 되면 자리 배치가 정해져 있기 때문에 '저녁 내내 같은 여자 옆에 앉아 밥을 먹어야 하는 괴로움'을 겪어야 했기 때문이었다. 그는 항상 지적인 여성보다 멍청한 '부엌데기'를 선호한다고 말했다. "나는 정치에 관심 있는 여자들을 싫어한다. 만약 그 여자들이 군사 문제까지 관심을 두기 시작하면 견딜 수가 없다. 우리 당의 모든 지역구에서 여자들은 가장 말단 지위도 차지할 수 없다."[5] 그는 "바그녀처럼 여자에게 완전한 이해를 받은 사람은 없었다"[6]라고 주장했으며, "남편을 사랑하는 여자는 오직 남편만을 위해서 산다"라는 말도 했다.[7]

히틀러는 여자의 인생이란 결국 네 가지로 귀결된다고 생각했다. 어머니, 초등학교 교사, 자선가, 인테리어 전문가. 그리고 이렇게 말했다. "소리 지르는 남자는 멋지지 않다. 하지만 소리 지르는 여자는 끔찍하게 충격적이다. 여자는 폐를 많이 쓸수록 목소리가 듣기 싫어진다."[8] 1942년 3월 10일 히틀러는 급기야 남자와 여자의 세계관에 대한 전혀 근거 없는 이론을 내놓기까지 했다. "남자의 우주는 여자의 우주에 비해 방대하다. 남자는 자기의 생각에 끊임없이 전념한다. 그러나 여자의 우주는 남자다. 여자는 남자 외에 다른 것을 보지 못한다. 바로 그렇기 때문에 여자는 깊은 사랑에 빠질 수 있는 것이다."[9] 같은 날 저녁 그는 이렇게 말했다. "나는 절대 소설을 읽지 않는다. 그런 글은 읽으면 짜증이 난다."[10] 그가 총통이라는 막중한 임무를 수행했기 때문에 소설을 읽을 시간이 없었던 것이 아니었다. 그는 독일의 말단 병졸보다 한가했으며, 날마다 무의미한 잡담과 담소에 시간을 허투루 보내도 될 정도로 여유로웠으니까 말이다.

히틀러가 이토록 여성과 여성의 세계를 혐오했던 이유는 무엇일까? 그는 허구의 세계, 즉 인간의 상상력을 증오했다. 그가 일어나지도 않을 일에 대한 공포와 분노를 조장함으로써 일인자의 자리에 올랐다는 것을 감안한다면 이는 분명히 자기혐오였지만 히틀러는 개의치 않았다. 상상력은 힘없는 선동가가 대중의 마음에 불을 지르는 가장 강력한 연료가 되기도 하지만, 이와 동시에 적들이 활용할 수 있는 가장 강력한 무기가 될 수도 있다는 사실을 그는 잘 알고 있었다.

히틀러는 끝없이 미래를 예언했지만, 그 어떤 예언도 실제로 일어나지 않았다. "영국과 미국은 언젠가 전쟁을 벌일 것이다. 두 나라의 충돌은 인류가 상상할 수 있는 가장 큰 증오로 이어질 것이다." 히틀러는 이렇게 악담을 퍼부으며 "두 나라 중 하나는 사라져야 할 것이다"라고 말했다.[11] 과학에도 관심이 많았던 히틀러는 어른들을 깜짝 놀라게 할 지식을 발견한 개구쟁이처럼 잔뜩 상기된 표정을 지은 채 이렇게 소곤거렸다. "약 1만 년 전 지구와 달이 충돌했다는 것을 알고 있는가? 현재의 지구와 달의 궤도는 그때의 충돌로 인해 만들어진 것이고, 그 충돌 이전만 해도 인간은 어느 고도에서든 중력의 제약을 받지 않고 살아갈 수 있었다. 이 얼마나 놀라운 사실인가!"[12] 그의 말을 듣고 있던 사람들 중 과학 지식이 가장 부족한 사람조차도 히틀러의 말이 얼마나 터무니없는 것인지를 틀림없이 알았을 것이다. 그러나 히틀러의 말에 토를 달았다가 다하우의 강제수용소로 편도 여행을 떠나는 위험을 감수하고 싶은 사람은 그 자리에 아무도 없었다. 약 반세기 전의 히틀러가 매일 밤 장광설을 늘어놓는 모습을 현대의 인물들에 비유한다면 어떤 사람이 떠오를까? 남아메리카 가이아나의 존스타운에서 909명의 신도에게 청산가리를 먹여 자살시킨 짐 존스, 서른세 살의 나이에 다윗파라는 사이비 종교 집단을 만들어 신도 80여 명과 함께 분신자살을 한 데이비드 코레시 등을 들 수 있을 것이다. 다만 히틀러가 그들과 달랐던 점은, 그가 20세기 가장 발달된 산업 경제 시설 전반과 유럽에서 가장 강력한 군사력을 지배할 수 있는 권력을 지닌 인물이었다는 것이다.

히틀러를 받드는 사람들은 매일 밤 새벽까지 계속되는 이 모든 유아적 독백을 들으며 거의 아무 말도 하지 않았다. 민주 사회에서는 만약 상관이 개들의 마음을 읽을 수 있다고 주장하거나, 한때 대서양 해저에 엄청나게 발달한 문명이 존재했다고 피력하거나, 젊은 남자들이 무거운 사다리를 짊어지고 밤거리를 돌아다니는 이유는 여자를 유혹하기 위해서라고 말하거나, 유대인들은 추위를 느낄 수 없고 각기병은 감자 껍질로 치료할 수 있다고 설명한다면, 상관을 쫓아낼 수 있는 절차가 존재한다. 적어도 자리를 박차고 일어나 그 끔찍한 현장에서 멀리 도망칠 수는 있다. 하지만 나치의 지배를 받던 독일에서는 그럴 수 없었다. 독일의 장군들은 히틀러가 유럽 전체 면적보다 두 배 이상 거대한 러시아를 침공하겠다고 말했을 때 세상에서 가장 무모하고 멍청한 짓이라고 생각했지만 그 생각은 내면에만 간직할 수 있었다. 물론 1944년 7월 독일군의 최고위직을 차지하고 있던 몇몇 장군이 히틀러 암살 시도를 한 적이 있지만, 적어도 히틀러 재임 기간 중 대놓고 히틀러의 말을 반박하거나 터무니없는 이론을 입증할 증거를 내보이라고 요구한 측근은 아무도 없었던 것으로 보인다.

히틀러가 다른 유럽의 지도자들에 비해 유독 무식했던 이유 중 하나는 유대인이 남긴 지적 유산을 완전히 무시했기 때문이다. 그는 유대인 작가, 화가, 작곡가의 작품이라면 아무리 장구한 시간 동안 이어져 온 문명의 산물일지라도 맹렬히 비난했다. 이 때문에 그가 역사와 문화를 이해하고 감상하는 방식에는 허점이 대단히 많을 수밖에 없었다. 그럼에도 불구하고 히틀러는 자신이 세상의 거의 모든 지식을 섭렵하고 있으며, 이 귀중한 지식을 부하들에게 전수해야 할 의무가 있다고 믿었다. 사실 '지적 과시'는 편집광적인 파시스트나 모든 독재자의 전제 조건이기도 하다. 그러나 히틀러의 끝없는 자기 자랑은 다른 파시스트와 독재자들과 비교해도 놀라운 수준이었다. 측근들 중 그 누구도 그에게 반박할 수 없다는 사실은 그의 광적인 지적 과시욕에 기름을 부어댔다. 자신을 가르쳤던 학교 선생님들에 대해 그는 이렇게 평했다. "나는 모범생은 아니었지만 선생들 중 그 누구도 나를 잊지 못했지. 그만큼 내가 그들에게 특별한 존재였다는 증거가 아니겠는가!"[13]

히틀러가 스스로에 대해 나쁘게 묘사한 적은 딱 한 번 있었는데, 인생에서 유일하게 술에 취했을 때의 이야기였다. 그는 자신이 학교 입학시험에 합격했다는 사실을 강조하며 합격 통지서를 받은 날 밤에 있었던 일을 자랑스레 떠올렸다. 친구들과 와인 1쿼트(독일의 부피 단위로 약 0.95리터에 해당한다 - 옮긴이)를 마신 다음 날 새벽, 잠에서 깨어난 그는 합격 통지서를 잃어버렸다는 사실을 깨달았다. "술에 취해 방심한 나머지 나는 귀한 양피지(합격 통지서)를 화장실 휴지와 혼동했다. 학교에 돌아가니 잃어버렸던 합격 통지서가 네 조각으로 찢겨진 채 볼품없는 상태로 책상 위에 놓여 있었다."[14] 선생님에게 꾸중을 들은 히틀러는 이후 수십 년간 이 일을 부끄러워했다. 그러나 사소하고 추잡한 이야기의 결말도 결국 자신의 승리로 끝을 맺었다. "나는 이 일을 겪은 뒤 두 번 다시는 술에 취하지 않겠다고 스스로와 약속했고, 결국 그 약속을 지켰다!"

아군을 만드는 일보다 적을 고르는 일이 훨씬 중요하다

이토록 터무니없고, 평범하고, 천박하고, 자기밖에 모르고, 매력 없는 남자가 어떻게 위대한 아리안족의 영웅으로 오랫동안 인기를 끌 수 있었을까? 여기에는 여러 이유가 있다. 그는 독일인들에게 비록 조금 부족하고 평범한 사람으로 보일지언정 '사심 없는 사람'으로 비치길 원했다. 그 어떤 개인적 이득을 취하지 않고 오직 독일과 위대한 게르만족의 부흥을 위해 모든 것을 바칠 각오가 된 지도자로 보이길 원했다.

1918년 제1차 세계대전 종전 이후 독일인들은 자신들이 왜 전쟁에서 졌는지, 왜 이토록 끔찍한 식량난을 겪어야 하는지, 왜 자신들의 위대함을 세계에 과시할 수 없는지 깊은 고뇌에 빠졌다. 그들은 민족 간 우열이 존재한다는 '인종론'을 믿었으며, 서부 전선에서 세계 최강의 독일군이 패배한 이유는 독일 안에 기생하는 유대인, 공산주의자, 패배주의자, 귀족, 열등인간(나치가 집시와 슬라브족 등 타 민족을 인간 이하로 취급하며 부른 말-옮긴이) 때문이라는 나치당의 '배후중상설'에 완전히 경도되어 있었다.

1918년 늦여름과 가을 사이, 독일 군대는 서부 전선에서 연합군에 완패했다. 이 애처로운 패자들은 비록 상식에서 크게 벗어날지라도 자신들에게 닥친 재앙의 원인을 타인에게 돌릴 수 있는 모든 주장이라면 그것이 거짓일지라도 철저히 옹호하고 수용했다. 독일 육군 통신병으로 복무하다 패전 후 뮌헨으로 돌아온 스물네 살의 히틀러는 그곳에서 자신들을 제외한 모두에게 비난의 화살을 돌리고 싶어 안달이 난 독일인들을 발견했다. 그는 자신이 어떻게 하면 이 나약한 군중의 깊은 갈망을 채워줄 수 있을지 오래 고민했다. 물론 독일인들은 자신들이 그러한 갈망을 지니고 있다는 것조차 인식하지 못하고 있었다. 히틀러는 사람들이 아직 입 밖에 내지 못한, 그러나 모두의 가슴속에 들끓고 있는 욕망을 건드리는 것이 진실을 지적하는 것보다 훨씬 더 강력한 폭발을 일으킬 수 있다는 사실을 알고 있었다.

★　★　★

제1차 세계대전이 끝난 뒤 독일은 패전의 책임을 물으며 득세한 공산주의자들에 의해 소련식 공산주의 정권이 수립된 상태였다. 히틀러는 비록 공산주의자들과 정치 이념은 달랐지만 조국의 군대에 남아 있기를 원했고, 결국 1919년 정보 요원으로 활동하면서 독일노동자당에 잠입하라는 상부의 명령을 받았다. 독일노동자당은 이후 국가사회주의독일노동자당, 줄여서 '나치'로 당명을 변경했다. 히틀러는 경쟁 정당 세력의 동향을 파악하라는 상부 명령을 받아 첩자 신분으로 독일노동자당에 잠입했지만, 어느새 그들의 이념에 감화되어 쉰다섯 번째 당원으로 당적에 자신의 이름을 올린다. 당시 독일노동자당은 변변찮은 당사 건물조차 없던 소수 정당에 불과했지만 히틀러가 들어온 이후 빠르게 세를 확장해 베를린 정계의 주요 정치 세력으로 부상했다.

히틀러의 사상에 영향을 준 또 다른 단체는 1918년 패전 후 독일의 정치적, 사회적 혼란의 결과로 탄생한 자유대라는 우파 민족주의 민병대였다. 자유대는 나치당 창당 이전부터 존재했던 극단주의 보수 우파 세력으로 나치의 심볼인 '스와스티카' 문양과 최고 권력자를 뜻하는 '퓌러(총통)'라는 단어는 모두 바로 이 자유대의 전통 중 하나였다. 자유대에 속했던 인물인 하인리히 힘러, 그레고어 슈트라서, 루돌프 회스 등은 훗날 나치당의 거물 인사가 되었고, 그중 루돌프 회스는 아우슈비츠수용소 소장이 되었다. 히틀러는 반유대주의, 초민족주의, 혁명주의의 이념을 자유대의 전통에서 흡수했다.

1921년 7월 패배한 재향군인들의 분개를 자극하며 자신의 연설가적 자질을 확신하게 된 히틀러는 1923년 11월 일명 '맥주홀

폭동'을 일으키며 베를린 정계에 화려하게 데뷔한다. 나치당의 지도자로 성장한 히틀러는 동료들과 함께 기관총을 들고 뮌헨의 한 맥주홀에서 반란을 일으켰다. 그는 무너진 게르만족의 자신감을 회복하고 독일의 지배자가 되겠다는 미명 아래, 1922년 이탈리아 로마에서 일어난 베니토 무솔리니의 로마 진군에 영감을 얻어 당시 바이에른공국의 실질적 수도였던 뮌헨에서 쿠데타를 일으킨다. 나치당 휘하의 친위 조직 돌격대(SA)를 동원한 이 어설픈 무력 행위는 뮌헨 경찰관 4명과 나치당원 16명이 목숨을 잃으며 허무하게 진압되고 말았지만, 한낱 군소정당의 지도자에 불과했던 아돌프 히틀러의 이름을 독일 정계에 각인시키며 파란을 일으켰다. 히틀러는 이 폭동의 죄로 법정에서 징역형을 선고받는다.

이 사건은 당시 미국과 유럽 열강의 눈치만 보며 현상 유지에만 급급했던 바이에른공국의 무능과 나약함에 치를 떨고 있던 독일의 하층민들을 자극했고, 곧 실패한 폭동은 사람들의 입에 오르내리며 영웅 신화로 편집되었다. 사람들은 폭동 기념일마다 도심의 여러 맥주홀에서 당시 상황을 재현하며 정부를 조롱했다. 바로 이때 훗날 나치당에 채택한 당가 「호르스트 베셀의 노래」를 비롯해 깃발과 문양 등 다양한 나치당의 전통이 만들어졌다. 그들은 히틀러를 예언자로 추대했으며 신비감을 더하고자 종교를 연상시키는 기하학적 문양과 표식, 독특한 암호를 창조했다. 란츠베르크감옥에서 약 9개월간 머문 평화로웠던 수감 기간 동안 히틀러는 자신의 이데올로기를 가다듬었고, "영원한 투쟁의 세상에서 싸우고 싶지 않은 사람들은 살 자격이 없다"[15]라는 주장을 담은『나의 투쟁』을 집필했다. 이 책은 나치라는 종교의 성경이 되었다.

히틀러의 명성은 크게 높아졌지만 1928년 5월까지만 해도 나치당의 총선 득표율은 2.6퍼센트에 불과했다. 히틀러는 1920년대 후반에 존재하고 있던 다른 30개 정당을 해체할 것을 공개적으로 촉구했지만, 아무도 그의 말에 주목하지 않았다. 히틀러의 권력에 날개를 달아준 것은 그가 뮌헨에서 시도했으나 실패한 무수한 작당이 아니라 미국인들이 뉴욕에서 저지른 단 하나의 사건이었다. 세계 경제 대공황이 벌어진 것이다. 뉴욕 월스트리트가 붕괴된 뒤 그 여파로 세계 경제가 무너지면서 독일 경제는 10년 전 겪은 인플레이션보다 더 거대한 하이퍼인플레이션을 겪게 되었다. 실업률이 치솟았고 베를린 거리에는 자본주의와 민족주의에 대한 끝없는 실망감과 불신이 흘러넘쳤다. 패전의 멍에에서 허우적거리던 독일인들에겐 자신들의 불행을 설명할 마땅한 이유가 필요했다. 히틀러는 다시 한번 자신의 존재감을 독일 전역에 떨칠 절호의 기회가 다가오고 있음을 예감했다.

선동과 기만을 통해 자신만의 정치력을 끌어올린 히틀러는 1930년대 베를린 정계에 우파가 득세할 무렵 나치당의 가장 영향력 있는 대중 연설가가 되었으며, 자유대의 이념을 바탕으로 당의 이데올로기를 설계하는 작업을 시작했다. 1928년 총선에서 고작 2.6퍼센트의 지지율을 얻었던 나치당은 대공황 즈음인 1930년 총선 때 18.3퍼센트의 지지율을 얻으며 당시 독일의 극좌 공산당 세력에 대항할 독보적인 우파 세력으로 급성장한다. 결국 1932년 7월 총선에서 37.4퍼센트의 지지율로 의회 230석을 차지하며 원내 제1당으로 올라선다. 제1차 세계대전의 전쟁 영웅 힌덴부르크 대통령은 그때까지도 히틀러를 '보헤미안 상병'이라고 비하했지만, 이듬해 1월 히틀러의 인기는 힌덴부르크로 하여금 그를 총리직에 앉히지 않고서는 버틸 수 없을 정도로 폭발적으로 성장한다. 부총리는 프란츠 파펜 전 참모장교가 맡았는데 그는 과거 히틀러의 상관이었다.

독일 국민의 드넓은 사랑을 받았음에도 불구하고 히틀러는 자신이 지닌 증오를 버리지 않았다. 그는 신중하게 적을 지정했다. 히틀러는 아군을 모으는 일보다 적을 지정하는 데 훨씬 더 오래 고심했다. 적을 제대로 지정만 하면 언제든지 추종자를 모을 수 있다고 믿었다. 적어도 이 부분에서 히틀러는 천재였다. 독일 인구 중 1퍼센트 미만이 유대인이나 공산당 조직원 또는 사회민주당 정치인들이었다. 그는 다수의 마음을 훔치기 위해선 소수를 박해해야 한다는, 간단하지만 위험천만한 발상을 실천할 수 있는 행동가였다. 반유대주의와 반사회주의는 나치당의 최상위 이념으로 자리를 잡았고, 이로써 그동안 자본을 독점해온 소수의 유대인에게 격렬한 열등감을 품고 있던 대다수 독일인은 나치당의 열렬한 지지자로 변신했다. 재능 없는 화가, 무능한 백수, 할 수 있는 일이라곤 군에 입대하는 것밖에 없었던 사회 낙오자는 이렇게 독일인의 우상이 되었다. 그는 정말 독일의 우상이 될 자격을 갖췄을까? 이쯤에서 우리는 히틀러의 삶을 통해 얻을 수 있는 승리의 교훈을 한번 더 음미할 수 있다.

자격을 갖춘 사람만이 그에 따른 보상을 누릴 수 있는 것은 아니다.

과연 히틀러라는 인간은 독일군의 통신병으로 복무하던 20년 전보다 월등히 나아졌을까? 그가 독일의 유능한 차세대 정치인으로 성장한 비결은 남다른 노력과 헌신 덕분일까? 정말 그의 식견과 용기가 예전과 다른 수준으로 일취월장했을까? 당시 언론 기관에서 쏟아져 나온 선전물과 역사가들의 꼼꼼한 기록을 보며 내가 추측할 수 있었던 것은, 안타깝게도 히틀러의 본성이 무명 시절과 비교해 조금도 변하지 않았다는 사실이다. 히틀러는 중요한 결정일수록 끊임없이 뒤로, 뒤로, 뒤로 미뤘다. 총리실에서 방문을 닫고 점심시간까지 홀로 깊이 생각에 빠진 채 장관들 간의 충성 경쟁을 부추겼다. 1938년 이후 그는 각료회의를 전혀 개최하지 않았고, 장관들에게 정책 현안에 대한 논의는 자신의 집무실에 갖고 오지 말라고 암묵적으로 경고했다.

1930년대를 살아간 평범한 독일인들이 전쟁을 특별히 원했다는 것을 보여주는 증거는 극히 적다. 그러나 그들은 오직 독일에서 전쟁을 원했던 단 한 사람을 위해 기꺼이 가진 것을 모두 바쳤다. 심지어 목숨까지도. 이들은 죽기 직전까지도 자신들의 행위가 조국을 위한 최선의 일이라고 믿었다. 1936년 3월 독일 국민의 절대적 지지 속에서 속행된 라인란트 재무장(1936년 3월 7일 제1차 세계대전 이후 체결된 베르사유 조약과 로카르노 조약에 의해 독일군의 병력 배치가 금지된 라인란트 지역에 독일 육군 병력이 투입된 사건 – 옮긴이)은 당시 독일인들이 얼마나 히틀러를 신뢰하고 있는지를 증명하는 중요한 사건이었다. 1937년 5월 히틀러는 프랑스에 선전포고를 하며 이렇게 말했다. "내 장군들은 오직 전쟁만을 원해야 한다."[16] 히틀러는 블롬베르크, 프리치 등 상급 지휘관들이 자신의 의견에 동의하지 않자 그들을 모두 해임하고 자신과 의견을 같이하는 보복주의적이고 팽창주의적 이념을 지닌 다른 지휘관들을 기용했다.

1938년 3월 히틀러는 오스트리아를 무력으로 합병하며 전 유럽을 다시 한번 충격에 빠뜨렸다. 오스트리아 태생인 히틀러는 모든 게르만족은 하나의 국가 아래에 통합되어야 한다는 독일 민족주의를 표방하며 오스트리아 수상 쿠르트 슈슈니크를 압박했다. 결국 슈슈니크는 사임했고 오스트리아 나치당이 정부를 장악했다. 나치는 오스트리아 합병을 '꽃의 전쟁'이라고 불렀다. 히틀러가 빈을 통과할 때 오스트리아 나치당원들과 국민 20만 명이 그를 환영하며 붉은 장미와 흰 장미를 그가 지나는 길에 흩뿌려 놓았기 때문이다. 오스트리아에서는 단 한 번의 총성도 울리지 않았다. 도망을 택하는 대신 자살하는 길을 택한 유대인들이 직접 울린 총성만은 예외였다.

　나치는 오스트리아 합병 관련 국민투표를 실시했다. '반대'에 표를 던진 사람은 당에 의해 식별될 수 있었다. 오스트리아 국민의 99.7퍼센트가 '찬성'에 투표했다. 히틀러는 혹시나 사람들이 자신이 표를 넣어야 하는 통을 혼동할까 봐 '찬성' 투표함을 '반대' 투표함보다 훨씬 더 크게 제작해 배포했다. 히틀러는 독일인과 오스트리아인에게 그동안 경험하지 못한 자극적이고 원대한 감정을 심어줬다. 독일의 '전부'가 된 이 사내의 양손에는 증오심과 희망이 각각 들려 있었다. 자신들보다 열등하다고 믿었던 타민족에게 짓밟혀 자존심에 지워지지 않는 상처가 난 제국의 신민들은 히틀러가 들고 온 선물에 한 점 의심 없이 열광했다.

어떻게 1명이
4700만 명을 죽일 수 있었을까

홀로코스트는 히틀러가 저지른 최악의 경제적, 군사적 오류이자 인류 역사상 가장 흉악한 범죄였다. 1941년 10월 21일 정오에 히틀러는 지인들에게 유대인들에 대해 이야기하며 "이 병충해를 없앰으로써 우리는 인류에 큰 기여를 하게 될 걸세"라고 말했다.[17] 그로부터 4일 후, 친위대총통 하인리히 힘러와 상급집단지도자 라인하르트 하이드리히에게는 좀 더 과감한 발언을 했다. "독일 의회 연단에서 나는 만약 전쟁을 피할 수 없다면 유럽에서 모든 유대인을 싹 쓸어버리겠다고 말할 걸세. 나의 유대인 말살 계획이 대중 사이에 퍼진다고 해서 나쁠 것은 없다네. 공포는 효과가 좋기 때문이지."[18] 그리고 1941년 12월 18일 히틀러는 힘러에게 전국 단위로 홀로코스트를 조직할 구체적인 계획을 짜오라고 명령했다. 이러한 체계적 학살 이전에도 히틀러는 이미 수십만의 유대인을 다양한 방법으로 무자비하게 살해했지만, 이날 이후 유대인 살인은 완전한 하나의 산업이 되었다. 이듬해 2월 22일 히틀러는 "유대인을 제거해야만 우리의 건강을 되찾을 수 있다"라고 덧붙였다.[19]

한편 히틀러는 1939년 3900만 명이었던 독일 산업 종사자의 수가 1944년에는 2900만 명으로 감소하자, 고등교육을 받은 국민을 의도적으로 파괴하는 작업에 착수했다. 그는 겉으로는 게르만족의 후예인 독일인들이 그 어떤 나라의 민족보다 더 지혜롭고 성숙하다고 자랑스레 떠들었지만, 속으로는 국민이 똑똑할수록 집권자가 권력을 독점하는 일이 더 귀찮고 어려워질 것이라고 생각했다. 그런데 '똑똑한 독일 국민', 즉 고등교육을 받은 국민 중에는 유대인이 압도적으로 많이 포함되어 있었다. 이처럼 히틀러에게 유대인은 여러모로 공공의 적이었다.

히틀러는 상병 시절 받았던 철십자 훈장을 자신의 가장 큰 무훈으로 여겼다. 그 훈장은 제1차 세계대전 당시 바이에른 예비연대의 유대인 부관에게 받은 것이었다. 당시만 해도 그는 유대인들이 병사들을 훌륭하게 양성하는 데 매우 유능한 자질을 지니고 있다는 사실을 잘 알고 있었다. 하지만 그는 어느 순간부터 유대인을 몰살하는 데 독일의 거의 모든 재정적, 군사적 자원을 투입했다. 노벨상 수상자들의 목록을 흘끗 보기만 해도 독일의 실존적 고뇌를 해결하기 위해서는 유대인들이 절실히 필요하다는 사실을 알 수 있었는데도 말이다.

히틀러는 대체 왜 그토록 유대인을 증오했을까? 히틀러의 일거수일투족을 문서로 남긴 보어만의 기록에도 유대인에 관한 히틀러의 언급은 다수 발견된다. 심지어 히틀러는 유대인들이 세계 단일 정부를 구축해 세계를 정복하려 한다고 주장하는 『시온 의정서』(반유대주의 진영은 이 책이 세계를 정복하겠다는 유대인들의 야욕을 보여주는 증거라며 비난하고, 유대인들은 이 책이 '금세기 최대의 위서'라고 반박한다 - 옮긴이)에서도 찾을 수 없는 유대인에 관한 비유까지 집요하게 찾아냈다. 1942년 4월 히틀러는 유대인들에 대해 칭찬인지, 비난인지 모를 해괴한 말을 쏟아냈다. "그 어떤 존재도 유대인보다 환경에 더 잘 적응하지 못한다. 그들은 어디서든 번영할 수 있다. 심지어 라플란드(핀란드에 위치한 유럽 최북단 지역 - 옮긴이)나 시베리아에서도 말이다."[20]

그는 유대인 자선가들을 극도로 싫어했다.

유대인들은 조금만 성공을 하면 개나 소나 자선가가 된다. 재단을 만들고 돈을 모으고 이웃을 돕는다. 그런 활동을 할 때마다 사람들은 유대인을 더욱 주목하고, 그들은 그 시선을 즐긴다. 그들은 한마디로 말해서 더러운 개다. 가장 야비한 유대인은 자선 활동을 하는 이들이다. 그들을 보며 불쌍하고 멍청한 아리안족들은 이렇게 말한다. "보세요, 좋은 유대인들도 있잖아요!"[21]

히틀러는 유대 문명과 고대 팔레스타인 문명이 같은 혈통을 공유한다는 명백한 고고학적 사실을 믿을 수 없었다. 그는 "이미 더 높은 수준의 문명이 고대 팔레스타인 문명 이전에 존재했으며, 오늘날 발견된 선사 시대의 유물들은 아마도 더 먼 과거에 속했던 물건들을 재생산한 것에 불과할 것이다"라고 주장하며 100년이 넘는 시간 동안 힘겹게 축적한 고고학자들의 연구 결과를 깡그리 무시했다. "저 무덤 옆에서 출토된 돌도끼가 정말 고대인이 직접 만들어 사용했던 돌도끼라는 것을 어떻게 증명할 수 있겠는가!"[22] 그는 유대인이 세상에 등장하기 훨씬 전에 지구의 3분의 1을 지배하던 해양 문명이 존재했을 것이라고 확신했다(히틀러는 이제 수많은 SF 영화와 판타지 소설에 단골 소재로 쓰이고 있는 '아틀란티스 신화'를 굳게 믿었다). 그에게 중요한 것은 고고학적, 역사적 진실이 아니었다. 가장 중요한 것은 오직 유대인보다 더 역사가 유구한 문명을 찾아내는 일이었다.

이토록 극렬했던 유대인에 대한 적개심에도 불구하고, 히틀러가 유대인 학살을 직접적으로 명령했다는 증거는 '적어도 서류상으로는' 아직까지 발견되지 않았다. 이는 홀로코스트 자체를 부정하는 사람들이 히틀러의 만행을 부인하는 근거로 사용되고 있다. 히틀러가 추종자들의 체면을 세워주기 위해 일부러 문서 작성 시 자신의 서명을 극도로 신중히 통제한 것인지는 알 수 없다. 하지만 확실한 것은, 히틀러가 홀로코스트를 승인하는 의미의 발언을 셀 수 없을 정도로 숱하게 내뱉었다는 사실이다. 히틀러의 나치 독일은 1941년부터 1945년까지 약 4년에 걸쳐 살인 가스, 기관총 사격, 급식 제한, 생체 실험, 강제 노역 등의 방법으로 유럽 내에서만 약 600만 명의 유대인을 살해했다. 물론 이는 집계가 가능한 숫자를 합친 수치에 불과하고, 실제로 자행된 학살의 규모는 이보다 훨씬 광범위할 것으로 역사학자들은 추측하고 있다.

★　★　★

베를린이 폭격을 당하자 히틀러는 피해 현장에 방문해 자신이 가장 자신 있어 하던 대중 결집의 도구인 연설과 선동을 통해 독일인을 격려하는 대신, 삼중으로 방탄 처리가 된 다임러벤츠에 올라타 커튼을 친 채 심복 헤르만 괴링과 벙커로 도주했다. 1942년 11월 히틀러는 제6군이 스탈린그라드에서 붉은 군대에 포위당했다는 보고를 받았지만 공중에서 병력을 재보급할 수 있다는 괴링의 자만에 찬 허풍을 믿었고, 결국 제6군은 스탈린그라드의 혹독한 추위 속에서 얼어 죽었다. 2년 전 기갑부대를 파견하지 않아도 독일 공군만으로 연합군의 덩케르크 철수 작전을 봉쇄할 수 있다는 괴링의 장담을 받아들였던 때처럼 말이다. 히틀러는 웬만해선 부하의 말을 믿지 않았지만, 괴링의 말만큼은 알 수 없는 이유로 계속 맹신했다. 단 1명의 심복에 대한 비이성적이고 열렬한 맹신과 의존은, 시대를 초월해 동서양의 수많은 독재자가 몰락 직전에 보인 공통된 행동 패턴이다.

1942년 말 히틀러는 사상 최악의 군사적 재앙으로 기록될 명령을 내린다. 그는 프리드리히 파울루스 육군 원수에게 스탈린그라드에서 퇴각하지 말라는 '총통령'을 발송했다. 충성심 강한 파울루스는 총통의 명령을 받들었고, 그 결과 1943년 2월 2일 파울루스가 연합군에 항복했을 때 추축군의 사망자 수는 25만 명에 육박했다. 이후 히틀러는 다시는 대중 연설을 하지 않았고, 라디오를 통해서만 연설을 하거나 괴벨스에게 당의 선전 작업을 맡겼다. 영국의 라디오에서 날마다 처칠의 탁하고 불쾌한 음성이 흘러나올 때, 히틀러의 목소리는 1944년 7월 히틀러 암살 모의가 미수로 그친 뒤 자신의 건재함을 과시하기 위해 라디오 연설을 했을 때를 제외하고는 1945년 1월까지 단 한 번도 독일 라디오에 송출되지 않았다.[23] 1945년 1월 스탈린의 붉은 군대가 오데르 강에서 40마일 떨어진 지역까지 진격해 왔을 때 히틀러는 마지막 라디오 연설을 통해 끝까지 자살 충성과 동족 살해를 부추겼다. "우리 독일인은 악의 무리에 맞서 불변의 의지를 갖고 싸워 이길 것입니다!" 하지만 역사상 최악의 지도자이자 가장 성공한 미치광이인 히틀러의 운은 거기까지였다.

노르망디 상륙 작전 이후 전황이 급격히 연합군 측으로 기울자 독일의 수많은 장군은 히틀러가 쏘아올린 꿈과 환상의 동화가 서서히 마지막 페이지를 향해 질주하고 있다는 사실을 깨달았다. 하지만 히틀러는 후퇴는커녕 더욱 맹렬하게 진군을 명령했다. 이 과정에서 수많은 이름 없는 군인들이 무의미하게 죽어갔다. 히틀러의 옹호론자들은 당시 히틀러에게 철수 명령을 내릴 헌법적 권한이 없었다고 주장한다. 물론 이는 명백한 거짓이다. 1944년, 총 세 번의 철수 명령이 프랑스 남부, 유럽 동남부, 라트비아 서부에서 각각 수행되었다. 신종 U-보트로 쿠를란드 해안선에 도착하면 전쟁에서 이길 수 있다는 카를 되니츠 해군 제독의 말을 히틀러가 믿었기 때문에 쿠를란드에는 철수 명령이 내려지지 않았지만 말이다. 히틀러는 패배가 거의 확실해진 순간까지도 자신의 야망을 포기하지 않고 불구덩이로 계속해서 독일 군대를 밀어 넣었다.

1945년 3월 19일 히틀러는 이른바 '네로 명령'을 전군에 내린다. 역사가들은 이 작전을 '독일 영토 초토화 작전'으로 부른다. 1942년 1월부터 히틀러는 서서히 미쳐갔다. "독일 국민이 믿음을 잃는다면, 독일 국민이 생존을 위해 몸과 영혼을 바치려 하지 않는다면, 독일 국민이 전장으로 나아가는 것을 두려워한다면, 그런 국민에게 남은 것은 사라지는 일뿐이다."[24] 1945년 초봄 히틀러는 독일을 파괴하라는 명령을 내렸다. 이 악명 높은 총통령에는 "모든 군사 수송 및 통신 시설, 산업 및 보급 시설 등 예측 가능한 미래에 적이 전쟁 자원으로 활용할 수 있는, 독일제국 영토 안의 모든 가치 있는 것들을 파괴하라"라고 적혀 있었다.[25] 독일을 산업혁명 전 농경사회로 회귀시킬 뻔한 이 끔찍한 명령은 다행히 무산되었다. 독일제국의 모든 건축을 총괄했던 알베르트 슈페어가 중간에서 히틀러의 말을 거역했기 때문이다(개전 초, 프랑스 점령군 사령관 디트리히 폰 콜티츠 장군도 1년 전에 프랑스의 에펠탑을 폭파하라는 히틀러의 명령을 거부한 적이 있었다).

한편 히틀러는 전쟁 말기 총통 집무실 아래 지하 벙커에서 자신의 고향 린츠가 승전 후 갖게 될 모습을 구현한 거대 도시 조감도를 바라보며 대부분의 시간을 보냈다. 그는 심지어 부모님의 시신을 다시 파내 린츠의 거대한 종탑 아래 이장할 계획도 세우고 있었다. 스탠퍼드대학교 후버연구소에는 히틀러와 그의 연인 에바 브라운이 1945년 4월 29일 일요일 오후 4시에 올린 결혼증명서 사본이 있다. 히틀러의 서명은 수많은 다른 문서의 서명보다 살짝 작았다. 결혼식의 흥분감 때문이었는지 그의 필체는 평소보다 엉성했다. 하지만 에바 브라운의 필체에는 대담함과 자신감이 넘쳤다. 그날은 에바의 연인 아돌프 히틀러, 즉 '아디'가 자신을 정식 아내로 삼는 날이었던 것이다. 아디는 에바가 히틀러에게 붙여준 둘만의 애칭이었다. 이들이 거주하던 지역의 호적 담당자 발터 바그너는 이렇게 선언했다.

> 1번(아돌프 히틀러)과 2번(에바 브라운)은 순수한 아리안족의 자손이며, 결혼을 금지당할 수 있는 그 어떤 유전적 질환을 앓고 있지 않다는 것이 증명되었다. 이에 본인은 교회에 이들의 구두 결혼 예고를 요청하며 혼인과 관련한 모든 법적 유예기간을 무시해줄 것을 요청한다.[26]

이어서 바그너는 "에바 브라운, 당신은 우리의 총통 아돌프 히틀러를 당신의 남편으로 받아들일 의향이 있습니까?"라고 물었고 에바 브라운은 "네"라고 대답했다. 부부가 된 지 24시간이 채 지나기 전인 1945년 4월 30일 월요일 오후 3시 30분, 이들은 동반 자살했다.

히틀러가 그랬듯 카리스마는 누구든 만들어낼 수 있는 것이다. 하지만 대다수는 그런 시도조차 하지 않고 살아간다. 제2, 제3의 히틀러가 나올 확률이 줄어들었다는 점에서 이를 다행이라고 여겨야 할까? 하지만 우리는 진정한 카리스마를 타고났거나 자신의 카리스마를 제대로 활용하는 사람들을 인생에서 종종 만난다. 우리에게 영감을 준 선생님, 우리를 이끌어준 상사, 우리에게 모든 것을 선물해준 부모님. 이들은 목숨을 건 신뢰를 통해 우리 삶을 더욱 빛나게 만들어준다. 이런 사람들이 우리의 삶에 존재한다는 사실은 신께 감사할 일이다. 때로는 사회가 그들에게 의존하고 있기 때문이다.

우리가 알고 있는 히틀러에 관한 환상에 비해 실제의 그는 한없이 작고 초라한 존재였다. 역사상 자신의 크기보다 수억 배는 거대한 그림자를 짊어진 채 살았던 인물은 아마 히틀러가 유일할 것이다. 그는 오늘날이라면 라디오나 텔레비전 인터뷰에서 단 30분도 주목받지 못할 인기 없는 연예인이나 정치 평론가가 되었을 것이다. 독일인 700만 명, 연합군 3400만 명, 유대인 600만 명 등 다 합쳐 4700만 명의 사람이 단 1명의 비뚤어진 생각 때문에 죽어갔다는 사실을 어떻게 받아들여야 할까? 그 어떤 수식어로도 이 안타까운 역사를 충분히 표현할 수 없으나, 이것은 실제로 일어난 일이었다.

Iosif Stalin

1879 ~ 1953

9장

공포는
사람을 겸손하게 만든다

공산권의 일인자

이오시프 스탈린
소비에트연방 공산당 서기장

"1명이 죽으면 비극이지만

100만 명이 죽으면 통계일 뿐이라네."

1890년대 후반 조지아 트빌리시의 한 신학교에서 마르크스-레닌주의를 받아들인 스탈린은 10대 시절 졸업 시험 응시를 거부한 뒤 스스로를 무신론자로 선언하고, 무자비한 공산주의자로 다시 태어난다. 1907년 공산주의 운동에 헌신하는 모습을 보이기 위해 러시아제국은행에서 34만 1000루블(오늘날 약 360만 달러)을 강탈하는 극적인 사건을 기획한 후 제국의 일급 수배자가 된 스탈린은 일곱 번이나 시베리아 유배를 겪었지만 번번이 탈출했고, 마침내 1922년 소비에트연방의 서기장으로 선출된다. 그 후 스탈린은 1953년 내출혈로 죽음에 이르기까지 수천만의 러시아인을 단 한 해도 거르지 않고 숙청이라는 이름으로 살해했다. 그가 이토록 권력에 집착한 이유는 무엇이었을까? 스탈린의 삶은 여러 부분이 두꺼운 베일에 가려져 있다. 그는 권력을 잡은 31년간 자신이 머무르던 크렘린궁을 단 한 번도 외부에 공개하지 않았다. 역사가들이 스탈린의 내면을 유추할 수 있는 방법은 2011년 일반에 공개된 소련비밀문서함에 보관된 총 63만 4000페이지에 달하는 기록물을 뒤지는 것뿐이다. 기록에 의하면 소련이라는 사회는 스탈린이라는 1명에 의해 마치 질식당하듯 압도되어 있었다. 장막 뒤의 황제, 힘으로 히틀러를 굴복시킨 유일한 남자, 끝내 속을 알 수 없었던 독재자 스탈린은 중국보다 두 배 넓은 영토와 1억 명에 이르는 인민들을 어떻게 그토록 완벽하게 통제할 수 있었을까?

완전히 믿을 수 없다면
아무것도 믿지 않는다

이오시프 스탈린은 1902년 스물네 살이 되던 해 처음으로 살인을 저질렀다. 신학교 자퇴 후 방황하던 스탈린은 공산주의 혁명가 블라디미르 레닌의 글에 큰 감명을 받아 당시 레닌이 이끌던 볼셰비키당에 입당한다. 당시 러시아 혁명 세력 중 가장 과격한 단체였던 볼셰비키당에서 스탈린이 맡은 임무는 자금 조달이었다. 그는 당에 갖다 바칠 돈을 구하기 위해서라면 도시의 은행이나 상점을 닥치는 대로 털거나 인질을 납치해 몸값을 요구하는 등 가리지 않고 범죄를 저질렀다. 그 후 20년간 당의 충실한 일꾼으로 복무하며 살인, 방화, 강도, 절도, 폭동 등 온갖 불법 행위를 주도하면서 만인이 평등한 프롤레타리아 혁명을 세상에 구현하겠다는 신념을 체화해나갔다. 그에게 살인은 혁명으로 가는 길 위에서 만나야 할 작은 희생에 불과했다.

스탈린이 추운 시베리아에서 4년간 외로운 망명의 시기를 보내고 있을 때 블라디미르 레닌을 포함한 다른 볼셰비키 혁명 지도자들은 스위스의 서점과 카페에서 안전하게 음모를 꾸미고 있었지만 고집스럽고 우직했던 스탈린은 개의치 않았다. 그는 러시아 제국 비밀경찰 오크라나에 맞서 지하 조직을 이끌며 목숨을 걸고 투쟁했다. 1917년 세계 최초의 공산주의 혁명인 '10월 혁명'에서 스탈린은 혁혁한 전공을 세우며 비로소 꿈을 이루었다. 러시아의 새로운 이름인 소비에트연방의 실력자로 급부상한 스탈린은 러시아 내전 시기 (후일 스탈린그라드라 불리는) 차리친에서 식량 정책을 담당하며 당의 정식 간부로 기용되었는데, 이른바 '농장 집단화' 정책을 강행하며 수백만 인민을 아사로 내몰았다. 권력의 핵심부에 다가갈수록 스탈린의 야욕은 농밀해져, 공개 재판을 통한 여론 조작을 기획해 그리고리 지노비예프, 니콜라이 부하린, 레프 카메네프 등을 포함한 수백 명의 옛 볼셰비키 동지들에게 날조된 반역 혐의를 씌워 잔인한 처형을 집행했다. 그는 우크라이나와 러시아의 부농 계층인 쿨라크들을 탄압하기 위해 고의로 식량 조달을 차단하여 400만 명 이상의 인민을 굶겨 죽였으며, 레닌에 이어 소련 서기장으로 집권한 뒤 일관된 공포 정치로 31년간 권좌를 유지했다.

"만약 저 멀리 계신 스탈린 동지가 이곳에서 무슨 일이 일어나고 있는지 알았더라면!" 이것은 소련 군인들이 민간인을 상대로 잔혹 행위를 벌일 때마다 무고한 소련 인민들이 외치던 말이었다. 하지만 스탈린은 무슨 일이 일어나고 있는지 정확히 알고 있었다. 처형 명단을 작성한 것은 바로 그였다. 때로는 그의 가장 충직한 개였던 외무장관 뱌체슬라프 몰로토프가 그 대신 작성해주기도 했다. 이 명단은 종종 무작위로 작성되었는데, 스탈린이 중요하게 생각하는 것은 '누구를 죽이는지'가 아니라 '얼마나 죽이는지'였기 때문이다. 죽여야 할 숫자만 채워진다면 그 명단에 어떤 이름이 오를지는 중요하지 않았다.

소비에트연방의 창설자이자 볼셰비키당의 영수 레닌은 원래 스탈린을 자신의 후계자로 삼지 않았다. 서기장이 되기에는 그가 지나치게 잔인하고 의심이 많으며 성격이 급하다고 생각했기 때문이다. 하지만 레닌의 바람과는 달리, 너무 잘난 탓에 정적들에게 무수히 견제를 받았던 레프 트로츠키가 실각하자 줄곧 이인자의 자리에 머물렀던 스탈린이 그 대안으로 떠올랐다. 결국 중앙위원회의 만장일치로 스탈린이 소비에트연방의 초대 서기장으로 선출된다. 이때부터 소비에트연방에는 이른바 '대숙청'이라는 공포 정치의 한파가 몰아닥친다.

세계적 베스트셀러 작가 사이먼 시백 몬티피오리의 저서 『스탈린: 붉은 차르의 법정Stalin: The Court of the Red Tsar』에는 1930년대 소련의 볼셰비키당이 획책한 우크라이나 대기근 시기에 부모들이 자신의 아이를 먹을 수밖에 없었던 끔찍한 사건들이 기록되어 있다. 몬티피오리는 이렇게 적었다. "모스크바 루뱐카의 감옥에 수

감된 죄수들 중 많은 이가 너무 심하게 구타를 당해 문자 그대로 눈알이 머리에서 튀어나왔다. 죄수들을 죽음으로 몰고 가는 구타가 일상적으로 행해졌으나 이들의 사인은 심장마비로 기록되었다."[1] 심지어 스탈린은 더 원활한 공포 정책을 추진하고자, 소련 공산당의 최고 정책 결정 기관인 정치국에 고문을 합법화하는 결의안을 통과시키라는 명령까지 내렸다. 당시 볼셰비키당 소속 당원들은 자신들이 나치의 당원들과 마찬가지로 인류를 위해 공헌하는 '꽤 괜찮은' 이상주의자이며 심지어 도덕주의자라고까지 믿었다.

1937년 한 해 동안 스탈린이 체포 명령을 내린 150만 명 중 70만 명이 총살형을 당했다. 스탈린은 루뱐카 지하감옥에 설치된 사형 집행용 벙커에서 자신의 적들이 죽어가는 소리를 즐거운 표정으로 감상했다. 사형 집행을 담당한 바실리 블로힌은 매우 익숙한 동작으로 희생자의 뒤통수에 총탄을 쐈다. 그의 동작은 그 누구보다 경제적이었고 군더더기가 없었다. 스탈린과 그의 측근들은 희생자들이 목숨을 구걸하는 모습을 흉내 내는 비밀경찰 소속 중위들의 과장된 몸짓을 지켜보며 고함을 지르면서 웃었다. 스탈린이 직접 임명한 특별 장교 바실리 블로힌은 순전히 사형 집행 임무만으로 장성급 장교의 지위에 오른 인물이었다. 기록된 통계에 의하면 그가 직접 살해한 사람의 숫자는 1만 명이 넘는다. 스탈린이 사망하고 2년이 지난 1955년, 블로힌은 스스로 저지른 죄악에 미쳐 자살했다.

역사가들이 스탈린을 괴물로 평가하는 이유는 단지 그가 야망이 과하고, 냉소적이며, 교활하고, 살의가 있고, 복수심에 불타며, 자신밖에 모르고, 권위적인 편집증 환자이기 때문은 아니었다. 물론 그가 이 모든 표현에 완벽하게 들어맞는 인물이긴 했지만, 그가 괴물로 불리는 진정한 이유는 그의 독실한 마르크스주의와 레닌주의에 밀접한 관련이 있다. 스탈린의 가장 최근 전기 작가 스티븐 코트킨은 "10대 소녀, 폭력, 동지애 등 그 어떤 것도 스탈린의 시선을 자신의 사명 외의 다른 것으로 이끌지 못했다"라고 적었다.[2] 그가 인생에서 가장 갈망했던 원동력은 날것인 상태에서의 '계급투쟁'이었다. 사회의 모든 질병에 대한 그의 만병통치약은 부르주아를 대상으로 한 무자비하고 가차 없는 파괴였다. 그의 신념은 소련 공산당이라는 하나의 정치 단위를 넘어 공산주의라는 거대한 이념을 향해 있었다. 바로 이 점이 그가 왜 이토록 지속적으로 살인을 조장하고 방기하며 때론 주도했는지, 그리고 어떻게 그렇게 오랜 시간 동안 이례적으로 단단한 권력을 유지했는지를 설명하고 있다.

우리는 공산주의를 지나치게 무시하는 경향이 있다. 이미 저물어버린 옛 시대의 유물쯤으로 치부하는 것이다. 개념과 용어도 난해하고 복잡하기 그지없어서 17세기 영국 신학 논쟁조차 『자본론』 앞에서는 간단해 보인다. 물론 마르크스가 주장한 공산주의는 오늘날 우리가 살고 있는 일상과 아무런 관계가 없다. 하지만 스탈린을 포함한 볼셰비키 당원들에게 이념은 삶의 전부를 의미했고, 그 핵심에는 바로 계급투쟁이 놓여 있었다. 1928년 7월 스탈린은 인민 앞에서 이렇게 외쳤다.

> 죽어가는 계급이 저항을 조직하려는 시도도 하지 않고서 자발적으로 자신의 지위를 포기하는 것을 본 적이 있습니까? 이는 앞으로도 결코 볼 수 없을 것입니다. 사회주의에 대한 착취자들의 저항은 우리의 계급투쟁을 더 선명하게 만들 뿐입니다![3]

니키타 흐루쇼프는 스탈린에 대해 이렇게 말했다. "그가 인류에 저지른 죄악은 이루 형언할 수 없을 정도로 광범위하지만, 적어도 공산주의가 제시하는 계급 문제에 대해서만큼 그 누구보다 청렴했고 그 어떤 적과도 타협하지 않았다. 이는 그가 지닌 가장 위대한 자질이었으며, 이 덕분에 반세기에 걸쳐 인민들로부터 큰 존경을 받았다."[4] 스탈린 사후 소비에트연방의 최고 실권자가 된 흐루쇼프는 아마도 여러 정치적 이유로 인해 자신의 옛 상관에 대해 깊은 존경심을 표현해야만 했을 것이다. 하지만 그를 제외한 수천만 러시아 인민은 도저히 그럴 수 없었으며 그래서도 안 되었다. 스탈린이 전 생애의 절반 가까이를 살아가며 한순간도 쉬지 않고 벌인 동족 학살과 숙청의 역사는 이념이라는 유령이 얼마나 한 사람을 극단적으로 미치게 만드는지, 또 그 광기가 인류에게 얼마나 거대한 희생을 강요하는지를 증명하고 있다. 나는 바로 이 점에서 고심 끝에 이 책의 마지막 장을 담당할 인물로

이오시프 스탈린을 선정했다.

★　★　★

스탈린이 소련을 이끄는 동안 공업 생산력은 월등히 증가했다.
1942년 하반기 동안 소련은 1만 5000대의 항공기와 1만 3000대
의 전차를 만들었다. 다목적 전차인 소비에트 T-34는 독일의 다
른 전차나 장갑차만큼 성능이 좋지는 않았지만, 생산량만큼은 독
일을 압도했다. 그리고 이 압도적인 물량은 결국 1943년 7월 쿠
르스크 전투를 승리로 이끌면서 3년 내내 독일에 끌려만 다니던
독소 전쟁(독일과 소련이 1941년부터 1945년까지 벌인 전쟁. 소련은 이
를 '대조국 전쟁'이라고 불렀다 - 옮긴이)에 마침표를 찍었다. 승전 연
설에서 스탈린은 이렇게 말했다. "충분한 양은 결국 질이 된다."
그의 이 말은 전차의 수는 물론이고 공포를 조장하기 위해 살해
한 인민의 숫자에도 적용될 수 있다.

스탈린은 그 누구도 감히 넘볼 수 없는 무제한적 권력을 확보
한 뒤 공포와 통치를 적절히 배합하는 자신만의 기술을 터득했
다. 1941년 독일군의 갑작스러운 침공으로 엄청난 양의 석유가
매장되어 있는 카프카스 지역을 어쩔 수 없이 버리고 동쪽으로
달아나기 직전, 그는 시설 대피를 책임진 석유부장관 니콜라이
바이바코프에게 이렇게 지시했다. "독일군이 단 1톤의 석유라도
가져간다면 나는 당신을 총살시킬 걸세. 하지만 만약 당신이 시

설물을 파괴해 독일군은 물론이고 소련군 역시 단 1톤의 석유도 사용하지 못하게 된다면 그때도 나는 당신의 머리통에 총을 쏠 걸세." 독일군의 진격은 거침없었고, 소련은 무기력하게 카프카스를 내줬다. 그런데 무슨 이유에서인지 바이바코프는 사격장이 아닌 자신의 집에서 2008년 조용히 눈을 감았다. 이를 제외하면 스탈린은 잘못을 저지른 부하에게 단 한 번의 예외 없이 무시무시한 대가를 치르게 했다. 독일군과 싸우다 60만 대군 중 30만을 잃고 돌아온 소련의 군사 영웅 드미트리 파블로프 장군에게 총살형을 내릴 때 스탈린은 그 어떤 여론 조작용 재판도, 고문도 실시하지 않았다.

1941년 10월, 소련의 서부 전선을 가볍게 돌파한 독일 육군은 파죽지세로 모스크바 인근 100킬로미터 지점까지 도달했다. 서부 전선의 육군 정치위원이었던 알렉산드르 스테파노브 장군은 모스크바에 있던 소련군 최고 사령부 '스타프카'를 러시아 동쪽에 위치한 페르후쉬코보로 이전하자고 제안했다. 그러자 스탈린은 스테파노브 장군에게 이렇게 물었다.

스탈린: 스테파노프 동무, 지금 당장 다른 동무들에게 삽이 있나 알아보시오.

스테파노브: 무슨 말씀입니까, 스탈린 동무?

스탈린: 다른 동무들에게 삽이 있소?

스테파노브: 스탈린 동무, 어떤 종류의 삽을 말씀하시는 겁니

까? 공병삽을 말씀하시는 겁니까, 아니면 다른 삽을 찾으시는 겁니까?

스탈린: 어떤 삽인지는 상관없소.

스테파노브: 동무들에게는 모두 삽이 있습니다. 그 삽을 갖고 무엇을 해야 합니까?

스탈린: 스테파노브 동무, 동무들에게 삽을 쥐고 각자의 못자리를 파라고 전하시오. 스타프카는 모스크바에 남을 것이오. 그리고 동무도 모스크바를 떠나지 않을 것이오. 산 채로든, 죽은 채로든.[5]

하지만 정작 가장 먼저 뒷모습을 보인 건 스탈린이었다. 1941년 10월 18일 스탈린은 심지어 비밀리에 마련한 개인 열차로 모스크바를 떠나 우랄산맥 뒤편으로 빠져나갈 준비를 했다. 만약 이 일이 실제로 진행되어 러시아 언론을 통해 세상에 알려졌다면 소련의 병사들은 반격을 시작하기도 전에 전의를 상실하여 독일군에 항복했을지도 모른다. 다행히 그런 일은 벌어지지 않았다. 이후 서부 전선의 최대 격전지였던 레닌그라드에서 무려 약 900일간 치열한 공방전이 펼쳐졌다. 도시에 갇힌 러시아 인민들은 식량이 떨어져 인육까지 먹었다고 한다. 혈전 끝에 소련군은 레닌그라드를 지켜내고 독일군을 몰아냈지만 스탈린은 끝까지 승전의 현장에 모습을 드러내지 않았다. 사실 양차 대전 기간 중 스탈린은 테헤란 회담과 얄타 회담에 참석한 것을 제외하고는 크렘린궁과 자신의 별장을 거의 떠나지 않다시피 했다. 러시아 해군 제독 비류노프 원수는 스탈린을 회상하며 "그는 단 한 번도 전장의 병사를 바라본 적이 없다"라고 말하기도 했다.[6]

수많은 공포를 뿌려대며 평생을 공포에 뒤덮여 살았던 스탈린은 무엇을 가장 두려워했을까? 그는 왜 자신의 군대가 있는 전장에 가는 것을 두려워했을까? 그가 가장 두려워한 것은 독일 육군의 티거 전차도, 독일 해군의 잠수함도 아니었다. 그는 부하들이 늘 자신의 뒤통수를 향해 총을 겨누고 있다고 믿었다. 그렇게 생각하는 편이 훨씬 더 이로웠기 때문이다. 완전히 믿을 수 없다면 아무것도 믿지 않겠다는 것이 스탈린이 정한 통치의 제1원칙이었다. 무수한 사람 중 암살자가 단 1명 숨어 있다고 생각하는 것보다, 그 무수한 사람 모두가 암살자라고 생각하는 것이 방어에 더 유리하지 않겠는가? 종전 후 어느 사석에서 처칠이 스탈린을 만났을 때 "헤아릴 수 없이 많은 부하를 효과적으로 통솔하는 요령이 무엇입니까?"라고 묻자 스탈린은 이렇게 말했다. "공포는 사람을 겸손하게 만드는 법이지요."

스탈린은 집권 기간 내내 공포를 기획했다. 소비에트연방의 내무부와 정보기관, 경찰 조직을 통합한 장관급 부서인 '내무인민위원회(엔카베데, NKVD)'를 창설해 1930~1940년대 자신이 벌인 '대숙청 사업'을 일임했다. 엔카베데의 위원장이자 '피의 난쟁이'라는 별명으로 불린 니콜라이 이바노비치 예조프는 이렇게 말했다. "무고한 시민 10명이 처형될지라도 1명의 스파이를 놓쳐서는 안

된다. 숲을 베어내다 보면 나뭇조각이 튀기 마련이다." 물론 예조프 역시 훗날 그가 말한 이유로 스탈린에게 제거되었다.

스탈린은 주요 권력기관에 배치된 부하들의 권력이 지나치게 커질 때마다 갖은 이유를 동원해 위협의 씨앗을 제거했다. 그는 엔카베데를 통해 클리멘트 보로실로프, 세몬 부돈니 등 휘하에 있는 최고위급 소련군 원수들의 집을 도청했다. 심지어 붉은 군대 최고의 영웅 게오르기 주코프의 저택에도 도청 장치를 설치해 견제했다. 하지만 조국의 운명이 걸린 독일과의 결전을 앞뒀을 때엔 쿠르스크 전역의 사령관으로 주코프를 파견했다. 독일의 천재 전략가들에 맞설 수 있는 유능한 군사 지휘관이 주코프 말고는 남아 있지 않았기 때문이다. 스탈린은 이처럼 부하에게 전적으로 의존하면서도 한편으로는 군부 서열 2위였던 이반 코네프 원수를 바르바로사 작전 이후 총살하는 계획을 고려하기도 했다. 주코프와 코네프는 제2차 세계대전 내내 소련 군부의 주도권을 두고 경쟁한 장군들이었다. 스탈린은 주요 군사 지휘관들이 서로를 끝없이 견제하도록 이간질했고, 자신에게는 노골적으로 충성 경쟁을 하도록 유도했다. 독일과의 전쟁이 막 끝나자 스탈린은 전국적 영웅으로 추앙받는 주코프에게 국내 유배 명령을 내려 오데사 군사 구역의 하급 지휘관으로 임명해 추방했다. 전체주의 독재 체제에서는 독재자가 자신의 부하들과 권력을 나눌 수 없었다. 비록 주코프는 스탈린보다 돋보이길 원하지 않았지만, 인민들 사이에서 주코프의 인기는 스탈린을 능가한 지 오래였다.

스탈린의 공포 정치에 예외란 없었다. 그는 자신의 가족들에게도 똑같이 가혹한 모습을 보였다. 제14기갑사단 중위였던 아들 야코프가 1941년 7월 비쳅스크 인근에서 독일군에 포로로 잡히자 스탈린은 며느리 율리아를 체포해 심문했다. 모든 러시아인은 '죽을 때까지 싸우라'는 명령을 받았기 때문에 전쟁 포로가 된 러시아인은 법적으로 소련의 배신자였고, 포로의 가족 또한 '배신자의 가족' 취급을 받았다. 독일군은 야코프를 내주는 조건으로 독일의 전쟁 영웅 프리드리히 파울르스 장군을 맞교환하자고 제안했지만 스탈린은 단호하게 거절했다. "육군 원수를 한낱 중위와 교환할 순 없지." 1943년 4월, 결국 야코프는 독일의 악명 높은 작센하우젠 강제수용소에서 교도관에게 복종하지 않았다는 이유로 총살을 당한다. 자기 아들을 죽인 나치의 여러 만행에 대해 스탈린은 전쟁 기간 내내 초지일관 심드렁한 반응을 보였다. 자신 역시 나치와 마찬가지로 제네바 협약 따위는 깡그리 무시한 채 전쟁 포로를 대상으로 반인륜적 학대 행위를 저지르고 있었기 때문이다.

학살은 국경 밖에서도 멈추지 않았다. 스탈린은 전쟁을 명분 삼아 폴란드인, 몰도바인, 베사라비아인, 볼가 독일인과 크리미아의 타타르족, 발트족, 체첸족, 잉구스족을 대상으로 인종 학살 행위를 저질렀다. 스탈린의 광기가 가장 극적으로 폭발한 사건은 1940년 4월과 5월에 걸쳐 카틴숲에서 폴란드 장교단 2만 2000명을 학살한 사건이었다. 이 끔찍한 대학살은 과거 1920~1921년 소련-폴란드 전쟁에서 자신에게 수치심을 안겨준 폴란드를 향한 스탈린의 강박적 증오에서 비롯되었다. 1939년 10월 독일-소련 불가침 조약의 결과로 폴란드 동부가 스탈린의 손에 들어가자, 엔카베데는 폴란드 지도부와 지식인층을 투옥하고 청산해 소탕하고자 폴란드에 입성했다. 스탈린 휘하의 최고 사형 집행인으로 경험이 풍부했던 바실리 블로힌은 카틴숲에서 28일 만에 단독으로 7000명의 폴란드인을 총살했다. 그는 군복에 피가 튀지 않도록 푸주한이 쓰는 가죽 앞치마를 입고, 방아쇠를 당기는 손가락에 물집이 생기지 않도록 특수 제작된 장갑을 꼈다. 이로써 블로힌은 역사상 가장 많은 사형을 집행한 사람으로 기네스북에 올랐다.

수년이 흘러 1943년 독일군이 폴란드 장교들의 사체를 발견했을 때, 처칠과 루스벨트는 폴란드인들이 나치에 의해 학살당했다고 한 스탈린의 말이 거짓이라는 사실을 깨달았다(러시아는 1990년이 되어서야 스탈린의 주장이 거짓이었음을 인정했다). 사실 나치의 고문 기술은 스탈린이 집권하던 시절의 소련 볼셰비키당이 자행한 고문에 비하면 아무것도 아니었다. 앨런 불럭이 『히틀러와 스탈린: 평행세계Hitler and Stalin: Parallel Lives』에서 밝힌 대로, 사실 나치는 볼셰비키로부터 대부분의 탄압 기술을 배웠다.

대다수의 전쟁사학자는 1941~1945년 러시아가 독일과 전쟁을 벌일 때, 남녀 통틀어 1300만 명보다 훨씬 적은 수의 사상자를 내고 전란을 매듭지을 수 있었을 것이라고 판단한다. 스탈린이 고집을 부리지 않고 적당한 시점에 서부 전선을 포기하고 후퇴했다면 수백만에 이르는 소련군을 보존할 수 있었을 것이다. 그리고 시간은 좀 걸렸겠지만, 전력을 회복한 소련의 붉은 군대가 혹한에 무방비 상태로 노출된 독일군을 손쉽게 물리칠 수 있었을 것이다. 하지만 역사학자들의 뒤늦은 바람과 달리 스탈린은 1941년 7월 28일 사기가 오를 대로 오른 독일 기갑부대를 향해 탄약조차 보급되지 않은 무기력한 소련군을 사자 우리에 몰아넣듯이 진격시킨다. "한 발짝도 뒤로 물러서지 않는다!"라는 제목이 붙은 '일반명령 제227호'에 서명을 한 것이다.

〈일반명령 제227호〉

크렘린궁의 허가 없이 행해지는 후퇴는 반역으로 취급되며 반역자는 모두 사형에 처해질 것이다.

결국 스탈린그라드 전투에서만 1개 사단 규모에 육박하는 1만 3500명의 소련군이 반역 행위를 저질렀다는 이유로 아군의 총에 맞아 사망했다. 이들은 전날 빈손으로 전장에 떠밀려 나가 죽은 아군의 시체 틈에서 알아서 소총을 집어 들어 싸우라는 명령을 받았던 군인들이었다.

물론 소련의 지배자가 사망자 숫자에 신경을 쓰지 않거나 타인의 죽음 앞에서도 초연할 수 있는 잔혹함을 갖춘 사람이 아니었다면, 독일군을 상대로 승전할 수 있었을지는 생각해볼 만하다.

당시 독일 기갑부대의 화력과 기동력은 세계 최강 수준이었다. 한 전투에서 수십만 명이 죽어나가는 전쟁에서 전사자 한두 명의 이름을 꼼꼼히 살피며 슬픔에 잠기거나 죄책감에 사로잡혔다면 유럽과 아시아, 대서양과 흑해를 아우르는 거대한 전선을 냉정하게 통제하는 일은 불가능했을 것이다. 게다가 스탈린은 이미 1930년대부터 자국민을 대상으로 '숙청'이라는 이름으로 대규모의 조직적 살인을 저질러왔기 때문에 이토록 큰 숫자에도 익숙했다. 이는 분명 루스벨트나 처칠은 흉내도 낼 수 없는 스탈린만의 독보적인 역량이었다. 어쩌면 소련군의 가장 강력한 무기는, 총이 없어도 병사들을 중무장한 적에게 돌격시키게 만드는 스탈린이라는 공포 그 자체였을지도 모른다.

스탈린
vs. 히틀러

스탈린이 범한 숱한 과오 중에서도 가장 처참한 실수는 대외정책이었다. 더 구체적으로 명기하자면 '사상 최악의 거짓말쟁이 히틀러를 지나치게 믿은 것'이었다. 1939년 9월 1일 독일이 폴란드를 기습 침공하며 제2차 세계대전이 발발했다. 그로부터 약 일주일 전인 8월 23일 저녁 모스크바에서 소련의 외무장관 몰로토프와 독일의 외무장관 리벤트로프가 만나 비밀 의정서에 조인했다.

1. 독일과 소련은 서로 침공하지 않으며 필요한 경우 서로 충분한 양의 물자를 교환한다.
2. 독일은 폴란드 서쪽과 리투아니아를 차지하고, 소련은 폴란

드 동쪽과 루마니아와 베사라비아를 차지한다.

3. 독일은 동유럽을, 소련은 북유럽을 지배한다.

이른바 '독소 불가침 조약'으로 알려진 이 비밀 의정서에 서명하면서 스탈린은 정말 독일이 이 문서에 적힌 대로 약속을 이행할 것이라고 믿었을까? 스탈린의 순진한 맹신의 근원에는 공산주의 이념이 흐르고 있었다. 그는 독일, 이탈리아, 미국, 프랑스, 영국 등 자본주의 국가가 맞이할 미래는 정해져 있다고 확신했다. 마르크스-레닌주의에서 자본주의는 필연적으로 제국주의와 파시즘으로 이어진다. 따라서 스탈린은 무한한 확장을 동력으로 삼는 제국주의와 파시즘 간에는 언젠가 반드시 전쟁이 벌어질 것이라고 믿었다. 그는 유럽 파시즘의 우두머리인 독일과 불가침 조약을 맺음으로써 소련이 프랑스, 영국을 포함한 제국주의 열강과 파시즘 간의 거대한 전쟁을 비껴갈 수 있으리라 생각하고 안도했다. 스탈린은 조약 체결 후 만찬에서 리벤트로프에게 이렇게 말했다. "히틀러 총통에게 전해주시오. 나와 소련은 이 협약을 끝까지 지킬 것이라고."

이 조약으로 인해 폴란드는 분할되었고, 소련의 위협을 제거한 히틀러는 프랑스를 쳐부수러 손쉽게 서부로 진격할 수 있었다. 이때까지만 해도 스탈린은 강대국들이 서로를 파괴하는 동안 조용히 이득을 보는 '제3자 전략'이 제대로 효과를 발휘할 것이라고 생각했다.[7] 1939년 3월 제18회 당대회 연설에서 스탈린은 고립주의가 소련에 가져다줄 실익에 대해 열변했다. "우리는 늘 신중해야 하며, 타국의 전쟁광들이 서로 분쟁하도록 가만 놔둬야 합니다."[8] 그러나 스탈린의 착각은 2년 만에 산산이 깨지고 말았다. 히틀러가 300만 명이 넘는 병사들로 구성된 160개 이상의 사단을 이끌고 소련의 국경을 넘은 것이다. 소련은 독일의 맹습에 전혀 대비되지 않은 상태였다. 소련 서부의 방어 시설은 여전히 건설 초기 단계였고, 붉은 군대는 너무 먼 곳에 배치되어 있었다. 독일군이 소련의 동부로 진격하던 바로 그날, 불가침 조약을 이행하기 위해 기름과 곡식을 실은 스탈린의 보급 기차가 모스크바에서 베를린을 향해 달려가고 있었다. 스탈린은 목젖에 칼이 다가오는 순간에도 히틀러를 믿고 있었던 것으로 보인다. 그 누구도 신뢰하지 않은 스탈린이 유일하게 신뢰한 단 한 사람이 바로 세상에서 가장 믿을 수 없는 사람인 히틀러였다는 점은 역사가 들려주는 유머다.

독일의 소련 침공에 대해 사전 경보가 없었던 것은 아니다. 국제공산당 코민테른의 자체 첩보 네트워크와 영국의 정보기관은 80여 차례나 스탈린에게 독일군이 쳐들어올 것이라는 경고 메시지를 보냈으며, 심지어 스탈린의 최측근 첩보원 리하르트 조르게는 '1941년 6월 22일'이라는 구체적인 침공 날짜까지 알렸다. 하지만 스탈린은 그 사실을 받아들이지 않았다. 이로 인해 소련 공군 병력의 80퍼센트가 이륙을 시도하기도 전에 러시아 서부 지역에서 독일 박격포에 의해 궤멸당했다. 독일의 조약 파기로 발발한 독소 전쟁은 이후 무려 4년 가까이 이어졌는데, 양국에서 총 5250만 명의 병력이 동원된 이 전쟁은 인류 역사상 가장 거대한 규모의 단일 전쟁으로 기록되어 있다.

1941년 6월 22일 새벽 독일의 침공 소식을 들었을 때 스탈린은 기괴한 표정을 지었다. 그는 이것이 독일군의 쿠데타 때문일 것이라고 말하며 "히틀러는 이 사실을 모르는 것이 틀림없다"라고 덧붙였다.[9] 그는 몰로토프를 불러 당장 프리드리히 폰 슐렌부르크 독일 대사에게 해명을 요청하라는 명령을 내렸다. 당시 소련군을 지휘하던 세묜 티모셴코 원수와 게오르기 주코프 원수는 스탈린에게 즉각 대응해야 한다고 간청했지만 받아들여지지 않았다. 스탈린은 독일 정부가 정말로 전쟁을 공식 선포했다는 사실을 알게 된 후에도 여전히 소련 지상군이 독일의 영토를 침공해선 안 된다고 우려했다.

개전 초기 소련 군대는 무려 수개월간 독일군에 제대로 반격을 하지 못했다. 그때까지도 스탈린은 히틀러에게 도발하는 모습을 보이고 싶어 하지 않았다. 그는 비록 몇 대 얻어터지긴 했어도 자신이 인내심을 발휘해 너그럽게 적을 용서해준다면 더 큰 파국은 모면할 수 있을 것이라고 믿었다. 실제로 그는 러시아 전역에 배치된 육군 부대에 동원령을 내리지 않았다. 스탈린이 현실을 외면할 때 히틀러는 자신의 집무실에서 참모들을 불러 놓고 이렇게 말했다. "우리가 문을 박차고 들어가기만 하면, 저 엉터리 건물은 스스로 무너진다." 옥스퍼드대학교에서 러시아 근현대사를 연구하는 학자이자 스탈린의 전기 작가 로버트 서비스는 "20세기 전쟁에서 전례 없는 규모의 군사적 재앙이 소련 동부 지역에서 일어났다"라고 썼다.[10] 독일군은 며칠 만에 수백 킬로미터를 진군했고, 몇 주 만에 350만 명이 넘는 소련군 포로를 잡았으며, 몇 개월 만에 모스크바 외곽의 지하철역에 이르렀다.

독소 전쟁 초기 소련군이 독일군에 일방적으로 압도당한 사실은 100년 현대 전쟁사의 가장 큰 미스터리다. 소련이 이토록 허무하게 당한 이유는 무엇이었을까? 아무리 히틀러가 20세기를 지배한 최강의 독재자였을지라도, 당시 소련이 보유한 군사력은 수십 개의 주변국과 동시에 전쟁을 벌여도 끄떡없을 정도로 거대하고 막강했다. 그런데도 소련은 독소 전쟁 내내 독일에 처참하게 유린당했다.

독일의 소련 침공이 있기 4년 전인 1937년, 스탈린은 훗날 독일을 물리치기 위해 가장 필요할 조직에 등을 돌렸다. 바로 붉은 군대였다. 그는 붉은 군대 소속 5명의 원수 중 3명, 16명의 육군 사령관 중 15명, 67명의 군단장 중 60명, 17명의 인민의원 전원을 숙청했다. 붉은 군대의 실질적 지도자였던 소련 참모총장 미하일 투하쳅스키 원수는 군대 현대화의 모범이자 수많은 군인에게 존경을 받는 군사 개혁가였지만, 스탈린은 날조된 재판을 통해 그를 포함한 수만 명의 장교들에게 총살형을 내렸다.

물론 당시 붉은 군대는 유일하게 스탈린을 상대로 쿠데타를 조직할 수 있는 국가 기관이었지만, 역사가들은 붉은 군대가 쿠데타를 계획했다는 그 어떤 증거도 발견하지 못했다. 이는 아마 스탈린도 마찬가지였을 것이다. 그는 붉은 군대가 공산당 이념에 충실히 복종하고 있으며 세계 그 어떤 군대보다 강력하다는 것을 잘 알고 있었다. 그리고 바로 이 때문에 그들은 죽어야만 했다. 투옥되어 고문을 당한 인물 중 총살형만큼은 면한 장교들은 훗날 복권되어 원수의 지위에 이르게 된다. 고문을 받다가 손톱이 뽑히고 갈비뼈가 부러진 콘스탄틴 로코소프스키도 그중 1명이었다. 스탈린이 1941년 그를 최고 사령관으로 재임명했을 때 로코소프스키는 전과 다르게 공손하고 상냥해져 있었다. 재임명식이 열리던 날 스탈린은 이미 답을 잘 알고 있으면서도 그에게 그동안 어디 있었는지 물었다(훗날 로코소프스키는 딸에게 자신이 언제나 권총을 들고 다니는 이유는 다시는 체포되지 않기 위해서라고 말했다).

붉은 군대가 없는 소련은 무력했다. 소련은 독일군에 침공당하기 전인 1940년에 이미 소국 핀란드에게 패한 전력이 있었다. 스탈린은 독일이라는 분명한 눈앞의 적에 맞서 군사력을 키우는 대신, 광활한 러시아 제국 안에 수많은 인간 도살장을 만들었다. 그는 공동묘지 옆에 솟은 소나무에 나뭇잎 하나가 자라는 것까지 꼼꼼하게 관리했다.

독일이 침공한 날 아침, 스탈린은 그 어떤 것에도 마음을 집중할 수 없었다. 그는 몰로토프에게 정오에 맞춰 전 국민을 대상으로 한 대규모 집회 연설을 기획하라고 지시했다. 소련비밀문서함에 보관된 당시 회의록을 보면 스탈린이 그날 군대의 상급 사령부 관계자들과 열심히 일했다는 것을 알 수 있다. 그러나 독일의 침략을 받은 지 한 주가 지난 1941년 6월 29일, 스탈린은 전화도 받지 않고 명령을 내리지도 않은 채 돌연 자취를 감추고 모스크바 외곽에 있는 자신의 별장으로 향했다. 그는 자신이 없어서는 안 될 만큼 중요한 존재라는 점을 과시하기 위해 수도원으로 몸을 감췄던 러시아의 황제 이반 4세처럼 발톱을 감춘 것이었을까? 그게 아니면 겁에 질린 나머지 별장으로 도주한 것이었을까? 정답은 아무도 모른다. 스탈린은 이후 그 일을 단 한 번도 언급하지 않았다.

칩거 나흘 후 당시 소련을 이끌던 실질적 지도자 5명이 다차에 방문한다. 외무장관 뱌체슬라프 몰로토프, 공산당 총리 게오르기 말렌코프, 국방부장관 클리멘트 보로실로프, 공산당 부총리 아나스타스 미코얀, 엔카베데 국장 라브렌티 베리야였다. 별장에서 이들은 팔걸이의자에 파묻혀 있는 스탈린을 발견했다. "여기에 왜 왔나?"라고 중얼거리는 스탈린을 보며 미코얀은 스탈린이 자신들에게 체포당할까 봐 두려워하고 있다는 것을 감지했지만 굳이 내색하지 않았다. 옆에 있던 몰로토프는 스탈린에게 소련의 대반격을 조직하기 위해서는 새로운 국방위원회가 필요하다고 말했다. 스탈린은 의심에 찬 목소리로 누가 그 위원회의 의장을 맡을 것인지 물었고, 몰로토프는 평온한 표정으로 이렇게 답했다. "그야 물론 스탈린 동무이지요." 스탈린은 나직이 답했다. "좋군."

당시 스탈린이라는 노쇠한 곰이 지배하던 소련은 그야말로 공포가 모든 것을 압도하는 땅이었다. 가슴팍에 헤아릴 수 없이 많은 훈장을 주렁주렁 달고 있는 원수급 군 지휘관들은 물론이고 수천만 러시아인을 통치하던 최고위급 관료들 역시 스탈린이 복잡하게 깔아놓은 상호 견제 시스템 안에서 서로의 일거수일투족을 감시했고 하루하루를 숙청의 공포에 시달리며 보냈다. 이는 스탈린도 마찬가지였다. 그는 150개가 넘는 사단을 거느리고 있었음에도 러시아 면적의 10분의 1도 안 되는 독일의 맹공에 겁에 질려 별장에 숨어들었다. 심지어 대책을 강구하기 위해 찾아온 부하들을 보고는 자신을 끌어내릴 쿠데타를 일으킨 반역 세력으로 오해하곤 숨죽여 떨었다. 이는 스탈린이 발명한 공포 정치의 두 가지 측면을 잘 보여준다. 첫째, 공포는 사람을 겸손하게 만든다. 둘째, 이는 만인 앞에서 평등하다. 공포에 휩싸인 자에게나, 공포를 휘두르는 자에게나.

감사는
개나 앓는 질병이다

스탈린은 대체로 인자하고 너그러운 표정을 짓고 관대하게 행동했다. 모든 전쟁이 끝나 그 뒤처리로 정신이 없었던 무렵, 소련에서 영국 대사로 있던 프랭크 로버츠는 이렇게 회고했다. "루스벨트와 처칠은 스탈린을 두고 말이 통하는 독재자라고 여겼다. 스탈린은 확실히 다른 독재자들과는 조금 달랐다. 그는 선동가도 아니었으며 화려한 군복을 뽐내며 걷는 이도 아니었다. 말씨는 부드러웠으며 질서정연했고 유머감각도 있었다. 그는 미지의 공포를 숨기며 쾌활한 겉모습을 보여야 하는 자신의 업무를 잘 알고 있었다."[11] 다른 건 몰라도, 스탈린이 매일 입었던 원수 군복이 화려하지 않았던 것만큼은 분명한 역사적 사실이다.

스탈린은 늘 과묵했다. 그는 아주 특별한 상황이 아닌 이상 입을 열지 않았으며, 호의라는 희소한 자원을 적극적으로 활용했다. 사람들이 그를 온순한 독재자로 기억하는 것은 그가 아주 결정적인 순간에만 매체에 모습을 드러냈기 때문이다. 자신이 의도한 만큼만, 원하는 모습만 대중에게 보여줬기 때문에 그는 자신의 이미지를 얼마든지 통제할 수 있었다. 실제로 스탈린은 36년의 통치 기간 중 대중 연설을 고작 아홉 번 실시했다. 전시 기간 중에만 수백 차례의 대중 연설을 한 처칠과 매주 노변정담(제2차 세계대전 동안 루스벨트가 30여 차례에 걸쳐 송출한 대국민 라디오 방송 - 옮긴이)을 하고 수시로 기자회견을 실시한 루스벨트 대통령과는 정반대의 행보였다. 스탈린은 직접 쓰지 않은 기사에 자신의 이름을 첨부하는 것을 엄금했고 구소련 공산당 중앙기관지인《프라우다》를 포함한 그 어떤 신문사에도 글을 기고하지 않았다. 그는 자신의 사진을 매체에 활용하는 것을 허가하지 않았고, 전쟁 기간 중 10월 혁명 기념 열병식 때 모습을 보인 때를 제외하고는 국가 행사에도 참석하지 않았다. 이러한 신비감은 그를 신적 존재로 재창조하는 데 기여했다. 1939년과 1942년《타임》은 '올해의 남성'으로 스탈린을 선정했다.

독일이 붉은 군대에 쫓겨 유럽으로 도주하고 힘의 균형이 서서히 동쪽으로 기울 무렵, 전 세계에서 단독으로 스탈린의 군대에 맞설 수 있는 지도자는 미국의 군 통수권자 프랭클린 루스벨트가 유일했다. 누구에게나 매력을 발산할 수 있는 자신의 능력을 자랑스러워했던 루스벨트는 스탈린에게 미국과 소련, 두 초강대국의 전후 동반자 관계라는 자신의 비전을 설득하고 싶었다. 1942년 3월 18일, 루스벨트는 처칠에게 편지를 썼다. "친애하는 윈스턴, 영국 외무부나 미국 국무부보다 제가 개인적으로 스탈린을 더 잘 다룰 수 있을 것 같다는 직언을 말씀드려도 당신이 언짢아하지 않을 것임을 압니다. 스탈린은 당신의 고위인사들이 가진 지나친 배짱을 싫어합니다. 제가 생각하기에 스탈린은 저를 꽤 좋아하는 것 같습니다. 저는 그의 이런 호감이 계속되기를 바랍니다."[12]

이후 루스벨트는 스탈린과 300통이 넘는 편지를 주고받는다. 그중 첫 번째 편지는 히틀러가 소련을 침공한 지 얼마 되지 않았을 때 루스벨트가 먼저 발송한 편지였고, 마지막 304번째 편지 또한 1945년 4월 루스벨트가 세상을 떠나기 하루 전 스탈린에게 보낸 편지였다. 역사학자 리처드 오버리는 두 지도자의 편지가 실은 소련에 대한 미국의 군사 원조를 협의하기 위한 물밑작업이었다고 분석한다. "두 사람은 마치 사업가처럼 이 문제를 논의했다. 스탈린의 문체는 실용적이고 간결했으며, 루스벨트만큼은 아니었지만 대단히 솔직하고 진정성이 느껴졌다."[13] 루스벨트는 '무기대여법'을 통과시켜 미국이 유럽과 러시아 전선에 공식적으로 군수물자를 제공할 수 있는 법적 기틀을 마련했다. 그는 러시아에 막대한 경제적, 군사적 지원을 이행함으로써 미국, 러시아, 영국, 중국 등 4대 강대국을 기반으로 세계의 영구적 평화를 창출하고 싶어 했다. 루스벨트는 처칠만큼은 아니더라도, 스탈린과 개인적으로 친밀감을 형성하고 있다고 자부했다. 과연 스탈린의 속마음도 그와 같았을까?

적어도 무기대여법에 대해서만큼은 두 지도자의 견해가 일치했다. 스탈린은 미국이 무상으로 더 많이 무기와 장비를 지원해주기를 희망했다. 또한 전후 세계에서 소련이 미국과 동등한 발언권을 갖기를 원했고, 이를 통해 동유럽에 대한 지배권을 획득할 수 있으리라 기대했다. 서신 교류를 시작한 뒤로 루스벨트는 스탈린을 직접 만나고 싶어 했다. 가능하다면 아이슬란드에서, 그것도 처칠을 제외한 채 만나기를 원했다. 그러나 이들의 첫 만남은 테헤란에서 처칠의 동석하에 성사되었다. 1943년 11월 테헤란 회담은 소련이 단순히 유라시아 일부 지역의 맹주가 아니라 세계 무대에서 미국, 영국과 어깨를 견주는 강대국이 되었음을 선포하는 기념식이었다. 이는 스탈린이 이룩한 성과였다.

하지만 달콤한 분위기는 오래가지 못했다. 스탈린은 이념적으로 적이 될 수밖에 없는 상대인 자본주의 최강대국 지도자와 더 이상 친해지는 것이 무의미하다고 생각했다. 300여 통의 편지 중 후반부에 스탈린이 보낸 편지에는 루스벨트와 미국인을 향한 불신으로 가득하다. 예를 들어 1944년과 1945년, 그는 어렵게 물리친 독일군이 다시 한번 소련 본토를 노리기 위해 부대를 동쪽으로 이전시키고 있다면서 이를 미국 등 연합군이 방조하고 있다고 비판했다. 또 미국이 독일의 작전 계획에 대한 잘못된 정보를 소련에 제공하고 있다고 의심했다. 스탈린이 가장 극렬한 분노를 느낀 순간은 폴란드를 위성국가로 만들려는 자신의 계획에 루스벨트가 결사적으로 반대했을 때였다. 1944년 12월 27일 스탈린은 루스벨트에게 편지를 보내 서방 자본주의 국가들의 동맹이 폴란드 민주주의자들을 은밀히 지원하고 있다고 불평했다.

> 심각한 범죄 테러 네트워크가 폴란드 주둔 소련군에 대항하고 있으며 폴란드 이민자들의 사주를 받은 테러리스트들이 붉은 군대를 지속적으로 살해하고 있습니다. 소련군은 폴란드를 죄악으로 가득 찬 정치 이념으로부터 해방시키고자 주둔 중입니다. 소비에트연방의 지도자로서 나는 서방의 그릇된 민주주의 국가들이 폴란드 테러리스트에 협조하는 것을 더 이상 용납할 수 없습니다.[14]

심지어 스탈린은 폴란드 민주주의자들을 나치의 동맹으로 묘사하며 연합군이 나치와 손을 잡았다고 맹비난했다. 참다못한 루스벨트는 유럽 동부 전선에서 소련군 대신 무수히 죽어나가는 연합군 병사들의 숫자를 언급하며 이렇게 답했다. "귀하도 아시다시피 우리는 서유럽과 지중해에 있는 독일 공군력의 절반 이상을 억제하고 있습니다. 이를 위해 연합군은 날마다 필요 이상의 피를 유럽 땅에 흘리고 있습니다. 이에 대해선 어떻게 생각하시는지요?"[15] 사실 스탈린도 이 사실을 알고 있었지만 무시하고 이렇게 답장을 썼다. "감사는 개가 앓는 질병입니다."[16]

　스탈린은 그 누구에게도 감사를 느끼지 않았다. 특히 자본주의
자들에게 더욱 심했다. 그는 처칠과 루스벨트 같은 자본주의 국
가의 영수들이 어쩌다 한번 소련을 돕는다면, 해외 시장을 새로
개척하려는 제국주의 야심의 발로일 뿐이라고 일축했다. 따라서
스탈린에게 '미국의 원조'는 보답의 사유가 아니었다. 이때부터
이반 마이스키처럼 서방 강국에 감사를 표하는 외교관은 즉시 본
국으로 소환되었다. 처칠과 루스벨트가 걸어가는 길과 스탈린이
걸어갈 길은 본질적으로 달랐다. 애초에 공산주의 국가가 자신들
이 규정한 인류 최후의 적과 공존한다는 발상 자체가 비상식적이
었다. 루스벨트와 스탈린은 근본부터 달랐다. 귀족 출신인 루스벨
트는 집권 초부터 미국 귀족 계급의 환영을 받았을 뿐만 아니라
정치적 부르주아의 대변자였지만, 스탈린은 바로 그 부르주아 계
급을 청산하며 집권한 독재자였다. 스탈린은 루스벨트와 처칠이
야말로 볼셰비키가 나아갈 계급의 마지막 적이라 굳게 믿었다.

　스탈린은 종종 정치적 동반자이자 유고슬라비아의 독재자 요
시프 브로즈 티토 원수에게 처칠과 루스벨트의 차이점을 이렇
게 설명했다. "1코펙(과거 러시아에 유통되었던 동전. 화폐 단위로는
100분의 1루블에 해당한다-옮긴이)을 훔칠 때 처칠은 남의 주머니
에 몰래 손을 집어넣지만, 루스벨트는 은행을 턴다네." 하지만 정
작 서방 국가의 주머니에 손을 집어넣은 사람은 스탈린이었다.
그는 알루미늄과 곡물 수백만 톤을 내준 대가로 미국으로부터

항공기 5000대, 전차 7000대, 군화 500만 켤레를 무상으로 받았다. 역사학자 앤터니 비버는 당시 미국과 소련의 거래를 이렇게 설명했다. "러시아 역자학자들은 인정하지 않겠지만 루스벨트가 조건 없이 스탈린에게 제공한 수만 대의 군용 트럭이 없었다면 붉은 군대는 1945년 미군보다 일찍 베를린에 도착할 수 없었을 것이다."[17]

그럼에도 불구하고 루스벨트와 처칠을 포함한 미국과 영국의 지도자들은 소련이 제2차 세계대전 동안 흘린 피에 대해 깊은 죄책감에 시달렸다. 전쟁 기간 중 영국은 388만 명, 미국은 29만 5000명의 병사를 잃은 반면 러시아는 영국과 미국의 사망자 수를 합친 것의 거의 40배에 달하는 숫자인 2700만 명의 군인과 민간인을 잃었다. 물론 이렇게나 많은 사망자가 발생한 이유는 스탈린이 무리한 작전을 명령한 탓이었지만, 그렇다고 해서 서구의 지도자들이 느끼는 죄책감이 줄어들지는 않았다. 그런 점에서 스탈린이 미국과 유럽을 향해 "감사는 개가 앓는 질병"이라고 일갈한 이유가 조금은 이해가 된다.

이토록 상식과 인류에서 어긋난 수많은 만행을 자행한 스탈린을 그의 부하들은 어떻게 기억하고 있을까? 핀란드를 기반으로 활동하는 역사학자 앨버트 액셀이 1997년 출간한 책 『스탈린의

전쟁: 그의 사령관들의 눈을 통해 보다Stalin's War: Through the Eyes of His Commanders』에는 스탈린과 함께 복무했던 장군 30명의 인터뷰 녹취록이 수록되어 있다.

> 아무렇게나 해치운 일에 대한 변명은 용납되지 않았다. 스탈린
> 은 업무를 깔끔히 끝내는 데 실패하는 부하에게 반드시 대가
> 를 치르게 했다. 그간 당에 충성을 바친 유능한 일꾼도 예외는
> 아니었다.[18]

　스탈린과 거의 매일 대면했던 총참모장 알렉산드르 바실렙스키의 증언이다. 스탈린은 군부 내에서 발생하는 작은 문제에도 주의를 기울였다. 키릴 마레츠코프 원수가 스탈린에게 자신의 장교들이 면회를 온 부인이나 연인과 함께 있을 수 있는 장소가 없다고 말하자 스탈린은 바로 다음 날 군인 면회용 주택을 건설하라고 건설부장관에게 지시했다. 독소 전쟁 중 참모들이 쓰는 부엌에 폭탄이 떨어졌다는 말을 들었을 때는 인당 3개의 샌드위치가 담긴 바구니를 매일 장교 사관실에 보내라고 지시했다. 그들은 스탈린이 죽은 지 40년이 흐른 뒤였음에도 자신이 복종하던 독재자에 대해 나쁜 추억보다 좋은 추억을 더 많이 간직하고 있었다. 하지만 그들이 모두 스탈린의 숙청에서 살아남은 장군들이라는 점을 고려한다면 이 증언들이 통계적으로 유효한 표본이라고 보기 힘들다.

스탈린이 사망한 뒤 흐루쇼프와 이인자 자리를 두고 경쟁했던 아나스타스 미코얀은 스탈린을 두고 "가장 용감한 사람은 아니었다"라고 회상했다. 1941년부터 1950년까지 10년간 붉은 군대 포병대 사령관을 맡은 니콜라이 보로노프는 자신의 자서전에서 스탈린을 이렇게 기억했다. "나는 전장에서 스탈린을 본 적이 없다. 그는 이미 우울과 신경과민을 겪으며 평정심을 잃은 상태였다. 임무를 내릴 때는 실제 수행 가능성을 고려하지 않고 믿을 수 없을 정도로 짧은 시간 내에 임무를 완수할 것을 요구했다."[19] 역사학자 로버트 서비스는 "전쟁 기간 중 스탈린은 대부분의 시간을 스타프카에서 사령관 주코프와 대화하며 보냈고, 나머지 시간은 전화기 너머의 겁에 질린 정치인과 지휘관에게 괴성을 지르는 데 보냈다"라고 기록했다.[20] 스탈린은 분명 최종 관리자였지만 주코프를 포함해 자신보다 더 전쟁 수행 능력이 뛰어난 고위급 원수들에게는 모든 권한을 위임할 줄 알았다. 심지어 그는 스타프카에서 작전 계획을 짤 때 자신이 수많은 사령관 중 누구의 말을 지지하는지 끝까지 알리지 않은 채로 그들의 논쟁을 관망하는 것을 즐겼다. 이는 독재자든 독재자가 아니든 꽤 요긴한 통치 기술이었다.

스탈린에 대한 여러 평전을 집필한 스티븐 코트킨은 그의 행동을 가장 잘 설명하는 것은 심리학이 아니라 정치학이라고 설명한다. 1937년 공포 정치가 극에 달하던 무렵 스탈린은 사형을 앞둔 희생자에게 이렇게 물었다. "믿음을 잃었다는 말로 당신의 배반을 설명할 수 있소?"[21] 스탈린은 세계의 공산화를 믿었고, 그것을 위해선 수천만의 목숨이 짓밟혀도 문제가 없다고 생각했다. 따라서 마르크스-레닌주의는 제2차 세계대전과 독소 전쟁, 그리고 무수한 대숙청 사업에서 죽어간 2700만 명의 희생자들에게 사과해야 한다.

스탈린이 1930년대 소련의 지배자가 아니었다면 러시아의 역사는 전혀 다른 방향으로 흘러갔을 것이다. 그 종착역이 어딘지는 알 수 없지만, 적어도 무작위로 추첨해 인민을 살해하는 참사는 벌어지지 않았을 것이다. 현대 마르크스주의자들은 '스탈린주의'가 공산주의의 기형적 변형에 불과했다고 의미를 축소하지만 이는 사실이 아니다. 스탈린주의는 공산주의가 도달할 수 있는 가장 최종적이고 논리적인 형태였다. 스탈린은 평생에 걸쳐 자신의 정치적 신념을 실현하고자 애썼지만, 역설적이게도 그가 남긴 것은 공산주의가 실패할 수밖에 없다는 분명한 증거였다. 그리고 이 무의미한 증명에 너무나 많은 사람이 희생되었다.

지금 당장 과거를 공부하라

승자들은 모두 연결되어 있었다

"인류의 이야기는 전쟁이다."[1] 윈스턴 처칠이 내린 이 슬픈 결론은 1929년에 처음 알려진 이후로 지금까지 단 한 번도 반박을 받은 적이 없다. 제2차 세계대전 종전 이후, 영국 군인이 70여 년간 세계의 다양한 전역에서 군사 임무를 수행하다 살해당하지 않았던 해는 단 한 해밖에 없다. 사람들은 최근 몇 년간 세상이 훨씬 더 안전한 곳이 되었다고 주장한다. 《타임》이 선정한 '세계에서 가장 영향력 있는 100인'에 꼽힌 세계적 언어학자 스티븐 핑커 교수는 『우리 본성의 선한 천사』라는 책에서 세계의 폭력이 점차 쇠퇴하고 있다며 희망을 전파한다. 그러나 간단한 계산만으로도 그의 낙관적 통계를 오후 중에 날려버릴 수도 있다고 나는 단언한다.

이 세상에 존재하는 어두운 그림자, 그리고 인간 본성의 폭력성을 이해하는 길은 불편하고 불쾌하다. 본능적으로 평화와 안정을 추구하는 인간의 사고방식은 폭력을 직관적으로 받아들이지 못한다. 그냥 '이 세상은 이미 충분히 아름답고 평화롭다'는 평화주의를 받아들이고 현실에 안주하면 그만일까? 세상과 세상의 문제들로부터 스스로를 고립시킨다고 해서 문제가 해결될까? 그러기에는 미사일과 전투기의 성능이 너무나 높은 수준으로 발전했고 지구상에서 실시간으로 일어나고 있는 국가 간 네트워크도 너무나 견고해졌다. 오히려 해답은 정확히 반대 행동을 취하는 것이다. 우리 모두가 지금부터 '전쟁광'이 되어야 한다는 말이 아니라, 그저 전쟁의 현상과 본질을 이해하려고 더 노력하고 전쟁이 경고하는 소리에 더 민감하게 대응하기 위해 과거를 공부하자는 것이다. 이는 생각처럼 어려운 일이 아니다. 처칠은 1906년 한 편지에서 이렇게 적었다.

무기는 계속해서 변화하지만 본질은 변하지 않습니다. 전쟁의 역사는 고대로부터 현재에 이르기까지 끊어지지 않고 하나의 이야기로 연결되어 있습니다. 기원전 49년 카이사르가 끝내 말에서 내리지 않고 루비콘강을 건넌 순간부터, 1863년 7월 아메리카연합국 총사령관 로버트 리 장군이 북군의 좌우익이 아닌 중앙 진영을 돌파하기로 결정함으로써 아군의 궤멸을 자초한 순간까지 거대한 하나의 이야기일 뿐이지요.[2]

내가 지금 이 글을 쓰고 있는 책상 옆에는 올더스 헉슬리가 1959년 1월 로스앤젤레스의 데론다 드라이브에서 쓴 편지가 놓여 있다. 편지에는 이렇게 적혀 있다. "인간이 역사의 교훈으로부터 많은 것을 배우지 못한다는 것은 역사가 우리에게 가르쳐야 하는 가장 중요한 교훈이다." 이 책에서 내가 소개한 9명의 인물 중 한 사람은 자신이 다니던 학교의 역사 선생님을 이렇게 기억했다.

> 회색 머리칼의 그 남자 선생님은 늘 강렬한 묘사를 통해 우리가 현재를 잊을 수 있도록 만들어줬고, 여러 세기에 걸쳐 안개 속에 갇혀 있던 평범한 역사적 사실을 현실로 불러내 살아 있는 무언가로 만들었다. (선생님은) 현재를 활용해 과거에 불을 밝히는 방법뿐만 아니라, 과거의 역사적 사건에서 어떤 결론을 이끌어내 현실에 적용하는 방법도 아는 분이었다. 선생님은 그 누구보다도 당시 우리를 숨 막히게 했던 모든 일상의 문제를 잘 이해하고 있었다. 그 덕분에 나는 여러 과목 중 역사를 가장 사랑하게 되었다.[3]

이는 아돌프 히틀러의 저서 『나의 투쟁』에서 발췌한 내용이다.

이처럼 역사라는 학문은 우리가 더 나은 세상을 만드는 도구로 사용될 수 있지만, 그 정반대의 일에도 활용될 수 있는 이중성을 지니고 있다.

로마 제국의 몰락 전후를 아우르는 고대 세계의 기나긴 이야기를 읽어보면 이집트, 유대, 아시리아, 그리스, 마케도니아, 로마, 훈 등 위대한 제국의 지휘관들이 어떻게 서로를 모방하고 존중했는지 알 수 있다. 그들은 이후 탄생한 거의 모든 지휘관들의 본보기가 되었고, 그들을 참고해 역사를 쓴 지휘관들 역시 다음 세대의 본보기가 되었다. 나폴레옹 보나파르트는 늘 자신을 알렉산더와 카이사르의 후계자로 인식했다. 이 사실을 간과한 채 그의 군사적, 정치적 경력을 평가하는 것은 불가능하다. 그는 남대서양의 세인트헬레나섬에서 망명 생활을 할 당시 카이사르의 전기를 집필함으로써 자신의 존경심을 증명했다. 19~20세기의 수많은 군사 지도자들의 대화에서 한니발, 스키피오 같은 명장들의 이름과 칸나에 회전, 악티움 해전 등 역사적 전장에 대한 소감이 얼마나 자주 등장하는지를 알게 되면 깜짝 놀랄 것이다.[4]

윈스턴 처칠은 자신의 위대한 조상인 말버러 공작과, 비록 국가는 달랐지만 늘 존경했던 나폴레옹의 삶을 동경하며 그들이 남긴 교훈을 현실에서 재현하기 위해 노력했으며 자신의 결핍을 메우기 위해 특히 더 많은 위인들의 삶을 참고했다. 나폴레옹 전쟁에서 활약한 윌리엄 피트(동명이인 중 아들-옮긴이), 제1차 세계대전 때 영국 전시내각을 이끈 데이비드 로이드 조지 총리, 프랑스를 제1차 세계대전의 승전국으로 이끈 조르주 클레망소 국방부장관 등이 그가 존경한 스승들이었다. 처칠은 1897년 12월 어머니에게 보낸 편지에 "넬슨의 삶은 잉글랜드 청년들에게 교훈이 되어야 합니다"라고 쓰기도 했다.[5] 마거릿 대처 역시 포클랜드 전쟁을 앞둔 며칠간, 제2차 세계대전 때 처칠이 보여준 용기와 두려움을 내내 생각했다고 한다. 미국 현대 국방군의 아버지 조지 마셜이 동경한 영웅은 남북전쟁에서 활약한 장군들이었다. 버지니아 종합 군사학원의 젊은 사관생도였던 마셜은 남북전쟁을 대표하는 용장 스톤월 잭슨 장군의 부인이 전쟁 추모 행사에 참석한 것을 보고 자신과 거장들이 연결되어 있다는 것을 어렴풋이 느꼈다. 샤를 드골의 영웅 명단에는 클레망소뿐만 아니라, 자신의 손으로 실형을 선고한 필리프 페탱 원수도 포함되어 있었다. 영국군을 대륙에서 완전히 몰아낸 잔 다르크도 드골의 영웅이었다. 흥미롭게도 드골은 나폴레옹에 대해서는 애증이 교차하는 태도를 보였다. 그는 나폴레옹이 진정 위대한 업적을 남긴 것은 맞지만, 본질적으로는 과대망상증 환자라고 생각했다. 하지만 영국인이라면 이렇게 말할 것이다. "사돈 남 말 하네!"

1000만을 이끈 지휘관들이 전장에서 발견한 것

이처럼 서로를 거울처럼 여기며 삶의 문제를 해결해나간 영웅들은 자신의 강점만큼이나 약점에 대해서도 잘 알고 있었다. 보스턴대학교 국제사연구소 소장 캐설 놀런은 저서 『전투의 매력 The Allure of Battle』에서 아무리 위대한 업적을 남긴 군사 지도자일지라도 결점은 있었다고 지적한다. 나폴레옹은 한 인간이 보여줄 수 있는 모든 군사적 자질을 갖추고 있었지만, 종국에는 자신과 프랑스 제1제국을 지키지 못했다. 그는 머릿속에 어지러이 나열된 생각을 분류하고, 자신보다 경험이 많은 부하들을 요령껏 통제할 수 있었으며, 단 한 번의 정찰만으로도 순식간에 지형을 파악할 수 있었고, 적진에서 무슨 일이 일어나고 있는지 추측했으며, 가장 적은 병력으로 많은 적을 무찌를 수 있는 찰나의 공격 시점을 완벽하게 계산했고, 최소한의 무자비함으로 최대한의 효과를 얻었다. 또한 자신의 말 한마디에 목숨을 바치도록 병사들을 북돋고, 유리한 민심을 얻기 위해 언론 매체를 통제했으며, 현대전에 적합한 새로운 전술 개념을 전장에 적용했고, 부하들에게 올바른 질문을 던질 수 있었다. 하지만 이런 놀라운 능력을 지녔음에도 불구하고, 나폴레옹은 1812년 10월 25일 러시아 말로야로슬라베츠에서 잘못된 방향으로 군대를 보내는 끔찍한 실수를 저지르며 몰락을 자초했다.

한 인간이 태어나면 그의 요람으로 행운의 요정들이 찾아와 무수히 많은 재능을 쏟아붓는다. 하지만 그 요정들 틈에는 요람에 가득 찬 재능 중 하나를 낚아채 치명적 결점으로 바꿔치기하는 악의를 품은 요정도 섞여 있다. 이는 피할 수 없는 역사적 진실이다. 재능만으로 가득 찬 운명도, 결점만으로 가득 찬 운명도 존재하지 않는다. 이 책에 등장하는 9명도 마찬가지였다. 수백만에 이르는 병력을 이끌고 수많은 전장을 누비며 위기의 순간마다 자신의 운명을 열어 재능이라는 이름의 구슬을 꺼내 활용했다. 운이 없게도 악의를 품은 요정이 섞어놓은 결점이라는 구슬을 꺼냈을 땐 평범한 다른 인간과 마찬가지로 곤란을 면치 못했다.

그렇다면 그들이 치열한 시공간을 관통하며 운명에 담은 구슬은 어떤 것들이었을까? 그리고 실제로 꺼내 활용한 구슬은 무엇이었을까? 지난 수십 년간 런던 킹스칼리지에서 수많은 전쟁과 그 전쟁을 승리로 이끈 사람들을 연구하며 나는 이 구슬들, 이른바 '승자의 DNA'를 추릴 수 있었다.

몰입 | "승리할 미래를 통째로 외워라"

주변 시선을 의식하지 않고 어딘가에 완전히 집중해 몰아일체가 될 정도로 몰두하는 능력은 모든 영웅의 공통된 자질이었다. 영국 정부의 제1원내총무를 지낸 제임스 스튜어트는 처칠을 두고 이렇게 말했다. "집중력은 그의 성격을 이루는 핵심 중 하나였다. 그는 늘 수중에 있는 일 외에 다른 것을 생각하지 않고 오직한 가지에만 몰두했다."[6] 제2차 세계대전 기간 처칠은 삶을 자신의 임무에 완전히 녹여냈다. 전쟁을 치른 약 6년 동안 그는 겨우 8일간 휴가를 가졌다. 8일 중 6일은 캐나다에서 낚시를 했고 나머지 이틀은 플로리다에서 수영을 즐겼다. 그러나 플로리다 휴가

기간 중 그는 모든 의회 연설에 참여했고 모든 신문을 읽었다. 전쟁 중 두 차례 폐렴을 앓던 때에도 계속해서 일했다. 이는 포클랜드 전쟁을 승리로 이끈 마거릿 대처와 독일의 육군 전략을 개혁한 헬무트 폰 몰트케, 소련의 전쟁 영웅 이반 코네프 등도 마찬가지였다. 이 책에 소개된 인물 중 직업윤리가 결여된 게으른 인물은 히틀러뿐이었다.

강력한 몰입은 완벽한 작전 계획을 수립하는 데 가장 중요한 자질이었다. 동시다발적으로 움직여야 하는 부대 이동 및 배치 계획에서 찰나일지라도 집중력이 흐트러지면 작은 구멍이 생기게 되고, 그 작은 구멍에서 '작전 실패'의 씨앗이 움틀 수 있었다. 군사 천재 몰트케는 '막상 적과 맞부딪치면 쓸 수 있는 계획은 얼마 없다'는 격언을 남겼고, 아이젠하워 역시 '계획은 무가치하다'며 몰트케의 말에 동의했지만[7] 그럼에도 불구하고 전쟁을 이끄는 지도자의 치밀한 계획 수립 능력은 그들이 존재하는 이유였다.

1940년 5~6월 6주간 히틀러가 프랑스, 벨기에, 룩셈부르크, 네덜란드 등 서유럽 국가에 가한 급습은 현대 전쟁사에서 가장 성공한 작전 계획 중 하나다. 그러나 이 급습 계획은 히틀러가 세운 것이 아니었다. 작전 개시를 불과 며칠 앞두고 계획 초안이 우연히 연합군의 손에 들어가게 되자, 독일군의 모든 기동 작전을 기획한 에리히 폰 만슈타인은 급히 새로운 작전 계획을 세웠다. 제2차 세계대전에서 연합군이 가장 두려워한 독일군 장군 만슈타인이 세운 '플랜 B'가 바로 그 유명한 '낫질 작전'이었다. 이 작전이 성공하면서 연합군은 보급 기지로부터 완전히 고립되었고, 분리된 병력은 독일군의 기갑부대에 의해 차례대로 궤멸당했다. 프랑스가 자랑하던 마지노선은 순식간에 함락됐고, 그때까지 횡단이 불가능하다고 여겨졌던 아르덴숲의 산악지대는 독일군의 물자 이동로로 활용되었다. 독일군은 6일 만에 스당을 돌파하고 10일 만에 프랑스 해안 도시 아브빌에 도달했다. 역사상 이토록 성공한 플랜 B는 없었다. 그는 마치 미래의 승리를 알고 있는 사람처럼 작전 계획을 짰다.

무언가에 몰입하는 능력은 자연스럽게 뛰어난 기억력으로 연결된다. 처칠의 기억력은 마치 녹음기 같았다. 그가 단지 노랫가락이나 셰익스피어의 작품만을 잘 외운 것은 아니었다. 그는 연설문을 외우기 위해 30시간 동안 아무것도 먹지 않고 한순간도 자지 않았다. 때로는 당장 할 연설이 아니더라도 훗날을 대비해 또 다른 연설문을 외워놓기도 했다. 그런가 하면 문서 정리 능력에서는 나폴레옹을 뛰어넘을 자가 없다. 그는 덜커덩거리며 달리는 마차 안에서도 군대의 모든 전투력이 동원되도록 완벽한 배치도를 그릴 수 있었다. 나폴레옹은 한번 전투에 나가면 하루에 거의 1~2시간만 잤고, 밤새 마차 창문을 통해 수시로 부관들과 메시지를 주고받으면서 전 부대에 명령을 하달했다.

신념 | "더 굳세게 믿는 자가 이긴다"
1796~1797년 이탈리아 전투 당시 나폴레옹은 기대 이하의 전

투력을 보인 부대를 꾸짖었다. 로마 폭동 당시 카이사르가 하극
상을 보인 군인들을 향해 '군인들'이나 '동지들'이라고 부르지 않
고 '시민들'이라고 부름으로써 겉으로 드러나지 않는 멸시를 보
였던 것과 마찬가지로, 그는 패전한 부하들에게 멸칭을 써 전투
의지를 고취시켰다.[8] 나폴레옹에게 비난을 들은 부대원들은 그
모욕에서 벗어나기 위해 다음 전투에서는 목숨을 바쳐 용맹한 활
약을 펼쳤다.

이처럼 부하들이 지휘관의 말 한마디를 마치 포상과 형벌처럼
여기게 하려면, 그 말의 주체인 리더가 먼저 신화적 존재가 되어
야 한다. 누군가에게 엄청난 영향력을 전하려면 일단 엄청난 사
람이 되어야만 하는 것이다. 넬슨은 전투에서 한쪽 눈과 팔을 잃
었다. 나폴레옹은 60번의 전투에 참여해 정상 생활이 불가능할
정도로 심각한 부상을 입었지만 도망치지 않았고, 최고의 지위에
머무르며 수많은 암살 시도를 받았지만 끝까지 살아남았다. 스탈
린은 당의 지지를 얻고 추종자를 모으기 위해 모스크바 시내에서
대범한 은행 강도 행각을 벌였다. 샤를 드골은 하급 장교로 복무
하던 제1차 세계대전 당시 수많은 전투에서 총이 아닌 칼과 창을
들고 전장에 뛰어들어 프랑스 육군에 용기를 퍼뜨렸다. 마거릿
대처는 아일랜드 공화국군이 자신을 암살하려 한 날 바로 다음
날 정무에 복귀해 아무 일도 없었던 사람처럼 담담하게 국정 보
고를 받았다. 이런 위대한 용기와 위엄은 어디에서 기인한 걸까.
그 근원은 바로 신념이었다.

나치의 실패를 독일 국민의 탓으로 돌리며 '베를린의 모든 것을 파괴하라'는 '네로 명령'을 내린 히틀러를 제외하곤, 이 책에 등장한 모든 지도자들은 자신의 민족과 부대가 적보다 우월하다는 사실을 절대적으로 믿었다. 처칠과 대처는 '영국다움Englishness'이라는 자신들만의 정체성을 믿었다. 드골은 전쟁터에서 종종 "내가 곧 프랑스다"라고 말하고 다녔다. 에이브러햄 링컨과 프랭클린 루스벨트는 자신들의 조국이 인류 역사상 가장 놀라운 실험을 거쳐 태어났다고 믿었다. 아테네의 정치인 페리클레스는 선배 세대의 탁월함을 후배 세대에 전승하는 것이 지금 세대의 유일한 의무라고 생각했고, 독일 제국의 재상 비스마르크는 "우리 독일인은 신을 두려워할 뿐 세상의 그 무엇도 두려워하지 않습니다"라고 말했다. 이들은 모두 자신이 이끄는 부족과 집단의 역량을 믿었다. 자신의 운명이 개별적으로 존재하는 것이 아니라, 무수히 많은 사람과 이어져 있다는 믿음은 이들을 죽음의 공포에서 벗어나게 해주었고, 그렇게 단련된 용기는 수백만 병졸의 영혼을 순식간에 사로잡았다.

언어 | "모든 위대한 존재는 문학가다"

유머 감각은 위대함의 필수조건은 아니었다. 마거릿 대처는 재임 기간 내내 존경을 받았지만 누군가를 웃기는 재주는 전혀 없었다. 오늘날 전 세계 군부가 채택하고 있는 '참모본부 제도'를 정립한 헬무트 폰 몰트케는 생전에 딱 두 번만 웃었다고 한다. 하지만 군이 누군가를 웃기지는 못하더라도 마음을 건드리는 기술은 중요하다. 처칠, 나폴레옹, 링컨은 적절한 유머와 연기를 통해 국민들에게 영감을 불어넣는 방법을 알고 있었다. 화려한 언변과 연설 실력 역시 승리를 이루는 필수조건은 아니었지만, 많은 지도자가 대중의 욕망을 읽어내 자신만의 언어로 들려줄 줄 알았다.

나폴레옹과 아이젠하워는 최말단의 병졸과 자신 사이에 관료제라는 벽이 끼어들지 않도록 늘 주의했으며, 추종자들과 직접 대화를 나누는 시간을 소중히 여겼다. 프랑스 대육군 앞에 직접 나서서 군의 일정을 선포하던 나폴레옹부터 제2차 세계대전 당시 지프차로 각 부대를 바쁘게 이동하며 일선 지휘관들과 소통하던 장군들에 이르기까지, 모든 리더는 자신을 추종하는 이들과의 간극을 좁히는 데 가능한 모든 방법을 동원했다. 오늘날 트럼프 전 미국 대통령이 유권자들과 트위터로 직접 소통하는 것을 비난하는 이들이 있지만, 만약 당시 전장에 트위터가 있었다면 아마 모든 장군들은 이를 활용했을 것이다. 나폴레옹은 툴롱에서 대활약을 펼친 포병 부대에 '두려움 없는 사람들'이라는 이름을 붙여 줬고, 언제 어디서든 자신이 해야 할 말을 280자 이내로 대원들에게 전달했다(실제로 나폴레옹은 피라미드 전투 전날 대육군에게 "4000년의 역사가 제군들을 내려다보고 있다"라는 짧고도 훌륭한 트윗 한 줄을 남겼다).

사실 성공한 군사 지도자들의 재능은 문학가의 재능과 상당 부분이 겹쳤다. 카이사르, 크세노폰, 프리드리히 2세, 나폴레옹은 모두 작가로도 큰 성공을 거뒀을 것이다. 넬슨 제독은 회고록을 집필할 수 있을 만큼 오래 살지는 못했지만 처칠과 마찬가지로 사람들의 심장을 들끓게 하는 강렬한 문장을 여럿 남겼다. 자신이 치른 전투 장면을 묘사할 때면 그는 독자들을 숨 가쁜 영화의 한복판으로 빨아들이는 듯했다. 넬슨이 64문 전함 아가멤논에서 한 전우에게 보낸 편지에는 1794년 2월 코르시카에서 프랑스군을 공격하던 때를 묘사한 장면이 담겨 있다.

우리가 접근하자 그들도 산탄총을 들고 우리에게 돌진했다네. 1시간 반 가까이 포격을 주고받는 동안 나는 기함의 중간 돛 뒤에 서서 돛이 쓰러지지 않도록 죽을힘을 다해 떠받치고 있었지. 사격은 계속됐어. 그 어마어마한 포탄 중에서 적에게 닿지 못한 것은 채 10발도 되지 않았을 거야. 마침내 적함에서 시커먼 불길이 타오르기 시작했어. 아마 엄청난 양의 화약이 보관된 선실이 폭발했겠지. 불길이 너무 커서 도저히 진화할 수도 없었어. 적군의 조준 능력은 정말 형편없었다네. 우리 배에 적지 않은 포탄이 떨어졌지만 사상자는 단 1명도 없었지.[9]

넬슨이 해군으로 성공하지 못했다면 C. S. 포레스터, 패트릭 오브라이언, 버나드 콘웰보다 더 뛰어난 전쟁 소설가로 꽤 많은 돈을 벌어들였을 것이다. 하지만 안타깝게도 넬슨은 열세 번째 생일을 맞기도 전에 장교후보생이 되고자 학교를 그만두었다. 그는 불과 몇 년밖에 영문학 수업을 듣지 못했지만 그가 남긴 기록 중에서 문법에 어긋난 문장은 하나도 없었다. 18세기 후반 영국 해군이 병사들에게 제공한 교육 수준에 찬사를 보낼 만하다. 넬슨의 문법이 완전히 엉망이었던 유일한 순간은 이성을 향한 깊은 질투심에 빠졌을 때뿐이었다. 1801년 그는 당시 영국 왕세자가 자신의 연인 엠마 해밀턴을 유혹하려 한다고 믿었다. 넬슨은 해밀턴을 너무나 원한 나머지 이런 형이상학적 문장을 남겼다. "내가 수백만의 사람을 가졌든 제국을 가졌든, 당신은 나와 함께해야 합니다."[10]

근성 | "단 한 대도 얻어맞지 마라"

전쟁은 늘 잔혹함을 동반한다. 1799년 나폴레옹이 자파를 점령한 후 터키 포병을 학살한 사건과 넬슨이 이탈리아 해군 준장 프란체스코 카라치올로를 공개 처형한 사건이 대표적인 예다. 나폴레옹을 기어이 무릎 꿇게 만든 웰링턴 공작은 영국의 동맹국이었던 포르투갈의 리스본 외곽 지역을 미리 초토화함으로써 나폴레옹의 군대가 더 이상 서쪽으로 진격하지 못하도록 막았다. 미국 남북전쟁에서 활약한 북군 사령관 윌리엄 테쿰세 셔먼은 1864년 부대가 진격하며 거치는 사바나 지대의 모든 도시를 완전히 파괴하는 작전인 '바다로의 행진'을 감행했다. 그가 모든 물자와 시설을 해체한 바람에 남군은 저항의 동력을 잃고 결국 북군에 항복했다. 처칠은 알제리 오란에서 언젠가 적군으로 돌변할지도 모를 프랑스 함대를 기습해 수장시키는 작전에 최종 서명했다. 심지어 얄타에서는 소련에 등을 돌리고 히틀러를 위해 싸웠던 수만 명의 카자크 난민을 소련으로 송환하는 안에 찬성표를 던짐으로써 이들에게 사실상의 사형을 선고했다. 물론 이는 모두 명백히 영국에 유리한 선택이었다. 지난 여러 세기를 빛낸 군사 영웅들의 삶에서 막연한 인류애를 찾으려는 시도는 무의미하다. 이들이 겪은 전쟁은 그렇게 호락호락하지 않았다.

인생에서도 마찬가지겠지만, 전쟁에서 가장 중요한 것은 선수를 쳐서 공격하는 능력이다. 비슷비슷한 전력을 지닌 상태에서 적을 이길 수 있는 방법 중 가장 성공 확률이 높은 전략은 언제나 기습 작전이었다. 넬슨과 롬멜을 포함한 무수한 야전 사령관이 그토록 부하들을 다그치고 몰아붙인 이유도 언제든 적의 뒤통수를 노릴 수 있는 유리한 위치로 군사를 재빨리 기동하기 위해서였다. 언제든 적을 타격할 수 있도록 팽팽한 추진력을 유지하는 능력은 군이 가장 예민하게 신경 쓰는 영역이다. 기원전 13세기 가나안을 정복한 이스라엘의 영도자 여호수아부터 1960년대 베트남 전쟁의 영웅 보응우옌잡에 이르기까지 모든 군사 전략가가 이 사실을 잘 알았다. 한니발은 기원전 218년 코끼리를 이끌고 알프스를 가로질렀고, 나폴레옹은 1800년 오스트리아군의 배후를 기습하고자 마렝고 전투 때와 같은 길을 건넜다. 제2차 세계대전 당시 독일 육군 원수 게르트 폰 룬트슈테트는 1944년 12월 벌지 대전투에서 강렬한 기습 작전으로 대전의 초기 승기를 독일에 가져왔다. 기습 작전의 핵심은 '혼란'이다. 적에게 얼마나 큰 혼란을 선사하는지가 성패를 갈랐다. 미국 국방부에서 부장관으로 재임하고 세계은행 총재까지 역임했던 폴 울포위츠는 2001년 6월 웨스트포인트 육군사관학교 졸업 연설에서 이렇게 말했다. "전장에서 놀라운 일은 너무나 자주 일어나기 때문에 우리가 그 일에 놀란다는 사실이 더 놀랍다." 단 한 대도 얻어맞지 않고 침착하게 적을 때려 부수는 것. 이것이 바로 기습 공격과 우리의 인생이 궁극적으로 추구하는 목표다.

하지만 성공적인 기습 공격을 감행하기 위해선 그 영광의 순간에 이르기까지 온갖 수모와 고통을 감내해야만 한다. 1944년 10월 미국 육군 최초의 전차부대 지휘관 조지 패튼은 이런 말을 남겼다.

> 지휘관의 역할은 자신이 얻어맞았다고 생각하는 사람에게 얻어맞지 않았다고 말해주는 것이다.[11]

전쟁은 결국 승자와 패자가 갈리는 게임이다. 아흔아홉 번의 전투에서 지더라도 마지막 전투에서 승리하는 사람이 전쟁의 승자가 된다. 조지 워싱턴은 1776년 발발한 독립전쟁 이후 내내 영국군에 쫓겨 다녔지만, 거대한 미국 대륙을 종횡으로 넘나들며 엄동설한을 이겨냈고 끝내 살아남아 1781년 요크타운 전투에서 두 배가 넘는 적을 몰살함으로써 미국을 영국으로부터 완전히 독립시켰다.

　전쟁이라는 긴박한 상황은 한 사람이 지닌 자질을 최대한으로 끌어낸다. 전장에서는 예측 가능한 것이 없고 모든 것이 혼란과 불안에 닿아 있다. 그리고 인간은 이런 위급한 순간에 천성이 드러난다. 영국의 군사학자 바실리 하트는 1944년 발표한 저서 『전쟁에 대한 생각Thoughts on War』에서 "광폭한 운명 앞에서도 침착함과 근성을 유지하는 것, 이것이 위대한 선장의 제1조건이다"라고 썼다.**12**

　1941년 6월 22일 스탈린이 '바르바로사 작전'에 대해 들었을 때 그는 발작에 가까운 반응을 보였고 며칠간 신경쇠약에 시달렸다. 같은 해 10월 중순 독일군이 모스크바의 문턱까지 다다랐을 때는 별장으로 도피해 붉은 군대와 러시아 공군이 제대로 저항하지도 못하고 학살당하는 현실을 외면했다. 이와 반대로 샤를 드골은 1944년 8월 26일 노트르담대성당에서 해방 기념 미사를 드리던 중 갑작스러운 총격이 일어났을 때 표정 하나 변하지 않고 담대하게 대처했다. 포클랜드 전쟁과 1984년 10월 아일랜드 공화국군이 일으킨 암살 시도 사건을 겪은 마거릿 대처 역시 재임 기간 중 단 한 번도 겁에 질린 모습을 보이지 않았다. 실제로 수많은 영국인이 그녀의 몸에는 피 대신 철이 흐른다고 믿었다. 갑작스러운 기습에도 놀라지 않는 침착한 자제력과 근성은, 적에게 흠씬 두들겨 맞는 와중에도 아군에게 가장 유리한 지형을 선점하고 최적의 반격 시점을 계산해야 하는 군사 지도자의 필수 자질이다.

겸손 | "싸움은 최후의 수단이다"

『손자병법』이 전하는 최고의 승리 원칙은 이것이다. "모든 전투에서 싸우고 정복하는 것은 탁월한 경지가 아니다. 최고의 탁월함은 싸우지 않고도 적의 저항을 무너뜨리는 것이다."[13] 훌륭한 지휘관은 자신과 자신의 부대를 천하무적으로 만들기 위한 명성을 스스로 창조해내 상대를 위압한다. 프로파간다와 이미지를 만들어내는 능력은 이집트의 파라오 투트모세 3세, 아시리아의 대왕 아슈르바니팔, 아테네의 장군 알키비아데스, 로마의 황제 폼페이우스와 트라야누스, 몽골의 지배자 칭기즈 칸과 쿠빌라이 칸, 스페인의 정복자 코르테스, 인도의 황제 악바르, 스웨덴의 사자왕 구스타브 아돌프, 독일의 원수 에르빈 롬멜, 이스라엘의 사령관 모셰 다얀 등이 평생에 걸쳐 일군 자질이다. 이들은 전장에서 피를 흘리지 않고도 명성만으로 적을 굴복시키고 수많은 부하의 목숨을 구할 수 있다는 사실을 알았다.

이들은 모두 전쟁터 바깥에서 펼쳐지는 또 다른 전쟁인 정치에 대해서도 놀라운 재능을 보여줬다. 카를 폰 클라우제비츠는 "전쟁이란 다른 방식으로 펼쳐지는 정치의 연장선이기 때문에 전쟁지도자들은 반드시 정치적 육감을 지녀야 한다"라고 말했다. 이 육감이란 무엇을 뜻하는 걸까? 전쟁의 전체 국면을 간파하는 혜안, 결정적 순간에 치고 빠지는 판단력, 집요하고 정교한 관찰력, 수많은 사안 중 가장 중요한 일을 찾아내는 직관력, 다양한 시나리오에서 적의 행동을 예측하는 통찰력 등이 그것들이다. 이러한 정무 감각을 지닌 군사 지도자로는 이집트 황제 람세스 2세, 이스라엘 제2대 왕 다윗, 카롤링거 왕조의 개국 군주 샤를마뉴, 잉글랜드의 정복왕 윌리엄 1세, 오스만제국의 술탄 메흐메트 2세, 남아메리카 독립군 사령관 시몬 볼리바르, 터키의 국부 무스타파 케말, 핀란드의 명장 카를 구스타프 만네르헤임 등이 있었다. 물론 이들의 행적을 기회주의에 반응한 얄팍한 술수로 폄하하는 학자들도 있다. 기회주의가 이들의 성공에 매우 큰 영향을 미친 것은 사실이다. 하지만 독일이 국부로 추종하는 프로이센 군주 오토 폰 비스마르크는 "정치인은 하나님의 발걸음이 울리는 소리를 들을 때까지 가만히 기다린 후, 발걸음 소리가 들리자마자 번쩍 뛰어올라 그분의 옷자락을 붙잡아야 한다"라고 말했다.[14]

이와 대조적으로 군사적 역량은 뛰어났지만 정치적 역량은 끔찍하게 부족했던 군인들도 많다. 제1차 세계대전 이전의 인물로는 크세노폰, 로버트 리, 스톤월 잭슨 등이 있었고, 그 이후의 인물로는 에리히 루덴도르프, 게르트 폰 룬트슈테트, 에리히 폰 만슈타인, 하인츠 구데리안 등이 있었다. 필리프 페탱은 제1차 세계대전에서 크게 활약한 군사 지도자였지만 제2차 세계대전이 발발하자 독일에 협력하는 모습을 보이며 역사상 최악의 정치인으로 기록됐다. 이와 반대로, 연합군 총사령관을 거쳐 미국 대통령에 당선된 드와이트 아이젠하워는 드물게 군사적 역량과 정치적 역량이 일치한 지도자였다.

싸우지 않고도 적을 이기기 위해서 이들은 군인이자 정치인으로서 전쟁이 아닌 평시에 더 적극적으로 활동했으며, 부대원이 결정적 순간에 최대한의 전투력을 발휘할 수 있도록 늘 병사들의 민심을 헤아리는 데 많은 에너지를 투입했다. 처칠은 궁궐에서 공작의 손자로 태어나 전국 최고의 학교 중 하나로 손꼽히는 곳을 다녔으며 평생 버스를 타본 적이 없었지만, 하층민들의 질문에 즉시 답할 수 있을 정도로 공감 능력이 풍부했다. 제2차 세계대전이 벌어지자 그는 과거 참호에서 군사를 직접 지휘했던 경험을 살려 야전 병사들에게 충분한 양의 맥주와 빵을 제공하도록 조치했고, 병사들이 가족과 소식을 주고받을 수 있도록 완전히 새로운 군사우편 시스템을 구축했다.

책임감 | "그 누구도 당신 대신 비난당해 줄 수 없다"

1940년 6월 11일 처칠은 최고군사회의에 참석하기 위해 오를레앙에서 동쪽으로 약 80킬로미터 떨어진 작은 비행장에 폴 레노 프랑스 총리와 착륙했다. 다음 날 그는 프랑스의 작은 마을 브리에르에 방문했다. 독일의 기갑부대가 대서양을 향해 쾌속 진군하며 프랑스 국토를 유린하던 와중이었다. 처칠이 도착하자 프랑스군 총사령관 막심 베강 장군과 페탱 원수는 독일군이 프랑스의 북서부를 돌파했다는 안 좋은 소식을 전했다. 실제로 파리는 그로부터 3일 후 함락되었다. 며칠 전 샤를 드골은 런던으로 가던 길에 이곳을 방문해 '프랑스 정부가 항복을 선언할지라도 그것과는 상관없이 게릴라 부대를 이끌고 독일군에 끝까지 저항할 것'

이라는 선언을 하고 떠난 참이었다.

베강은 처칠에게 그동안 프랑스 육군이 겪은 곤란을 설명한 후 이렇게 소리쳤다.

이곳이 결정적 지점입니다. 지금이 결정적 순간입니다! 영국은 본토에 단 한 대의 전투기도 착륙시켜서는 안 됩니다. 모든 영국 전투기는 프랑스로 보내져야 합니다.[15]

그의 말이 끝나자 무거운 침묵이 흘렀다. 처칠의 참모들은 처칠이 지나친 낙관주의로 인해 영국의 소중한 공군 자원을 프랑스 방어전에 투입시킬까 봐 두려워했다. 하지만 다행히 처칠은 영국 전투사령부 총사령관 휴 다우딩 공군 대장에게 '만약 비행 중대가 추가로 프랑스에 파견된다면 영국 제도의 방위를 보장할 수 없다'는 경고를 이미 들은 뒤였다. 베강의 말을 가만히 듣고 있던 처칠은 조심스럽게 그의 말을 자르고 이렇게 대답했다.

이곳은 결정적 지점이 아닙니다. 지금은 결정적 순간이 아닙니다. 결정적 순간은 히틀러가 독일 공군을 영국에 파견할 때 올 것입니다. 연합군이 지금 추구해야 할 군사적 목표는 영국 제도 위의 제공권을 유지하는 것입니다. 만약 그렇게 된다면 영국도, 프랑스도 지지 않을 것입니다. 우리는 프랑스를 위해 모든 전투에서 승리할 것입니다. 여기서 무슨 일이 일어나든 우

리는 끝까지 싸울 각오가 되어 있습니다.[16]

　다음 날 열린 영불최고작전회의에서 처칠은 베강에게 프랑스 본토를 포기하고 일단 영국으로 모든 병력을 철수시켜 반격을 노리자는 작전을 제안했지만 거부당했다. 결국 처칠은 영국 본토 안에 방어 보루를 신설해 프랑스와는 개별적으로 움직이기로 결심을 굳혔다. 프랑스는 독일군에 끝까지 저항하겠다고 약속했지만, 영국 공군이 프랑스 남부에 있는 이탈리아군을 폭격하는 것을 '자국 영토에서 타군이 군사 행위를 감행하는 것을 묵인할 수 없다'는 이유로 방해함으로써 스스로 한 약속을 저버렸다. 무솔리니가 히틀러의 편에 서며 전쟁에 참가한 지 불과 48시간이 지났을 때의 일이었다. 이제 파리 함락은 시간문제였다. 처칠이 영국으로 귀국하기 위해 비행장에 도착했을 때 국방부장관 헤이스팅스 이즈메이 장군이 물었다. "우리가 프랑스 본토에서 후퇴하는 걸 독일군이 눈치채면 총공세를 펼칠 겁니다. 비밀리에 움직이는 게 좋지 않을까요?" 처칠은 이렇게 답했다. "만약 우리가 그런 일을 한다면 역사적으로 매우 나쁜 인상을 남기게 될 것입니다."[17]

　영국군과 프랑스군은 영불 해협을 건너 영국으로 철수했다. 엄청난 속도로 추적하는 독일군을 막을 수 없었던 영국 51보병사단은 미처 본국으로 돌아가지 못하고 전원이 독일군에 포로로 붙잡혔다. 하지만 그 덕분에 프랑스 전역에서 흩뿌려져 고전하던 연합국 병사들은 독일군에 무의미한 저항을 하다 목숨을 잃는 일을 면할 수 있었다. 만약 처칠이 프랑스와의 오랜 우정을 고려해 본토에서 독일군에 맞서자는 베강 장군의 제안을 받아들였다면 어떻게 되었을까? 이미 기울어질 대로 기울어진 상황에서 영국의 소중한 공군력을 프랑스에 쏟아부었다가 독일군의 역습으로 공군이 궤멸당했다면 역사는 어떻게 흘러갔을까? 그리고 영국군의 수뇌부가 본인들만 살자고 몰래 프랑스를 빠져나왔다면 어떻게 되었을까?

처칠의 과감한 결단으로 19만 1870명의 연합군은 무사히 본국으로 돌아갔다. 처칠은 덩케르크 철수 작전에 이어 두 번이나 '위대한 영국군을 후퇴시킨 무능한 총리'라는 오명을 뒤집어썼지만, 비난을 회피하지 않은 덕분에 20만 명에 가까운 무고한 생명을 살릴 수 있었다. 그는 의회와 여론이 자신을 어떻게 평가할지 고려하지 않았다. 심지어 대중의 옹호도 기대하지 않았다. 비난을 듣는 일이 자신의 역할이라는 사실도 잘 알았다. 그가 고대한 것은 오직 자신이 훗날 '역사의 무거운 탐구'라 부른 심판뿐이었다.[18] 그는 아직 태어나지 않은 사람들, 즉 70여 년 후 이날의 역사를 탐구하고 관련된 책을 읽을 사람들의 인정을 구하고 있었다. 그 사람들은 바로 '우리'다. 과연 처칠은 자신이 바라던 대로 역사의 합당한 심판을 받게 되었을까? 나는 그가 우리 안에서 작은 옹호를 찾아내기를 바란다.

비합리적으로 살아라,
그리고 세상을 자신에게 맞춰라

운을 수치화하거나 예측하는 것은 불가능하다. 하지만 운은 인생의 성공에 반드시 필요하다. 이 책에 등장한 9명을 포함한 수많은 전쟁사의 영웅들 역시 운의 도움 없이 자신의 이름을 드높일 수 없었다. 나폴레옹은 누군가를 원수로 임명하기 전에 그가 운이 좋은 사람인지 아닌지 집요하게 확인했다. 행운이 전쟁의 승리에서 큰 역할을 담당한다는 것에는 의심할 여지가 없다. 우연이 전쟁의 승패에 미친 영향만으로도 책 1권을 쓰는 일이 가능하다. 영국의 휘그당, 독일과 러시아의 마르크스주의자, 그리고 세계 곳곳에 숨어 있는 수많은 결정론자들은 인류의 진보는 얼마든지 예측 가능하며 정의할 수 있는 궤도 내에서 진행된다고 주장했다. 하지만 그들의 역사 이론은 운이라는 변수를 마주하는 순간 거품처럼 녹아내린다.

안타깝게 들릴지도 모르겠지만, 실제로 이 책에 등장하는 승자들을 포함해 인류 역사상 존재했던 무수한 승자들은 이미 태어날 때부터 성공의 가능성을 함유한 채 세상에 나왔다. 혹자는 우리가 살고 있는 세상이 계급이 사라진 아주 평등한 세계라고, 그래서 평범한 사람도 충분히 권력을 쟁취할 수 있고 사회 지도자로 성공할 수 있다고 믿는다. 하지만 사실은 그렇지 않다. 역사에 이름을 남긴 인물 중 많은 이가 유한계급 또는 부유층 출신이었다.

알렉산더 대왕, 율리우스 카이사르, 나폴레옹 보나파르트, 윈스턴 처칠, 프랭클린 루스벨트, 존 케네디 등은 모두 귀족 가문의 자제들이었다.

하지만 행운은 성공에 도움이 될지는 몰라도 절대적 조건은 아니다. 넬슨은 불우하고 가난했다. 처칠은 아버지가 없는 것이나 다름이 없었고, 나폴레옹은 사관학교 시절 코르시카섬 출신이라는 이유로 따돌림을 당했다. 아이젠하워는 마흔여섯 살까지 소령 계급을 달았으나 같은 시기 동기들은 장성이 되어 승승장구하고 있었다. 역사학자의 시각으로 보았을 때, 아무리 행운의 비중이 높더라도 그것이 성공에 도달할 가능성에서 절반 이상의 비율을 차지할 수는 없다. 그렇다면 우리가 답을 구해야 할 질문은 이것이다.

나머지 절반을 어떻게 연마해야 하는가?

바로 이 질문에 인생에서 승리하는 법이 담겨 있다. 승자의 원칙은, 성공의 자질은 후천적으로 습득할 수 있다. 우리는 태생적 한계를 극복하고 더 나은 존재가 될 수 있다. 물론 그 가능성은 늘 희미한 안개에 휩싸여 있어서 처음에는 발견하기 어렵다. 하지만 막상 그것을 제대로 목격하면 우리의 인생은 달라질 수 있다. 페르시아를 세계 최강대국으로 성장시킨 키루스 대왕, 수백 배의 열세를 딛고 나라를 구한 레오니다스 1세, 의심 많은 스탈린이 모든 군권을 맡길 정도로 탁월했던 게오르기 주코프 원수, 영국을 제국으로 확장시킨 제럴드 템플러 참모총장 등이 이를 증명한 인물들이다.

이들이 전장에서 발견한 수많은 변화의 가능성은 우리도 충분히 배울 수 있다. 미국, 영국, 프랑스의 사관학교와 군사학교에서 과거 위대한 지휘관들이 남긴 교훈을 가르치는 것도 바로 이 때문이다.

1935년 10월 처칠은 역사학자 알프레드 더프 쿠퍼가 쓴 영국 육군 원수 얼 헤이그 전기의 비평문을 《데일리메일》에 기고했다.

그들은 전장의 모든 물리적 요소를 지배했고, 학살을 막았으며, 적에 맞서 신기루와 같은 승리를 거뒀다. 하지만 그 누구도 역사상 위대한 장군들이 남긴 이 신비롭고 환상적이고 때로는 사악한 불꽃을 완벽히 습득할 수는 없다.[19]

얼 헤이그는 그다지 뛰어난 군인은 아니었다. 심지어 처칠이 언급한 이 세 가지 불꽃을 모두 갖지 못한 사람이었다. 그는 참호에서도, 요새에서도, 후방에서도 전장의 물리적 요소를 지배하지 못했다. 학살로부터 아군을 지키지도 못했다. 처칠이 전차를 지원하지 않았다면 그의 군단은 개전과 동시에 독일군에게 궤멸되었을 것이다. 하지만 헤이그는 끝까지 노력했다. 더 나은 존재가 되려고 최선을 다했고 자신이 갖지 못한 것을 얻기 위해 쉬지 않고 움직였다. 그의 작전 계획 수립 능력과 작전 실행력은 확실히 몽고메리, 패튼, 아이젠하워, 브래들리 등 연합군의 최고위급 장군들보다 한참 뒤떨어져 있었지만, 간담을 서늘하게 하는 상황에서도 늘 최선을 다해 병사들을 이끌었다. 아마 그의 바구니 속에는 쓸만한 구슬이 몇 개 없었을 것이다. 그럼에도 불구하고 그는 영국 육군의 몇 안 되는 원수가 되었으며 연합군을 대표하는 승전국의 개선장군이 되었다. 위대함은 태어나는 게 아니라 만들어지는 것이다.

우리가 사는 세상은 가혹하다. 지금 당신이 발 딛고 서 있는 현실이 전쟁이 아니라고 장담할 수 있는가? 험난한 세상에서 살아가는 방법은 두 가지가 있다. 잔인하고 냉정한 세계의 질서에 압도되어 울타리를 쌓고 두려움에 벌벌 떨며 사는 것이 첫 번째 방법이며, 움막을 걷어차고 세상 밖으로 나가 죽기 살기로 맞서는 것이 두 번째 방법이다. 우리는 흔히 전자의 삶을 합리적이라고 믿는다. 질서를 유지하는 일은 안전하며 실패할 염려도 없기 때문이다. 조지 버나드 쇼는 희극집 『인간과 초인』에서 이렇게 단언했다.

합리적인 사람은 자신을 세상에 적응시킨다. 비합리적인 사람은 세상을 자신에게 맞추려고 계속 노력한다. 따라서 모든 진보는 비합리적인 사람에게 달려 있다.

때맞춰 비합리성을 보이는 재능은 위대한 인간의 핵심 자질이다. 당신은 어느 편인가? 실패할 확률도, 성공할 확률도 제로인 삶을 원한다면 승자들의 지난 삶을 구태여 들춰볼 필요는 없다. 더 강한 오늘을 살고 미래를 바꾸고 싶다면 해야 할 일은 딱 하나다. 지금 당장 과거를 공부하라.

감사의 글

이 책은 내가 2014년부터 2018년까지 레만 연구소의 수석 연구원 자격으로 뉴욕역사협회에서 진행한 강의에서 시작되었다. 언제나 유쾌하고 너그러운 루이스 E. 레만과 그의 아내 루이스에게 이 책을 바친다. 레만 부부가 지금껏 내게 베푼 무한한 친절에 감사한다. 환대와 우정을 보여준 팸 셰플러 뉴욕역사협회 의장, 루이스 미러 뉴욕역사협회 회장 겸 최고경영자에게도 고마움을 전한다. 이 책이 출간되도록 힘써준 데일 그레고리와 알렉스 카슬을 포함한 많은 관계자에게도 감사의 인사를 전한다. 나는 그간 뉴욕역사협회라는 멋진 공간에서 수년간 즐거운 저녁 시간을 보냈다. 지금도 레만연구소의 수석 연구원 자격으로 윈스턴 처칠을 연구하며 여전히 이곳에서 행복한 시간

을 보내고 있다. 나는 스탠퍼드대학교에 있는 후버연구소의 방문
연구원 자격으로 이 책의 추가 집필 작업에 몰두했다. 집필에 도
움을 준 머츠 부부에게도 감사한다. 끝으로 이 책에 실린 모든 주
석과 참고문헌을 정리하는 작업을 그 누구보다 성실하게 완수한
야스민 삼라이에게 고마운 마음을 전한다.

1장 왜 누군가는 승리하고 누군가는 패배하는가

1 Winston S. Churchill, A History of the English‑Speaking Peoples, vol. 3, The Age of Revolution (London: Bloomsbury Academic, 1957), 225.

2 Digby Smith, 1813 Leipzig: Napoleon and the Battle of the Nations (London: Greenhill Books, 2001), 189.

3 Andrew Uffindell, Napoleon's Immortals: The Imperial Guard and Its Battles, 1804–1815 (London: Spellmount Publishers, 2007), 245.

4 Philip J. Haythornthwaite, Napoleon: The Final Verdict (London: Arms and Armour Press, 1996), 220.

5 Baron de Marbot, The Exploits of Baron de Marbot, ed. Christopher Summerville (New York: Carroll & Graf, 2000), 137.

6 Baron Louis François de Bausset‑Roquefort, Private Memoirs of the Court of Napoleon (Philadelphia: Carey, Lea & Carey, 1828), 67.

7 George Bourne, The History of Napoleon Bonaparte (Baltimore: Warner & Hanna, 1806), 376.

8 Duchess D'Abrantès, At the Court of Napoleon (Gloucester, UK: The Windrush Press, 1991), 117.

9 Napoleon, Correspondance Générale, vol. 4, Ruptures et fondation 1803–1804, ed. François Houdecek, letter no. 8731, March 12, 1804 (Paris: Éditions Fayard, 2007), 637–38.

10 General Count Philip [Philippe] de Ségur, History of the Expedition to

Russia, vol. 1 (London: Thomas Tegg, 1840), 182.

11 Baron Ernst von Odeleben, A Circumstantial Narrative of the Campaign in Saxony in 1813 (London: John Murray, 1820), 182.

12 Ibid., 183.

13 Henry Houssaye, The Return of Napoleon (London: Longmans, Green and Co., 1934), 7.

14 Bausset-Roquefort, Private Memoirs of the Court of Napoleon, 67.

15 David Johnson, Napoleon's Cavalry and Its Leaders (New York: Holmes & Meier, 1978), 22.

16 Chandler, On the Napoleonic Wars, 114.

17 Richard Henry Horne, The History of Napoleon, vol. 1 (London: Robert Tyas, 1841), 153.

18 John H. Gill, With Eagles to Glory: Napoleon and His German Allies in the 1809 Campaign (London: Greenhill Books, 1992), 9.

19 Michael Hughes, Forging Napoleon's Grande Armée (New York: New York University Press, 2012), 25.

20 David Chandler, The Military Maxims of Napoleon (New York: Macmillan, 1987), 203.

21 Haythornthwaite, Napoleon: The Final Verdict, 222.

22 Kevin Kiley, Once There Were Titans: Napoleon's Generals and Their Battles (London: Greenhill Books, 2007), 19.

23 William Francklyn Paris, Napoleon's Legion (London: Funk and Wagnalls Co., 1927), 15.

24 Napoleon, Correspondance de Napoléon Ier, ed. Henri Plon, vol. 32 (Paris: Imprimerie Impériale, 1858), 68.

25 David Chandler, On the Napoleonic Wars: Collected Essays (London: Greenhill Books, 1994), 99.

26 Antoine-Henri, Baron de Jomini, Summary of the Art of War (New York:

G. P. Putnam & Co., 1854), 73.

27 Ibid.

28 Jean Antoine Chaptal, Mes souvenirs de Napoléon (Paris: E. Plon, Nourrit et Cie, 1893), 337.

29 Lieut.- Gen. Count Mathieu Dumas, Memoirs of His Own Time, vol. 2 (Philadelphia: Lea & Blanchard, 1839), 223.

30 Ibid., 107

31 Haythornthwaite, Napoleon: The Final Verdict, 224.

32 Léon de Lanzac de Laborie, Paris sous Napoleon, vol. 2 (Paris: Librairie Plon, 1905), 92.

33 Marquis de Noailles, ed., The Life and Memoirs of Count Molé, vol. 1 (London: Hutchinson, 1923), 163.

34 Fondation Napoleon, Correspondance Générale, vol. 9, Wagram, Février 1809— Février 1810, ed. Patrice Gueniffey, letter no. 20869 (Paris: Éditions Fayard, 2013), 510.

2장 나는 항상 15분 앞서 있었다

1 Letter from Benjamin Disraeli to Queen Victoria, August 24, 1879, from William Flavelle Monypenny and George Earle Buckle, The Life of Benjamin Disraeli, Earl of Beaconsfield, vol. 6 (New York: Macmillan, 1920), 435.

2 E. Hallam Moorhouse, "Nelson as Seen in His Letters," Fortnightly Review, ed. W. L. Courtney, vol. 96, 1911, 718.

3 Horatio Nelson, "Sketch of His Life," October 15, 1799, from Nicholas Harris Nicolas, ed., The Dispatches and Letters of Vice Admiral Lord Viscount Nelson, vol. 1, 1777 – 1794 (London: Henry Colburn, 1844), 15.

4 John Sugden, Nelson: A Dream of Glory, 1758 – 1797 (New York: Henry

Holt and Co., 2004), 105.

5 Ibid.

6 Ibid., 121.

7 Ibid., 217

8 Tom Pocock, "Nelson, Not by Halves," The Times (London), July 23, 1996.

9 Robert Southey, The Life of Horatio, Lord Nelson (London: J. M. Dent & Sons, 1902), 131.

10 Terry Coleman, The Nelson Touch: The Life and Legend of Horatio Nelson (New York: Oxford University Press, 2002), 124.

11 Ibid., 147.

12 John Sugden, Nelson: The Sword of Albion (New York: Henry Holt and Co., 2013), 127.

13 Coleman, The Nelson Touch, 7.

14 Ibid., 18.

15 Southey, The Life of Horatio, Lord Nelson, 327.

16 Letter from Nelson to Lady Hamilton, September 17, 1805, from The Living Age, vol. 12, 1847, 140.

17 Letter from Nelson to Lady Hamilton, April 28, 1804, from Thomas Joseph Pettigrew, Memoirs of the Life of Vice Admiral Lord Viscount Nelson, vol. 2 (London: T. & W. Boone, 1849), 390.

18 Letter from Nelson to Lord Barham, October 5, 1805, from James Stanier Clarke and John M'Arthur, The Life of Admiral Lord Nelson from His Manuscripts, vol. 2 (London: Bensley, 1809), 431.

19 Nelson at the Battle of Trafalgar, October 21, 1805, quoted in Nicholas Harris Nicolas, ed., The Dispatches and Letters of Vice Admiral Lord Viscount Nelson, vol. 7, August to October 1805 (London: Henry Colburn, 1846), 14.

20 Coleman, The Nelson Touch, 261.

21 Sugden, Nelson: The Sword of Albion, 827 – 28.

22 Ibid., 832.

3장 결핍은 어떻게 운명을 역전시키는가

1 Private diary entry of King George VI, May 10, 1940, Royal Archives, Windsor Castle.

2 Walter Thompson, I Was Churchill's Shadow (London: Christopher Johnson, 1951), 37.

3 Lord Moran, Winston Churchill: The Struggle for Survival (London: Constable & Co., 1966), 324.

4 Ibid.

5 Winston S. Churchill, The Second World War, vol. 1, The Gathering Storm (Boston: Houghton Mifflin, 1948), 526 – 27.

6 A. G. Gardiner, Pillars of Society (London: J. M. Dent, 1913), 61.

7 Martin Gilbert, In Search of Churchill (New York: HarperCollins, 1994), 215.

8 Winston S. Churchill, Great Contemporaries, ed. James W. Muller (Wilmington, DE: ISI Books, 2012), 235.

9 David Reynolds, Summits: Six Meetings That Shaped the Twentieth Century (New York: Basic Books, 2007), 57. See also Neville to Ida, September 19, 1938, Neville Chamberlain Papers 18/11/1069, The National Archives: The Cabinet Office Papers.

10 Churchill, The Gathering Storm, vol. 1, 75.

11 Winston Churchill, The River War, vol. 1 (London: Longmans, Green and Co., 1899), 37.

12 Anthony Montague Browne, Long Sunset: Memoirs of Winston

Churchill's Last Private Secretary (London: Cassell, 1995), 119.

13 Hastings Lionel Ismay, The Memoirs of Lord Ismay (New York: Viking Press, 1960), 183 – 84.

14 Winston S. Churchill, Winston Churchill: Thoughts and Adventures, ed. James W. Muller (Wilmington, DE: ISI Books, 2009), 9.

15 Winston Churchill, "A Second Choice," in Churchill, Thoughts and Adventures, 10.

16 Letter from Winston to Clementine, in Speaking for Themselves: The Personal Letters of Winston and Clementine Churchill, ed. Mary Soames (New York: Doubleday, 1999), 149.

17 John Colville, The Fringes of Power: Downing Street Diaries, 1939 – 1955 (New York: W. W. Norton & Co., 1986), 432 – 33.

18 James Leasor, War at the Top (London: Michael Joseph, 1959), 148n1.

19 House of Commons Debate, June 15, 1944, Hansard, vol. 400, cc2293 – 2300.

4장 오직 자기 자신을 믿어라

1 Letter from Mrs. to Mr. Churchill, in Speaking for Themselves: The Personal Letters of Winston and Clementine, ed. Mary Soames (New York: Doubleday, 1999), 546.

2 Ibid.

3 Ibid., 548.

4 Roger Daniels, Franklin D. Roosevelt: The War Years, 1939 – 1945 (Champaign: University of Illinois Press, 2016), 373.

5 Katherine Tupper Marshall, Together: Annals of an Army Wife (New York: Tupper & Love, Inc., 1946), 110.

6 Katherine Tupper Marshall, Together: Annals of an Army Wife (New York: Tupper and Love, 1946), 110.

7 Albert C. Wedemeyer, Wedemeyer Reports! (New York: Henry Holt, 1958), 132.

8 Franklin D. Roosevelt, memorandum to Marshall, July 16, 1942, quoted in Winston S. Churchill, The Hinge of Fate (London: Weidenfeld & Nicolson, 2001), 399.

5장 할 수 있다, 할 수 있다, 할 수 있다

1 Jean Lacouture, De Gaulle: The Rebel 1890 – 1944, vol. 1 (New York: W. W. Norton & Co., 1990), 220.

2 Julian Jackson, De Gaulle (Cambridge, MA: Belknap Press, 2018), 48, 58.

3 Ibid., 132.

4 Jonathan Fenby, The General: Charles de Gaulle and the France He Saved (New York: Skyhorse Publishing, 2012), 495.

5 De Gaulle at the funeral of his youngest daughter, Anne, February 1948, quoted in Lacouture, De Gaulle, 142.

6 Jonathan Fenby, The History of Modern France: From the Revolution to the War with Terror (New York: St. Martin's Press, 2015), 461.

7 De Gaulle's radio broadcast, June 18, 1940, quoted in Lacouture, De Gaulle, 224 – 25.

8 Charles de Gaulle, The Complete War Memoirs of Charles de Gaulle (New York: Simon & Schuster, 1964), 92.

9 Arthur J. Marder, Operation Menace: The Dakar Expedition and the Dudley North Affair (New York: Oxford University Press, 1976), 143.

10 Sir Edward Louis Spears, Fulfilment of a Mission (Hamden, CT: Archon Books, 1977), 121.

11 François Kersaudy, Churchill and De Gaulle (London: Collins, 1981), 127.

12 Letter from Roosevelt to Churchill, June 17, 1943, in Warren F. Kimball, ed., Churchill and Roosevelt: The Complete Correspondence, vol. 2 (Princeton, NJ: Princeton University Press, 2015), 255.

13 Ibid.

14 Lewis E. Lehrman, Churchill, Roosevelt & Company: Studies in Character and Statecraft (Mechanicsburg, PA: Stackpole Books, 2017), 201.

15 Robert and Isabelle Tombs, That Sweet Enemy: The French and the British from the Sun King to the Present (New York: Knopf, 2006), 569. See also Alain Larcan, De Gaulle inventaire: la culture, l'esprit, la foi (Paris: Bartillat, 2003), 490.

16 Winston Churchill, Great Contemporaries (London: Thornton Butterworth Limited, 1937), 137.

17 Richard M. Langworth, Churchill's Wit (London: Ebury, 2009), 69.

18 Julian Jackson, A Certain Idea of France: The Life of Charles de Gaulle (London: Allen Lane, 2018), 772.

19 John Keegan, The Second World War (London: Pimlico, 1997), 308.

20 De Gaulle's speech after the liberation of Paris, August 25, 1944, quoted in Fenby, The General, 254.

21 Omar Bradley, "The German: After a Triumphant Sweep Across France," Life, April 23, 1951, 89.

22 Charles de Gaulle, War Memoirs, vol. 1, trans. Jonathan Griffin (New York: Viking Press, 1955), 9.

23 Arletty's retort during her arrest, October 20, 1944, translated as "My heart is French, but my ass is international!".

1 Bernard Montgomery of Alamein, The Memoirs of Field Marshal Montgomery (London: Collins, 1958), 484.

2 Field Marshal Lord Alanbrooke, War Diaries 1939－1945, ed. Alex Danchev and Daniel Todman (Berkeley: University of California Press, 2003), 546.

3 Rick Atkinson, "Eisenhower Rising: The Ascent of an Uncommon Man," Harmon Memorial Lecture, U.S. Air Force Academy, March 5, 2013, http://www.usafa.edu/app/uploads/Harmon55.pdf.

4 James Leasor, War at the Top (Cornwall, UK: House of Stratus, 2001), 298n20.

5 Winston S. Churchill, The Second World War, vol. 6, Triumph and Tragedy (Boston: Houghton Mifflin, 1953), 547.

6 Correlli Barnett, The Lords of War: From Lincoln to Churchill (London: The Praetorian Press, 2012), 223.

7 Stephen E. Ambrose, Eisenhower: Soldier and President (New York: Simon & Schuster, 1990), 126.

8 Stephen E. Ambrose, The Supreme Commander (New York: Anchor Books, 2012), 229.

9 Letter from George Patton to wife, Beatrice, September 8, 1944, quoted in Martin Blumenson and Kevin M. Hymel, Patton: Legend-ary Commander (Washington, DC: Potomac Books, 2008), 68.

10 Ambrose, Americans at War, 136.

11 Atkinson, "Eisenhower Rising."

12 Ibid.

13 Ambrose, Eisenhower, 95.

14 Barnett, The Lords of War, 227.

15 David Irving, The War Between the Generals (New York: Congdon &

Lattes, 1981), 94.

16 Barnett, The Lords of War, 229.

17 Telegraph from Churchill to Roosevelt, April 1, 1945, quoted in Roosevelt and Churchill: Their Secret Wartime Correspondence, ed. Francis L. Loewenheim, Harold D. Langley, and Manfred Jonas (New York: Saturday Review Press, 1975), 699.

18 Ibid.

19 Ibid. See also "To General of the Army Dwight D. Eisenhower, May 7, 1945," in The Papers of George Catlett Marshall, vol. 5 (Baltimore: Johns Hopkins University Press, 2003), 168 – 69.

7장 우리는 생각하는 대로 된다

1 Sean Penn, "The Malvinas/Falklands: Diplomacy Interrupted," Guardian, February 23, 2012.

2 Jorge Luis Borges, quoted in Time, February 14, 1983.

3 Thatcher Archive: COI transcript, Interview for Press Association, "10th Anniversary as Prime Minister," May 3, 1989, https://www. margaretthatcher.org/document/107427.

4 Sir Lawrence Freedman, The Official History of the Falklands Campaign, vol. 2 (London: Routledge, 2005), 132.

5 Ibid., 91.

6 Norman Longmate, Island Fortress: The Defence of Great Britain, 1603 – 1945 (London: Random House, 2001), 267.

7 Antony Beevor, Crete: The Battle and the Resistance (New York: Penguin Books, 1991), 217.

8 Hastings and Jenkins, The Battle for the Falklands, 85.

9 Hastings and Jenkins, The Battle for the Falklands, 85.

10 Ibid., 90.

11 Ibid., 102.

12 Ibid., 165.

13 Carol Thatcher, Below the Parapet: The Biography of Denis Thatcher (London: HarperCollins, 1997), 188.

14 Ibid., 364.

15 House of Commons debate, June 14, 1982, Hansard, vol. 25, cc700−702.

16 House of Commons debate, June 17, 1982, Hansard, vol. 25, cc1080− 84.

17 Thatcher to Sir Anthony Parsons, April 18, 1982, quoted in Charles Moore, Margaret Thatcher: The Authorized Biography, vol. 1 (New York: Knopf, 2013), 696−97.

18 Thatcher Archive: CCOPR 486/82, "Speech to Conservative Rally at Cheltenham," July 3, 1982, https://www.margaretthatcher.org/document/104989.

8장 거짓말을 하려면 최대한 크게 해야 한다

1 Adolf Hitler, Hitler's Table Talk, 1941−44: His Private Conversations, ed. Hugh TrevorRoper (New York: Enigma Books, 2007), 356.

2 Ibid., 443.

3 Ibid., 233.

4 Ibid., 682−83.

5 Ibid., 126.

6 Ibid., 241.

7 Ibid., 245.

8   Ibid., 252.

9   Ibid., 359.

10   Ibid., 360.

11   Ibid., 188.

12   Ibid., 250.

13   Ibid., 195.

14   Ibid., 194.

15   Adolf Hitler, Mein Kampf (Boston: Houghton Mifflin, 1998), 289.

16   Laurence Rees, The Holocaust: A New History (New York: Public Affairs, 2017), 59.

17   Ibid., 79.

18   Ibid., 87.

19   Ibid., 332.

20   Ibid., 397.

21   Ibid., 236.

22   Ibid., 249.

23   Hitler, speech before the Reichsleiters and Gauleiters, August 4, 1944, in Max Domarus, The Essential Hitler: Speeches and Commentary, ed. Patrick Romane (Wauconda, IL: Bolchazy Carducci Publishers, 2007), 791.

24   Hitler, Hitler's Table Talk, 196.

25   Ferenc A. Vajda and Peter G. Dancey, German Aircraft Industry and Production: 1933 – 1945 (Warrendale, PA: Society of Automotive Engineers, 1998), 101.

26   Adolf Hitler's marriage license, April 29, 1945, William Russell Philip collection (Box 9, Item 7), Hoover Institution Library and Archives.

1   Simon Sebag Montefiore, Stalin: The Court of the Red Tsar (New York: Vintage Books, 2003), 219.

2   Stephen Kotkin, Stalin, vol. 1, Paradoxes of Power, 1878–1928 (New York: Penguin Books, 2014), 8–9.

3   Joseph Stalin, "Industrialisation and the Grain Problem," July 9, 1928, quoted in Evan Mawdsley, The Stalin Years: The Soviet Union, 1929–1953 (Manchester, UK: Manchester University Press, 1998), 120.

4   Kotkin, Stalin: Paradoxes of Power, 732.

5   Ibid., 454.

6   Lewis E. Lehrman, Churchill, Roosevelt & Company: Studies in Character and Statecraft (Mechanicsburg, PA: Stackpole Books, 2017), 6.

7   Robert Gellately, Stalin's Curse: Battling for Communism in War and Cold War (New York: Vintage Books, 2013), 7.

8   Joseph Stalin, "Report on the Work of the Central Committee to the Eighteenth Congress of the C.P.S.U.(B.)," March 10, 1939, in J. V. Stalin, Works, 1939–1940, vol. 14 (London: Red Star Press, 1978).

9   Service, Stalin, 410.

10   Ibid., 411.

11   Frank Roberts, quoted in foreword by Arthur M. Schlesinger, Jr., in Susan Butler, ed., My Dear Mr. Stalin: The Complete Correspondence of Franklin D. Roosevelt and Joseph V. Stalin (New Haven: Yale University Press, 2005), x.

12   Letter from Roosevelt to Churchill, March 18, 1942, in Warren F. Kimball, ed., Churchill and Roosevelt: The Complete Correspondence, vol. 1 (Princeton, NJ: Princeton University Press, 2015), 420–21.

13   Richard Overy, "A Curious Correspondence," review of My Dear Mr.

Stalin, ed. Susan Butler, Literary Review, May 2006, 20 – 21.

14 Butler, My Dear Mr. Stalin, 280.

15 Letter from Roosevelt to Stalin, January 25, 1943, in Butler, My Dear Mr. Stalin, 113.

16 Montefiore, Stalin: The Court of the Red Tsar, 43.

17 Antony Beevor, The Second World War (New York: Hachette, 2012), 689.

18 Albert Axell, Stalin's War: Through the Eyes of His Commanders (London: Arms and Armour Press, 1997), 139.

19 Amos Perlmutter, FDR & Stalin: A Not So Grand Alliance, 1943 – 1945 (Columbia: University of Missouri, 1993), 139.

20 Service, Stalin, 428.

21 Raymond Carr, "The Nature of the Beast," review of Stalin by Robert Service in The Spectator, December 4, 2004.

에필로그 지금 당장 과거를 공부하라

1 Winston S. Churchill, The World Crisis, vol. 4, The Aftermath, 1918 – 1928 (New York: Charles Scribner's Sons, 1929), 451.

2 Papers of Sir Edward Marsh, vol. 1, Churchill Archives Center, Churchill College, Cambridge.

3 Adolf Hitler, Mein Kampf (Archive Media Publishing, 1939), 19. See also David Dilks, Churchill and Company: Allies and Rivals in War and Peace (London: I. B. Tauris & Co., 2015), 267.

4 Cathal J. Nolan, The Allure of Battle (New York: Oxford University Press, 2017), passim.

5 Randolph Churchill, Winston S. Churchill, Companion Volume 1, Part 2: 1896 – 1900 (Boston: Houghton Mifflin, 1967), 839.

6 James Gray Stuart, Within the Fringe: An Autobiography (London: Bodley Head, 1967), 96.

7 William I. Hitchcock, The Age of Eisenhower: America and the World in the 1950s (New York: Simon & Schuster, 2019), xix.

8 Napoleon, Correspondance de Napoléon Ier, ed. Henri Plon, vol. 32 (Paris: Impeimerie Impériale, 1858), 68.

9 Colin White, ed., Nelson: The New Letters (Martlesham, UK: The Boydell Press, 2005), 160 – 61.

10 Ibid., 46.

11 John A. Adams, The Battle for Western Europe (Bloomington: Indiana University Press, 2010), 200.

12 Basil Liddell Hart, Thoughts on War (London: Faber & Faber, 1944), 222.

13 Sun Tzu, The Art of War, trans. Lionel Giles (independently published, 2017), 10.

14 A. J. P. Taylor, Bismarck: The Man and the Statesman (New York: Vintage, 1967), 115.

15 Hastings Lionel Ismay, The Memoirs of Lord Ismay (New York: Viking Press, 1960), 139.

16 Ibid., 140.

17 Ibid., 142.

18 Winston S. Churchill, Great Contemporaries (London: The Reprint Society, 1941), 304.

19 Winston Churchill, "Haig … the Man They Trusted," Daily Mail, October 3, 1935, Daily Mail Historical Archive.

옮긴이 **문수혜**

한국외국어대학교 통번역대학원 한불과와 프랑스 파리 소르본 3대학을 졸업한 후 현재 출판번역 에이전시 글로하나에서 영어와 프랑스어 번역가로 외서 번역과 검토에 힘쓰고 있다. 《르몽드 디플로마티크》 한국어판 번역위원 및 프로듀싱 DJ로도 활동하며 패션 브랜드 아프루이카 AFRU-IKA 대표를 맡고 있다. 역서로는 『너무 과한데 만족을 모르는』, 『공감이 이끄는 조직』, 『별난 기업으로 지역을 살린 아르들렌 사람들』(공역) 등이 있다.

승자의 DNA

초판 1쇄 발행 2021년 11월 1일
초판 3쇄 발행 2022년 1월 3일

지은이 앤드루 로버츠
옮긴이 문수혜
펴낸이 김선식

경영총괄 김은영
기획편집 성기병 **디자인** 윤유정 **책임마케터** 이고은
콘텐츠사업1팀장 임보윤 **콘텐츠사업1팀** 윤유정, 한다혜, 성기병, 문주연
마케팅본부장 권장규 **마케팅2팀** 이고은, 김지우
미디어홍보본부장 정명찬
홍보팀 안지혜, 김민정, 이소영, 김은지, 박재연, 오수미 **뉴미디어팀** 허지호, 박지수, 임유나, 송희진, 홍수경
저작권팀 한승빈, 김재원 **편집관리팀** 조세현, 백설희
경영관리본부 하미선, 박상민, 윤이경, 김소영, 이소희, 안혜선, 김재경, 최완규, 이우철, 김혜진, 이지우, 오지영

펴낸곳 다산북스 **출판등록** 2005년 12월 23일 제313-2005-00277호
주소 경기도 파주시 회동길 490
전화 02-702-1724 **팩스** 02-703-2219 **이메일** dasanbooks@dasanbooks.com
홈페이지 www.dasan.group **블로그** blog.naver.com/dasan_books
종이 IPP **출력 및 인쇄** 민언프린텍 **코팅 및 후가공** 제이오엘엔피 **제본** 정문바인텍

ISBN 979-11-306-4197-3 (03900)